고난 가운데 잠잠한 영혼

토머스 브룩스 지음
김현준 옮김

THE MUTE CHRISTIAN UNDER THE SMARTING ROD: WITH SOVEREIGN ANTIDOTES AGAINST THE MOST MISERABLE EXIGENTS

by Thomas Brooks

Korean Edition

Copyright ⓒ 2018 by The People of The BOOK Publications, Gyeonggi-do, Korea.

일러두기 본문에 나오는 모든 각주는 옮긴이의 섬김입니다.

그리스도인들은 그 책의 사람들, 바로 성경의 사람들입니다. 성경에만 권위를 두고, 성경대로 살며, 성경에 자신을 계시하신 삼위 하나님만을 예배하고 사랑합니다. 이에 **그 책의 사람들**은 하나님께만 영광 돌리고, 하나님의 나라와 교회의 번영과 행복을 위해 성경에 충실한 도서들만을 독자들에게 전하겠습니다.

고난 가운데 잠잠한 영혼

The Mute Christian under the Smarting Rod:
with Sovereign Antidotes against the Most Miserable Exigents

가장 혹독한 고난과
극심하고 뼈아픈 시련으로
문제가 발생하고,
가장 슬프고 어두운
섭리의 변화 속에서
모든 상황을 견디고
이기는 방편이 조용하고
잠잠히 있는 것임을 깨닫고
감람 잎을 입에
물고 있는 그리스도인,
그리고 이런 상황과 관련된
가장 중요한 여러 질문과
이의에 대한 답변

토머스 브룩스 지음 · 김현준 옮김

그책의 사람들

The Mute Christian under the Smarting Rod:
with Sovereign Antidotes against the Most Miserable Exigents

목차

알리는 말씀 • 6
헌사 • 8

1부 고난과 침묵
　들어가는 말 • 24
　1장 "잠잠하고"의 의미는 무엇인가 • 27
　2장 분별력 있고 은혜로우며 거룩한 침묵이 내포하는 것(1) • 36
　3장 분별력 있고 은혜로우며 거룩한 침묵이 내포하는 것(2) • 56

2부 잠잠해야 하는 이유와 권고
　4장 그리스도인들은 고난 가운데 왜 잠잠해야 하는가 • 74
　5장 이 진리를 하찮게 여기는 다양한 부류의 사람들 • 91
　6장 고난 가운데 잠잠할 수 있게 해주는 열두 가지 권고 • 107

3부 이의에 대한 답변과 도움과 지침
　7장 열 가지 이의에 대한 답변 • 144
　8장 고난 가운데 침묵을 지키는 데 유익이 될 만한 도움과 지침
　　　열두 가지 • 263

각주 • 284

알리는 말씀

『고난 가운데 잠잠한 영혼』은 1659년에 처음으로 출간되었습니다. 해가 바뀌자마자 들어온 재판 요청은 예상치 못한 것이었습니다. 그 이후에 들어온 출판 요청은 저자의 다른 책『고귀한 처방들』(Precious Remedies)이었습니다. 앞서 언급한 재판 본에 처음 붙인 제목은『하나님께서 다루실 때 잠잠한 영혼』(The Silent Soul with Sovereign Antidotes)이었습니다. 본서의 판본은 원본과 개정 본을 대조해서 엮은 개정 8판의 것입니다. 본서의 제목은 아래 기술한 대로입니다.

G 올림

원제:『고난 가운데 잠잠한 영혼』(The Mute Christian under the Smarting Rod: with Sovereign Antidotes against the Most Miserable Exigents)

부제:『가장 혹독한 고난과 극심하고 뼈아픈 시련으로 문제가 발생하고, 가장 슬프고 어두운 섭리의 변화 속에서 모든 상황을 견디고 이기는 방편이 조용하고 잠잠히 있는 것임을 깨닫고 감람 잎을 입에 물고

있는 그리스도인, 그리고 이런 상황과 관련된 가장 중요한 여러 질문과 이의에 대한 답변』

또는 『세상에서 일어나는 모든 고난을 헤치고 나아가는 그리스도인』

"오직 여호와는 그 성전에 계시니 온 땅은 그 앞에서 잠잠할지니라 하시니라"(합 2:20).

헌사

고난과 시련 속에서 불평이 일어나고 불안하며 당혹감에 빠져 있는 전 세계의 모든 그리스도인 여러분께 진심으로 문안드립니다.

"사람은 고생을 위하여 났으니 불꽃이 위로 날아가는 것 같으니라"(욥 5:7). 참으로 택함 받은 성도들이 이와 같습니다. "지나치게 의인이 되지도 말며"(전 7:16). 잠언 말씀처럼 의인이 많으면 문제도 없을 것입니다. 많을수록 더 즐거운 법입니다. 반대로 문제가 많고 의인이 적다면 어떨까요. 여기에는 맛있는 음식은 먹는 사람이 적을수록 좋겠다는 말이 해당되겠지요.[1] 지혜가 무한하시고 선하심이 완전하신 하나님께서 환난을 명하셨습니다. 그렇습니다. 사방에서 수많은 환난이 우리에게 일어나게 하셨습니다. 우리가 받은 자비처럼 우리가 감당할 십자가도 하나만 생기지 않습니다. 십자가는 대개 꼬리에 꼬리를 물고 일어납니다. 하지만 그리스도인 여러분, 바로 그것이 자비입니다. 그것도 풍성한 자비입니다. 모든 시련이 벌 받은 증거요, 모든 처벌이 죄의 결과가 아닙니다. 물이 불어날수록 노아의 방주는 더 높이 올라가 천국과 가까워졌습니다. 여러분의 시련이 거셀수록 여러분의 마음은 천국을 향해 고양될 것입니다.

너무 긴 서론으로 여러분을 붙들지 않겠습니다. 두 가지 사항만 강조하겠습니다. 첫째, 재판을 내면서 제가 호소하는 이유를 한 번 더 말씀드리겠습니다. 둘째, 본서를 통해 드리는 조언과 지침은 여러분 영혼에 유익할 것입니다. 그것이 제가 볼 때 핵심입니다. 이제 세상에 본서를 내는 진짜 이유는 다음과 같습니다.

I

우선, 저 자신이 하나님께서 허락하신 시련으로 힘든 나날을 보냈기 때문입니다. 더 나아가 이 세상에서 가장 사랑하는 친척들과 주 안에서 사랑하고 존경하는 귀한 신앙의 지인들이 겪은 시련을 보면서 시련을 주제 삼아 연구해야겠다고 결심했습니다. 루터(Luther)[2]도 고난을 겪지 않았다면 시편의 일부 내용을 이해하지 못했을 것입니다. 그리스도께서 십자가를 지셨다는 표현은 시편에 직접 언급되지 않았지만 루터는 십자가가 시편의 모든 내용보다 더 많은 것을 가르쳐주었다고 고백했습니다. 고난은 황금열쇠입니다. 주님께서 그 열쇠로 보화로 가득한 말씀의 보물함을 그분의 백성의 영혼에 열어주십니다. 또한 그것은 제 영혼이 어느 정도 은혜로운 경험을 통해 알게 된 내용입니다. 삼손이 꿀을 발견했을 때 그 꿀을 떠서 자신의 부모님께서 맛보시도록 했습니다

(삿 14:9-10). 제가 발견한 꿀이 본서의 내용입니다. 그러므로 저는 미움과 시기에 잔뜩 취해 혼자만 맛보고 다른 사람에게 나눠줄 줄 모르는 인색한 자가 되지 않겠습니다. 아우구스티누스(Augustinus)[3]는 시편 66편 16절의 말씀인 "하나님을 두려워하는 너희들아 다 와서 들으라 하나님이 나의 영혼을 위하여 행하신 일을 내가 선포하리로다"를 깊이 묵상하고 이렇게 말했습니다. "시편 기자가 사람들을 부른 것은 지구가 얼마나 광대하고 하늘이 얼마나 멀리 펼쳐져 있고 별이 모두 몇 개인지, 태양의 경로가 어떠한지 한 번 생각해 보라고 부른 것이 아닙니다. 그보다는 사람들을 불러 모으고 자기 영혼에 임한 경이로운 은혜와 하나님의 신실하신 약속의 이행과 하나님의 풍성한 자비를 말해 주려는 것이었습니다."

은혜의 경험은 서로 나눠야 합니다. 사람은 모름지기 배워야 가르칠 수 있다(Lilmod lelammed)는 랍비의 격언과 같습니다. 저는 그렇게 한 셈입니다. 이교도들도 "비축해 두고 보존하라"고 말했듯이 저는 많은 사람에게 유익이 되는 것을 한데 모으고 구상하게 된 것입니다.

하나님께서 우리를 많이 다루시면 다른 사람들도 우리를 통해 귀하고 좋은 것을 거두게 됩니다. 사람이 사는 곳이면 마을이나 도시나 지방이나 할 것 없이 더 윤택한 삶을 위해 세금을 내야 합니다. 우리가 받은 자비나 체험은 문을 열면 우리 자신은 물론이고 이웃도 사용할 수 있도록 바로 솟아나는 샘이 되어야 할 것입니다. 그렇습니다. 그렇게 되면 외지인도 사용할 수 있게 됩니다.

둘째, 글로 남기면 영구적이기 때문입니다. 글은 남는다고 했습니다 (litera scriptsa manet). 또한 글은 목소리로 전달되는 것보다 시간이나 장소나 사람에 구애받지 않고 더 오래 지속됩니다. 사람이 만든 혀가 바로 펜입니다. 게다가 펜은 친구들이 없어도 눈앞에 있듯이 말할 수 있습니다. 펜으로 가까운 친구들뿐만 아니라 멀리 있는 친구들에게도 말할 수 있습니다. 또한 펜으로 한 번에 수많은 사람에게 말할 수 있습니다. 펜으로 현 세대뿐만 아니라 다음 세대에도 말할 수 있습니다. 펜은 영원으로 안내하는 도구이기도 합니다. 왜냐하면 죽은 영혼이 글을 읽고 살아날 수 있기 때문입니다(히 11:1). '선지자들이 이 땅에서 영원히 살지 못했어도' 그들의 노고는 남아있습니다(슥 1:6). 어떤 사람은 글을 통해 자신이 육신의 질병 때문에 할 수 없거나 하지 못한, 또한 감히 꿈도 꾸지 못했던 설교를 대신 할 수 있습니다. 그렇습니다. 그가 살아있을 때보다 더 많은 일을 펜을 통해 이룰 수 있습니다.

셋째, 기억력이 아주 좋은 사람은 흔치 않기 때문입니다. 화살을 쏘면 시야에서 곧 사라지듯 설교도 한 번 하고 나면 금세 잊어버립니다. 하지만 설교를 글로 남기면 사라질 수 없게 됩니다! 아우구스티누스는 볼루시아누스(Volusianus)[4]에게 편지하면서 이렇게 말했습니다. "글로 남기면 독자들이 휴가 중에도 항상 손에 들고 읽을 수 있지 않겠습니까."

사람은 자기 이름 석 자는 잊지 않습니다. 또한 자기 부모님 댁의 위치나 사랑하는 아내, 태의 열매들의 이름 모두 잘 기억하고, 삼시 세끼도 잊지 않고 꼬박꼬박 챙겨 먹습니다. 하지만, 아! 특별히 영혼의 위대한 관심사는 체로 거르면 가볍고 거친 겨는 밑으로 빠지고 알곡과 좋은 가루는 체 위에 남는 것처럼 기억에서 쉽게 빠져나가 버립니다. 아니면 여과기로 달콤한 증류수를 짜내면 앙금은 밑으로 가라앉는 것처럼 기억에서 가라앉거나 짚이나 막대나 진흙이나 오물이 있어도 강한 손으로 격자로 걸러내면 정화수가 밑으로 흘러내리는 것처럼 기억에서 빠져나가 버립니다. 사람의 기억이 특별히 좋은 것을 기억하는 일에는 그 정도로 믿을 바가 못 됩니다. 기억이 거룩한 방주 같은 사람은 흔치 않습니다. 그런 사람의 기억은 참으로 하늘나라의 창고와 같아서 영혼에 좋은 것을 축적해 나갑니다. 그래서 그런 사람은 우리가 흘려보낸 것을 더 갈급해합니다.

넷째, 우리가 겪는 격변과 변화들이 우리에게 너무나 적합하고 그에 따른 유익이 놀라울 정도이기 때문입니다. 이것은 마치 현명한 농부가 언제 씨를 뿌려야 할지 꿰뚫고 있는 것과 같습니다. 어떤 농부는 가을에 씨를 뿌리고 퇴비를 뿌리는가 하면, 어떤 농부는 그해 봄에 뿌립니다. 건조기에, 젖은 땅에, 축축한 땅에, 마른 땅에 등등 저마다 노련하고 현명한 농부가 씨를 뿌리는 시기가 모두 다릅니다(사 28:25). 이와 같이 영적인 농부라면 하나같이 영적인 씨를 뿌리기에 가장 적합한 시기를 파악하고 있어야 합니다. 그는 봄이든 가을이든 모든 상황과 시기에 적합하고, 머리든 가슴이든 모든 토양에 적합한, 자신을 위한 하늘의 씨를 갖고 있는 것입니다. 이어지는 강론에 이미 뿌려진 씨들이 과연 자신이 직면한 때와 시기와 맞는지 안 맞는지 판단하는 것은 순전히 현명한 독자들의 몫입니다. 만일 저자와 다르게 생각한다면 그리스도 안의 유아 같은 사람은 자궁 속에서 질식하는 것처럼 될 것입니다.

다섯째, 저의 수고가 부족하다고 느꼈는데 하나님께서 그것을 선하게 사용하셨기 때문입니다. 하나님께서는 제가 수고한 것에 복을 주셔서 많은 사람이 죄를 확신하거나 교훈을 받거나 확신이나 위로를 받게 하셨을 뿐만 아니라 많은 사람의 회심까지 이끄셨습니다(롬 15:21). 하나님께서는 자신의 기쁘신 뜻을 이루시는 데 수단에 구애받지 않으십니다. 종종 위대한 일을 이루시는 데 연약한 수단을 즐겨 사용하십니다. 그래서 "아무 육체도 하나님 앞에서 자랑하지 못하게" 하십니다(고전 1:29). 하나님께서는 작은 일의 날이라고 멸시하지 않으십니다. "작은 일의 날이라고 멸시하는 자가 누구냐"(슥 4:10). 성령님께서 기쁘신 뜻대로 설교나 저술한 것에 숨을 불어넣으시면 그 바람이 임하는 곳은 모두 형통할 것입니다(요 3:8).

여섯째, 어쩌면 고난으로 괴로워하는 모든 그리스도인은 아픈 곳에 모두 효험 있는 약을 이미 가지고 있는지 모릅니다. 모든 병에 적합한 처방이 바로 옆에 있을지 모릅니다. 좋은 사람이나 좋은 책으로도 고난 받는 사람의 마음을 온전히 위로해 주지 못합니다. 하지만 바로 시련 속에서 자신의 얼굴과 머리와 발을 딛고 있는 땅, 자신의 마음, 자신이 걸어야 할 길과 할 일을 보게 됩니다. 바로 그 시련의 자리에서 자신의 모든 병을 발견하게 되고 그에 적합한 처방을 제안받고 적용하게 됩니다. 최악의 상황에서 자신을 침묵하게 만들 논쟁에 가담하게 될지 모르고 자신을 잠잠하게 할 수단을 발견할지 모릅니다. 폭풍의 한복판에서 몸을 피할 나무를 발견할지 모르고, 위험한 상황에서 안전을 보장할 도피성을 찾을지 모르며, 괴로울 때 자신을 인도해 줄 빛을 보게 될지 모릅니다. 위기 속에서 자신을 보호해 줄 방패를 발견할지 모르고 병중에서 자신에게 힘이 되어 줄 위로를 발견할지 모르며, 문제로 가득한 상황에서 지지대가 될 지팡이를 보게 될지 모릅니다.

일곱째, 사랑하는 친구나 신실한 친구를 얻으려면 자신이 친구다운 친구가 돼야 하고 친구의 역할을 잘 해야 합니다. 비우호적인 사람은 친구가 되기에 적합하지 않습니다. 또한 친구라는 사람이 친밀감이 없다면 친구라고 생각하지 않을 것입니다. 우정은 생명 같은 것입니다. 우정이 없다면 삶에서 안락을 얻지 못할 것입니다. 그리스도인의 우정은 알렉산더 대왕도 끊지 못하는 끈과 같습니다. 한때의 친구는 별 가치가 없을지라도 만년 친구의 가치는 황금과 같습니다. 진실하고 신실하고 변치 않는 친구가 흔치 않은 이런 때에 누가 그런 사람을 거부할 수 있겠습니까(삼상 22:1-3)? 이 시대 사람들 대부분에게 우정이란 요나의 박넝쿨과 같아서 성급히 약속하고 일도 많이 벌여놓지만 머잖아 시들시들해지고 흐지부지됩니다. 마치 물속의 식물같이 수면 위로 잎사귀는 많이 늘어놓지만 깊이 내린 뿌리는 찾아보기 힘든 것과 같습니다. 이런 사람들의 우정은 멜론같이 차갑기만 하고 온기가 없습니다. 그들의 표현은 고상할지 몰라도 사랑은 많지 않습니다. 말은 장황하게 하나, 실행에 옮기는 일은 드뭅니다. 마치 전장의 북이나 나팔 또는 군기(軍旗)같이 소리만 요란하고 화려한 모습을 보여 줄지 몰라도 정작 행함이 없습니다. 이렇듯 그런 친구들은 아첨도 많고 말주변도 좋고 표현도 세련되고 약속도 충동적으로 할 것입니다. 하지만 진심어린 도움이나 마음을 담아 행동하는 모습은 보여 주지 않을 것입니다. 그런 친구들 모임에서 빠져나오게 되는 것이 바로 은혜입니다. 그래서 안티고노스 왕도 하나님께 자신의 친구들에게서 자신을 보호해 달라고 기도하곤 했습니다. 왕의 의원회 중 한 사람이 왜 그렇게 기도하시는지 묻자 왕은 이렇게 대답했습니다. "모든 사람은 공공의 적에게서 자신을 피하거나 방어하려고 할 뿐 친구라고 공언하거나 친구인 척하는 사람은 경계하지 않는다. 진실한 친구는 흔치 않기 때문이다. 아무도 안전을 보장할 수 없다. 오직 하늘의 보호하심만 필요할 뿐이다."

친구라고 하는 모든 사람들 가운데서도 참된 친구, 진실하고 몸으로 보여 주는 친구, 만년 친구, 사랑스럽고 흔들리지 않는 친구가 있습니다. 특별히 하나님께서 매를 휘두르시는 것 같고 맹렬히 타는 풀무불 같은 상황에서 나의 유익을 위해 오래 곁에 있는 친구, 정말 오랫동안 함께하는 친구가 있습니다. 그런 친구는 종종 끊임없는 손길을 베푼다는 것을 본서를 통해 다시 한 번 세상에 알리는 바입니다.

여덟째이자 마지막으로, 제가 쓴 것처럼 이 주제를 다룬 저자를 아직 만나보지 못했기 때문입니다. 그래서 본서가 과연 세상이 받아들이고 환영받을 내용이 될지 모르겠습니다. 아무쪼록 본서를 읽고 더 능력 있는 사람이 이 주제를 연구해 더 가치 있는 작품을 내도록 고무시킬 수 있다면 저는 기뻐할 것입니다(고전 9:1-2; 살전 1:7-8). 초두에서 언급했던 대로 한 가지만 더 말씀드리려고 합니다. 본서의 많은 내용이 함께 멍에를 멘 사랑하는 동료 그리스도인들과 다른 친구들, 그리고 저에게 찾아오신 주님에 대해 설교한 것이지만, 아직 미처 말 못한 내용이 있습니다. 그것은 이 강론을 출판하게 만든 믿을 만한 참된 이유인데, 다음과 같습니다. 이것 역시 여러분을 위한 내용이 될 것입니다.

II

두 번째 사항으로, 이제 본서를 읽어 보시면 아시겠지만, 제가 약속드린 두 번째 내용은 여러분에게 조금이나마 좋은 조언을 드리는 것입니다. 본서의 내용은 여러분의 영혼에 많은 유익이 될 것입니다. 물고기가 많아도 잡히는 것이 없는 경우처럼(눅 5:5), 아무리 좋은 책을 읽어도 건질 게 없는 경우가 있습니다. 그 이유는 호기심으로 가볍고 피상적으로 읽었기 때문입니다. 그러므로 유익이 되게 읽어야겠다는 마음가짐이 있어야 합니다.

첫째, 읽으며 복을 구하십시오. 바울이 심었고 아볼로가 물을 주었다고 해서 목적이 이루어지지 않습니다. 왜냐하면 "오직 자라게 하시는 이는 하나님뿐"이시기 때문입니다(고전 3:6-7). 모든 것이 이루어져도 하나님께서 그렇게 되도록 하셨기 때문에 여러분이 내세울 것은 전혀 없습니다. 여러분의 일이 적절하고 성공을 거두려면 사람에게서 눈을 떼시고 홀로 여러분에게 복 주시는 하나님을 바라보십시오. 하늘의 복이 임하지 않고선 옷을 입어도 따뜻한 줄 모르고 음식을 먹어도 영양분을 얻지 못하고 약으로도 병을 고치지 못하고 친구들의 위로도 소용없을 것입니다(미 6:14). 이처럼 하늘의 복이 임하지 않고 귀하신 성령님의 숨과 영향력이 임하지 않고선 지금 이룬 일도 소용이 없게 될 것이고 그리스도의 날에 할 말이 없을 것입니다. 그러므로 여러분의 눈이 천국을 향하게 하십시오(학 1:6).

세네카(Seneca)[5]는 애굽의 농부들이 가뭄이 들었을 때 비를 바라며 하늘을 보지 않고 나일 강이 불어 홍수가 나기만 바란다는 것을 알게 되었습니다. 나일 강의 물이 풍성하다는 이유 하나 때문이었습니다. 아, 이 시대에도 책만 읽고 하나님께서 주시는 복의 비를 한 번도 구하거나 기대하지 않고 나일 강만 지켜보는 사람이 얼마나 많습니까. 그들은 오로지 재능과 학식과 기술과 달변의 기술 같은 것만 의지합니다. 절대로 저 높이 있는 천국으로 눈을 돌리지 않습니다. 따라서 아무리 많은 책을 읽어도 별로 유익을 얻지 못하는 일을 겪는 것입니다.

둘째, 독서를 통해 유익을 얻으려면 읽고 묵상까지 해야 합니다. 묵상은 영혼의 양식입니다. 묵상은 다름 아닌 위장과 체온 같아서 영적 진리를 소화시킵니다. 물론 생각 없이도 살 수 있는 것처럼 묵상 없는 독서를 통해서도 유익을 얻을지 모릅니다. 베르나르(Bernard)[6]는 묵상

없이 기도하면 메마르고 형식적이 될 것이고, 묵상 없이 독서하면 쓸모없고 무익할 뿐이라고 말했습니다. 지혜롭고 현명하며 능력 있고 체험 많은 정치가가 되려면 능숙한 정치가가 될 수 있는 사항들을 깊이 생각하지 않고 급하게 많은 도시와 지방으로 돌아다니거나 관습과 법률과 사람들의 생활방식을 무시해선 안 됩니다. 마찬가지로 독서를 통해 유익을 얻고 온전한 지식을 구비하며 균형 잡힌 영적 체험을 추구하려면 피상적으로 급하게 이 책 저 책을 뒤지지 말아야 합니다. 그보다 천사가 한 말을 심중에 두며 깊이 생각한 마리아처럼 읽은 내용을 깊이 숙고해야 합니다. 아우구스티누스는 다음같이 말했습니다. "주님! 제가 주님을 묵상할수록 주님께서 저에게 더 사랑스러우신 분이 되어주십시오." 이처럼 여러분도 본서를 읽고 묵상할수록 내용은 더 달콤하게 와 닿을 것입니다. 대개 성숙한 사람은 묵상을 잘한 사람입니다. 영혼을 살찌우는 묵상은 의무입니다. 또한 은혜로 힘을 얻게 하는 의무이며 의무 가운데서도 최고의 의무이기도 합니다. 어떤 사람은 묵상을 영혼의 간호사로 부르기도 했습니다. 히에로니무스(Hieronymus)[7]는 묵상을 하면 낙원에 온 것 같다고 말했습니다. 바질(Basil)[8]은 묵상을 모든 은혜로 채워져 있는 보물함이라고 말했고, 테오필락트(Theophylact)[9]는 묵상을 영광 속으로 들어가게 해주는 문이자 통로라고 했습니다. 이교도인 아리스토텔레스(Aristotle)[10]조차 행복이 마음으로 묵상하는 일에서 나온다고 했습니다. 여러분이 아무리 많이 읽고 듣는다 해도 묵상하지 않으면 결코 훌륭한 자가 될 수 없고 탁월한 그리스도인이 되지 못할 것입니다.

셋째, 읽은 내용을 상고하십시오. 무조건 믿지 말고 "너그러운 베뢰아 사람들"처럼 모든 것을 확인해 보십시오(행 17:11). 설령 아버지께서 금을 주셨다 해도 진짜 금인지 확인해 보고 무게도 달아봐야 합니다. 마찬가지로 여러분의 영적 아버지께서 전해 준 진리라도 그렇게 확인해 봐야 합니다. 확인한 결과 아무것도 아닌 것으로 밝혀져도 진리의 균형이 유지되는 게 더 중요합니다. 반짝이는 모든 것이 금이 아닙니다. 제가 단언하건대, 참으로 그것이 진짜 금으로 확인되기 전에는 반짝인다 해서 건질 게 아무것도 없습니다.

넷째, 읽고 실천해야 합니다. 읽은 내용을 실천하십시오. 그러지 않으면 읽은 내용이 아무 유익이 되지 않습니다. 좋은 책이 수중에 있어도 마음이나 삶으로 그 책의 교훈을 받지 않는 사람은 짐만 나르는 망아지와 같고 엉겅퀴를 먹이로 주는 사람과 같습니다.

신성한 것은 모름지기 실천을 통해 아는 것 외에 다른 방법이 없습니다. 행함이 없는 신앙고백은 배나 더 지옥 자식으로 만들 것입니다(마 23:15). 말을 잘하면 꽹과리 같은 소리로 들릴지 모르겠지만 바르게 실천하면 (이시돌처럼)[11] 천사가 행하는 것같이 될 것입니다. 읽고 이해한 것을 실천하면 하나님께서 미처 이해하지 못한 것까지 깨닫도록 도와주실 것입니다.

너무 많은 지식을 쌓는 것은 아닌지 걱정은 해도 실천하지 않은 것을 걱정하는 일은 극히 드뭅니다. 가장 실천을 많이 하는 사람이 가장 많이 아는 사람입니다. 실천에 가장 강한 사람이 결국 성경에서 말씀한 가장 강한 자로 판명될 것입니다(시 119:98-100; 요 7:16-17). 이론은 실천 지침서이고 실천은 이론의 생명입니다.

살비아누스(Salvianus)[12]는 추잡한 삶으로 그리스도의 복음을 책망거리로 만든 일부 그리스도인들을 이교도들이 어떻게 꾸짖었는지 언급했습니다. 이교도들은 다음같이 따졌습니다. "너희가 믿는 선한 율법이 대체 어디 있느냐? 너희가 배운 경건의 규례들이 어디 있느냐? 너희는 거룩한 복음을 읽었다고 하면서 불결하다. 사도들의 서신도 읽었다고 하면서 여전히 술에서 헤어 나오지 못하고 있다. 사도들은 그리스도께 순종했지만 너희는 불순종하고 있다. 사도들은 거룩한 율법을 공언했지만 그 율법이 되레 너희의 삶을 더러움으로 이끄는 것 같다." 아! 오늘날 얼마나 많은 설교자가 수많은 독자에 대한 불만을 토로하고 있는지 모릅니다! 독자들은 설교자들의 작품들을 읽지만 읽은 내용을 삶으로 부정합니다. 독자들은 설교자들의 작품들을 극찬하지만 그들의 대화를 들어보면 읽은 내용을 비웃습니다. 독자들은 담화를 나누며 설교자들의 노고를 칭찬하지만 뒤돌아서면 깎아내립니다. 그래도 본서가 그런 독자들의 수중에 떨어지는 것이 낫다고 생각하며 그렇게 되길 바라고 있습니다. 사마리아 여인은 주전자에 물을 채우지 못했지만 물과 관련한 얘기를 나눌 수 있었고, 그 대화 내용은 여인에게 유익했습니다(요 4:7). 라헬은 합환채를 얻게 될 것이라고는 생각지도 못했지만 합환채가 계기가 되어 아기를 갖게 만들었습니다(창 30:15). 적용하는 일은 어렵지 않습니다.

다섯째, 읽고 적용하십시오. 읽는 것이 활을 당기는 것이라면, 적용은 과녁을 맞히는 것입니다. 최고의 진리가 유익한 것이 되려면 그 진리를 적용하는 것 외에 다른 방법이 없습니다. 읽은 내용을 적용하지 않을 바에는 애당초 읽지 않은 것만 못합니다. 갈레누스(Galenus)[13]의 책을 읽고 히포크라테스(Hippocrates)[14]의 격언을 좀 안다 해서 건강이 보장되는 것은 아닙니다. 읽은 내용을 적용하고 실천할 때 건강이 유지되는 것입니다. 세상의 모든 책을 다 읽는다 해도 읽은 내용을 적용하지 않으면 영혼의 건강에 기여할 수 없습니다. 많이 읽어도 별 유익이 없는 이유는 읽은 내용을 적용하지 않을뿐더러 마음으로 명확히 깨닫게 하지도 않기 때문입니다.

여섯째이자 마지막으로, 읽고 기도하십시오. 읽은 것으로 기도하며 양심이 새로워지지 않는다면 읽은 내용이 좋다고 느끼지 못하거나 별 유익이 되지 못할 것입니다. 읽은 내용으로 기도한 사람치고 독서의 유익을 누리지 못한 사람은 아무도 없습니다. 루터는 성경을 장시간 연구할 때보다 짧게라도 기도하며 연구할 때 더 많은 유익을 얻었다고 고백했습니다. 요한이 눈물로 호소하자 인봉한 책이 열렸듯이 확실한 것은, 단순히 읽을 때보다 읽은 내용으로 기도할 때 훨씬 많은 유익을 얻게 된다는 사실입니다. 아, 그리스도인 여러분! 읽기 전에 기도하시고 읽고 나서 기도하십시오. 그러면 그것이 복이 되고 여러분이 성화(聖化)되는 데 도움이 될 것입니다. 여러분이 책을 다 읽고 책장을 덮으면서 다음 같은 말로 마무리하십시오.

저도 이렇게 살다 죽어

영생을 얻게 하소서.

여러분의 마음이 높아질 때 여러분의 유익과 영혼을 위해 "자신이 가진 것뿐만 아니라 자신마저 기꺼이 주시는" 주님을 잊지 않도록 하십시오(고후 12:15). 오, 저를 위해서도 기도해 주십시오. 그러면 저는 더욱더 온전히 성령님의 지배를 받고 영화로우신 성령님으로 충만하게 될 것입니다. 그래서 "율법 조문으로 하지 아니하고 오직 영으로" 하는(고후 3:6) 유능한 새 언약의 목사가 될 것입니다. 또한 제 안에서 영생하는 샘이 늘 솟구쳐 올라오는 것을 보게 되고 그것으로 말미암아 주님의 사역을 언제나 신실하고 지속적으로 풍성하게 감당할 수 있을 것입니다. 그리고 성령님께서 저의 마음에 주시는 가르침으로 매일을 살아가며, 마음과 양심과 체험에서 우러나오는 설교를 할 수 있을 것입니다. 그뿐만 아니라 영원하신 손이 저를 받쳐 주심으로 저는 환하게 불타오르는 빛이 될 수 있을 것입니다. 제가 그렇게 살아갈 때 하나님의 영광과 그분의 백성의 유익을 위해 섬길 수 있을 것입니다. 그럴 때 저의 사역을 좌절시킬 수 있는 것은 아무것도 없을 것입니다. 저의 수고가 끝나면 근심이 아닌 기쁨으로 사역을 내려놓을 수 있을 것입니다. 부족한 저의 이 저서를 위해 연약하나마 기도하는 것은, 본서가 여러분의 내적과 외적 평안에 많은 도움이 되어, 여러분이 안식을 누리는 것입니다.

우리가 가장 사랑하는 주 안에서 여러분의 종인 토머스 브룩스 올림

고난과 침묵　**1부**

들어가는 말

"내가 잠잠하고 입을 열지 아니함은 주께서 이를 행하신 까닭이니이다" (시 39:9).

장황한 서론으로 여러분을 힘들게 하지 않겠습니다. 대개 서론이 한 문제 가지고 말을 쏟아 내기 때문입니다.

이 시편은 두 부분으로 구성되어 있습니다. 첫 번째 부분은 이유와 진술을 담고 있고, 두 번째 부분은 해석과 탄원을 담고 있습니다. 전자에서는 진술과 기도가 전부를 차지하고 있어 선지자가 병에 걸렸음을 알 수 있고, 후자에서는 처방이 적용되었습니다. 저는 후자를 주로 다루며 여러분이 다윗이 낫게 된 경위와 다윗이 택한 수단들을 알도록 할 것입니다. 그 수단들이란 가만히 조용하고 잠잠히 있는 것이었습니다. 먼저 각 단어들을 설명한 이후에 제가 강조하려는 요점을 서술하겠습니다.

"내가 잠잠하고." 히브리어 '알람'에서 파생된 '네-엘람티'는 '말 못하는', '입이 안 떨어지는', 또는 '언어 능력을 상실한'이란 뜻입니다. 이 히브리어 단어 하나에 '말 못하는'이라는 뜻과 '언어 능력을 상실한'이라는 뜻뿐만 아니라 '입이 안 떨어지는'이라는 뜻이 모두 한데 묶여 있는 이유는, 말을 못 한다는 것은 말 그대로 입이 안 떨어지는 것이기 때문입니다. 마치 바늘로 꿰매서 묶여 있는 것과 같습니다. 아! 다윗은 자신에게 일어난 시련 속에서 하나님의 손길을 보았을 때 영혼과 혀에 침묵의 법을 적용한 것입니다.

"입을 열지 아니함은." 왜냐하면 이렇게 할 수밖에 없었습니다. 그는 첫 번째 원인에 연이은 두 번째 원인을 보면서 잠잠하게 된 것입니다. 그는 모든 상황 속에서 하나님의 손길을 보았고 그것으로 말미암아 말을 못하게 되고 잠잠하게 되었습니다. 시련 속에서 하나님의 손길을 보는 것은 영혼을 침묵시킬 정도로 압도적인 효력을 발휘합니다. 이렇듯이 은혜의 사람은 입을 다물게 되었습니다. 이 표현을 통해 세 가지를 확인할 수 있습니다.

첫째, "화자는 다윗이다." 그렇습니다. 바로 왕이자 성도인 다윗이며, 하나님의 마음에 맞는 자인 다윗입니다. 다윗은 바로 크리스천이었습니다. 그러므로 우리는 여기서 다윗을 왕이 아닌 크리스천으로 봐야 하고, 하나님 앞에서 마음이 올발랐던 사람으로 봐야 합니다.

둘째, "하나님의 손 아래 다윗이 취한 행동과 몸가짐." 이것이 "내가 잠잠하고 입을 열지 아니함은"이라는 한마디로 표현되었습니다.

셋째, "다윗이 이렇게 낮아지고 사랑스러운 태도를 취한 이유." 이것은 "입을 열지 아니함은"에서 확인된 것입니다.

이 세 가지를 통해 세워진 전제는 다음과 같습니다.

교리: "은혜를 입은 영혼이 이 세상에서 가장 가혹한 환난이나 슬픈 섭리나 극심한 시련을 만났을 때 해야 할 큰 의무와 염두에 두어야 할 것은 잠잠하고 입을 열지 않는 것이다."

저는 먼저 질문 형식으로 이 위대하고 유익한 진리를 개관하고 의미를 분명히 드러내겠습니다.

첫째, 지금 이 전제에서 강조한 잠잠하다는 것은 대체 무엇을 말하는 것인가?
둘째, 은혜롭고 거룩한 침묵이 내포하는 것은 무엇인가?
셋째, 이 거룩한 침묵에 해당되지 않는 것은 무엇인가?
넷째, 이렇게 강조하는 이유는 무엇이고, 그렇다면 그것을 우리 영혼에 어떤 식으로 적용할 수 있을까?

1장
"잠잠하고"의 의미는 무엇인가

우선, 여기서 말씀하는 "잠잠하고"의 의미는 무엇일까요? 침묵에도 일곱 가지 종류가 있습니다.

첫째, 스토아학파가 주장하는 침묵입니다. 옛 스토아학파는 하나같이 좋은 일이 생기면 기뻐하고 나쁜 일이 생기면 울게 되는 감정을 이성이나 이해력보다 열등한 것으로 생각했습니다. 그런 스토아학파의 침묵은 거룩하신 하나님을 격동시킬 만큼 큰 죄악으로, 사실 모든 감각을 상실한 죄입니다(사 26:10-11). 하나님께서는 우리가 살펴보는 본문에서처럼 하나님의 손길을 보게 하시거나 지옥을 향한 그분의 진노를 알게 하심으로써 무감각한 죄인이 감각을 갖도록 하십니다. 자연적인 감정들을 무시하는 것은 이교도들의 죄만큼이나 소름끼치는 것입니다(롬 1:31). 그런 죄를 지은 사람으로 퀸토스 파비우스 막시무스(Quintus Fabius Maximus)[15]를 꼽을 수 있습니다. 그는 정말 악랄한 죄인이었습니다. 그는 집이 무너져 자신이 사랑하는 어머니와 아내가 죽고, 동시에

움브리아[16]에서 가장 용감하고 전도유망한 막내아들이 죽었다는 소식을 들었을 때도 얼굴 하나 변하지 않고 마치 자신에게 아무 재앙도 일어나지 않은 것처럼 원로원 일을 계속했습니다. 그의 태도는 인내라기보다 그가 얼마나 어리석은지 보여 준 것입니다(욥 24:13).

하르팔루스(Harpalus)[17] 또한 자신의 두 아들이 이미 죄수복을 입은 것을 보고 아스티아게스(Astyages)[18]가 그에게 만찬을 명했을 때도 낯빛 하나 변하지 않았습니다. 이것이야말로 머리가 텅 빈 채 감각을 상실한 모습입니다. 자녀가 집에 안 보이는 것과 마당의 닭이 안 보이는 것을 같은 것으로 생각한다면 그 사람은 악하고 잔인한 사람입니다. 당연히 그런 사람을 기다리고 있는 것은 정신이 번쩍 들게 할 심판일 것입니다. 이 시대는 그런 괴물들로 가득 차 있습니다. 그들은 자신들에게 임하는 시련들로 동요되고 자극받고 괴로워해도 위대하고 고결한 영혼은 신경 쓰지 않습니다. 저는 이런 사람들만큼 지옥에 갈 준비가 다 된 사람들을 알지 못합니다.

아리스토텔레스는 물고기가 창에 찔려도 알지 못한다고 했습니다. 하나님께서 날카로운 여러 개의 창으로 죄인의 마음을 찔러도 죄인은 아무것도 느끼지 못하고 아무 불평도 안 합니다. 이런 자들의 영혼은 죽음만 낳을 뿐입니다. 세네카는 열 번째 서한집에서 세네치오 코넬리우스(Senecio Cornelius)라는 사람을 거론합니다. 그는 영혼보다 몸을 더 생각하고 천국보다 돈을 우선시한 사람입니다. 그의 친구가 죽어 갈 때 하루 종일 곁에 있다가 마침내 세상을 떠나자 집으로 돌아와서 기분 좋게 술을 홀짝이며 자신의 기분을 빨리 무마시키고 명랑한 기분으로 잠자리에 들었다고 합니다. 그리고 슬퍼하는 것도 잠깐, 죽은 친구를 매장하기도 전에 울음을 그쳤습니다. 많은 사람이 심중에 갖고 있는 그런 어리석음은 저주거리입니다. 어쨌든 스토아학파의 악하고 음침한 침묵은 본문에서 말씀하는 침묵이 아닙니다.

둘째, 정치적인 이유로 침묵하는 것입니다. 많은 사람이 정치적인 이유로 말을 삼갑니다. 침묵을 지키지 않아도 된다면 사람들은 자진해서 분노하고 격분한 자들이나 음모와 술수에 길을 터줄 것입니다. 그것을 방지하기 위해 침묵을 지키고 손으로 자기 입을 가리며 다른 사람들도 재산과 생명과 자유에 손대지 않는 것입니다. "사울도 기브아 자기 집으로 갈 때에 마음이 하나님께 감동된 유력한 자들과 함께 갔느니라 어떤 불량배는 이르되 이 사람이 어떻게 우리를 구원하겠느냐 하고 멸시하며 예물을 바치지 아니하였으나 그는 잠잠하였더라"(삼상 10:26-27). 이제 막 왕이 되어 자신의 정부를 갖추게 된 사울은 자신의 처지가 도와줄 사람은 있으나 힘이 없고 친구도 거의 없으며, 자신의 대적인 불량배들은 도처에 깔려 있고 강하다는 것을 의식하고 있었습니다. 그런 불량배들은 말씀이 내포하고 있는 것처럼 무엇에도 구애받지 않고 소망이 없을 정도로 악하며, 지옥을 대표하고, 심지어 악의 화신 같고, 이성이나 종교에 절대 굴복하지 않으며, 자연법이나 나라의 법의 통제도 무시하는 자들입니다. 그러므로 당연히 하나님의 율법에도 굴복하지 않습니다. 이제 이 젊은 왕은 폭동과 반역과 유혈사태와 파멸을 방지하기 위해 현명하고 정치적인 수단을 선택합니다. 그것은 늑대의 귀나 사자의 턱수염을 만지는 것보다 손을 들어 자신의 입을 막는 것이었습니다. 침묵하는 것은 자신이 뜻한 바도 아니고 원하는 바도 아니었습니다. 사울은 불량배들이 말하는 내용에 귀를 닫았습니다. 아직 불안정한 자신의 상태가 침묵을 요구했기 때문입니다.

독일 황제였던 헨리 6세는 평소, 침묵할 줄 모르면 말할 줄도 모르는 것이라고 말하곤 했습니다(Qui nescit tacere, nescit loqui). 사울은 지금이 침묵할 때란 것을 알았습니다. 즉 지금 상황이 말하지 말고 가만히 들어야 할 때란 것을 알았던 것입니다. 하지만 사울의 침묵은 본문이 제시한 침묵이 아닙니다.

셋째, 바보처럼 입을 다무는 것입니다. 움직임도 둔하고 말도 잘 못하는 사람들이 있습니다. 그들은 하고 싶거나 해야 할 의사표현을 못하기 때문에 차라리 침묵하는 것이 그들에겐 가장 현명한 것입니다. "미련한 자라도 잠잠하면 지혜로운 자로 여겨지고 그의 입술을 닫으면 슬기로운 자로 여겨지느니라"(잠 17:28). 말을 많이 하면 지혜롭지 못한 것이지만 아예 입을 다물면 바보인지 알 길이 없습니다. 세상에는 지혜로운 바보가 많고 어리석은 바보도 많습니다. 어리석은 바보는 입을 열지 않아 신중한 사람이라는 신뢰와 명예를 얻지만 쓸데없는 잡담이 곧 지혜롭지 못한 처사인 것은 모릅니다. 침묵은 아주 귀한 덕으로, 지혜가 규제되고 어리석음을 누르는 덕으로 알려져 있습니다. 옛 로마인들은 침묵을 아주 고상한 명예로 알았기 때문에 제단을 세울 때 침묵했습니다. 침묵하는 사람은 지각 있는 자로 통했고, 또한 자신의 혀를 제어할 줄 아는 사람은 스스로 자신이 지각 있는 자가 분명하다고 확신할 정도였습니다. 분명, 바보라는 점은 슬픈 것이지만 자신이 부족한 것을 아는 사람은 바보로 여겨질 수 없다는 점이 더 중요합니다. 하지만 바보처럼 입을 다무는 것은 본문이 말씀하는 침묵이 아닙니다.

넷째, 기분이 상해서 말을 안 하는 것입니다. 농담과 정욕으로 풀어지기까지 기분이 상해 말을 안 하는 사람이 많습니다. 성경을 읽어 보면 귀신들린 경우에서 가장 최악의 상태는 말 못하게 귀신 들린 것이었습니다(막 9:17-28). 플리니우스(Pliny)[19]는 그의 책 『자연사』(自然史)에서 인도의 갠지스 강 어귀에 입이 없어 허브와 꽃향기만 맡고 사는 아스토미(Astomy)로 불리는 사람들을 언급했습니다. 확실히 우리 가운데서도, 고난을 주시는 하나님의 손 아래서, 하나님께 살려달라고 입도 벙긋 않고, 하나님을 찬양하려고 입술 한 번 떼지 않으며, 하나님께서 옳다고 입으로 시인하지 않는 사람이 있습니다. 이런 사람들은 말 못하게 귀신 들린 것이나 마찬가지입니다. 또한 말 못하게 귀신 들린 사람처럼 한동안 말을 못한 아합 왕의 경우와도 같습니다. "이스르엘 사람 나봇이 아합에게 대답하여 이르기를 내 조상의 유산을 왕께 줄 수 없다 하므로 아합이 근심하고 답답하여 왕궁으로 돌아와 침상에 누워 얼굴을 돌리고 식사를 아니하니"(왕상 21:4). 아합 왕의 야심과 탐심이 서로 교차된 이런 상황이 얼마나 웃깁니까. 아합 왕은 끙끙 앓느라 스스로 금식하며 기분이 상해 죽을 지경이 되었습니다. 기분이 상해서 말을 안 하는 것은 죄이자 벌 받을 짓입니다. 이렇게 말 못하게 귀신 들린 사람처럼, 기분이 상해 말을 안 하는 사람처럼, 안달 나고 초조하게 해서 사람의 심령을 지치게 하고 황폐하게 만드는 것은 마귀밖에 없습니다.

어떤 작가는 호드긴(Hudgin)이라는 귀신을 말하면서, 이 귀신은 사람이 잘못되기만 하면 다른 것은 일체 건들지 않는다고 합니다. 저는 기분이 상해 침묵하는 것을 좋게 말할 수 없습니다. 왜냐하면 그것은 동시에 하나님과 그리스도와 몸과 영혼에 많은 잘못을 저지르는 것이기 때문입니다. 이런 침묵도 본문이 말씀하는 것이 아닙니다.

다섯째, 억지로 침묵하는 것입니다. 압력에 못 이겨 침묵하게 된 사람이 많습니다. 많은 어려움으로 괴로워도 대적이 힘으로 누르고 있기 때문에 상태가 더 악화될 수 있는 것을 알면서도 고난 가운데서 침묵할 수밖에 없는 것입니다. 자유를 빼앗기고 생명을 잃을 수도 있습니다. 재산도 뺏긴 상태에서 목숨을 잃을 수도 있습니다. 발에 피가 흘러도 내버려 두는 것은, 잠잠하고 조용하지 않으면 목이 잘려 목 밖으로도 피가 흐를 수 있기 때문입니다. 일할 때도 침묵하라고 강요받습니다. 이와 마찬가지로 많은 사람이 하나님께서 주시는 고난 속에서 양심이 그들에게 하는 소리를 듣습니다. 네가 지금 대적에게 압제 받는 것은 네가 하나님의 권능을 우습게 보고, 하나님의 아들을 십자가에 못 박았고, 성령님을 근심하시게 했고, 하나님의 의를 변개시켰고, 하나님의 규례들을 경멸했고, 하나님의 백성을 오도하고 반대했기 때문이란 것을. 또한 아이 하나를 뺏긴 상태에서 모든 아이를 뺏길 수 있고, 아내도 뺏긴 사람은 남편도 뺏길 것이요, 재산 일부를 뺏긴 사람은 모든 재산을 몰수당할 수 있고, 몸이 불편해서 괴로운 사람은 몸과 영혼이 영원한 지옥 불에 던져지고, 주님께서 들어오시지 못하게 문을 닫아 버린 사람은 불시에 천국 밖으로 쫓겨날 것이란 사실을. 이런 것들을 생각하고 느끼면서 죄인은 하나님께서 주시는 여러 고난 가운데서 침묵하게 됩니다. 하지만 이것은 억지로 침묵하게 된 경우에 지나지 않습니다! 바로 이런 침묵의 예를 스페인 왕 필립 2세에서 볼 수 있습니다. 그가 자신의 무적함대 아르마다(Armada)가 패한 것을 보고 스페인 전역에 하나님께 감사하라고 명하자 성도들은 더는 근심하지 않아도 되었습니다.[20] 몽둥이로 위협하면 개도 조용하고 잠잠해지듯이 매를 들면 아이들도 입을 다물고 침묵하게 됩니다. 이처럼 하나님께서 고난을 일으키셨고, 또 일으키실 것을 깨달으면서 억지로 침묵하는 영혼이 많습니다(왕상 10:5-18; 렘 3:10). 하지만 이것도 본문이 의미하는 침묵이 아닙니다. 억지로 침묵하는 것은 하나님께서 보실 때 침묵이 아닙니다.

여섯째, 절망으로 침묵하는 것입니다. 절망에 빠진 영혼은 마골 밋사빕(Magor-missabib)[21]의 처지가 되어 공포에 떱니다. 그의 마음은 지옥 같고 양심은 두려움으로 가득합니다. 하늘을 보면 눈살을 찌푸리고 계시는 하나님과 피를 흘리시는 그리스도만 보입니다. 내면을 살피면 온통 자신의 양심이 그를 고소하고 정죄합니다. 그는 단지 어느 한 쪽만 보는데 그의 죄들이 사방에서 울부짖는 소리를 듣게 됩니다. 우리는 바로 너의 것이라고. 우리는 너를 따라 들어가되 너의 무덤까지 같이 내려가고 너와 함께 심판받고, 네가 지옥의 심판을 받고 지옥에 떨어질 때도 너와 함께 떨어질 것이라고. 그래서 그는 이제 다른 쪽을 바라봅니다. 그랬더니 사방에 두려움이 엄습한 가운데서 지옥의 악령들을 보게 됩니다. 놀라움과 공포에 떱니다. 악령들이 기다리고 있는 것은 절망에 빠진 영혼이 병들어 쇠약한 육신을 떠나는 순간입니다. 다시 눈을 들어 위를 봅니다. 그러자 하늘 문이 그를 향해 닫혀 있는 것을 보게 됩니다. 그래서 고개를 숙이고 밑을 봅니다. 그러자 지옥이 그를 향해 입을 벌리고 있는 것을 봅니다. 이런 서글픈 광경을 보면서 그의 마음은 남들은 모르는 자신의 영혼의 결말에 대한 생각으로 가득하게 됩니다. 절망에 빠진 영혼은 말합니다. 다른 사람들을 위한 자비는 있어도 나는 없다고. 다른 사람들을 위한 은혜와 호의는 있어도 나를 위해 남겨진 것은 없다고. 다른 사람들을 위한 죄 사함과 평안은 있을지라도 나를 위해서는 없다고. 복과 행복은 다른 사람들을 위한 것이고 나를 위한 것은 아니라고. 아무 도움이 없구나, 아무 도움이 없어…(렘 2:25; 18:12). 죽으면서 절망 가운데 내뱉는 말이 바로 이런 것이 아닌가 싶습니다. "행복과 생명과 소망이여(Spes et fortuna), 모두 안녕. 너희는 내게서 지워졌구나." 현재와 미래에 대한 암울한 생각과 슬픈 결론 속에서 절망에 빠진 영혼은 놀라움으로 가득한 채 침묵에 빠집니다. "내가 괴로워 말할 수 없나이다"(시 77:4). 하지만 이것도 본문이 의미하는 침묵이 아닙니다. 하지만,

일곱째이자 마지막으로, 분별력 있는 침묵이 있습니다. 그것은 거룩하고 은혜로운 침묵입니다. 분별의 원리들, 거룩한 원리들, 은혜로운

원인들과 심사숙고들에 근원을 둔 침묵입니다. 바로 이것이 본문에서 말씀한 침묵입니다. 그러므로 저는 두 번째 질문에 대한 대답 속에서 과연 그것이 무엇인지 자세히 설명해 드리겠습니다.

2장
분별력 있고 은혜로우며 거룩한 침묵이 내포하는 것(1)

분별력 있고 은혜로우며 거룩한 침묵이 내포하는 것은 무엇입니까? 다음 여덟 가지 내용입니다.

첫째, 이것은 갖가지 시련 속에 놓인 시편 기자처럼 하나님에 대한 관점과 하나님을 인식하는 것을 내포하고 있습니다. 이것이 본문을 통해 명확히 드러났습니다. "내가 잠잠하고 입을 열지 아니함은 주께서 이를 행하신 까닭이니이다." 시편 기자는 두 번째 원인을 보면서 첫 번째 원인을 갖게 되었습니다. 그래서 주님 앞에서 잠잠하게 된 것입니다. 아픈 곳이 전혀 없고, 다만 하나님의 손가락이 닿았을 뿐입니다. 하나님의 새끼손가락만 닿아도 너무 쓰라립니다. 다양한 관점으로 적절한 말을 글로 쓰는 것은 펜이 아니라 작가이듯이, 시계의 초침이 움직이고 정시를 알리는 것은 시계 속에 부착된 톱니바퀴와 살이 아니라 시계를 만들고 유지하는 사람입니다. 이처럼 일을 하는 데 다양한 관점으로 일이 제대로 돌아가게 하는 것은 사용된 부품들이 아닌 모든 장인의 몫입니다. 주님의 경우도 마찬가지입니다. 그분은 모든 활동을 이끄시는 주요 원인자이시며 모든 고난을 가장 강력하게 주관하시는 분입니다. 그러므로 당연히 모든 것을 보시고 모든 것을 주관하시는 하나님 앞에서는 원인이 무엇이건 간에 모두 보잘것없고 그저 부속물에 지나지 않습니다. 욥의 경우가 그랬습니다. 그는 모든 상황 속에서 하나님을 보았습니다. "주신 이도 여호와시요 거두신 이도 여호와시오니"(욥 1:21). 욥이 고난 가운데서 하나님을 보지 못했더라면 다음같이 말하며 울부짖었을 것입니다. "오, 이 무식한 갈대아 놈들이 내 재산을 빼앗고 나를 망쳤구나. 이 사악한 스바 놈들마저 내 것을 강탈하고 나를 망쳤어!" 욥은 갈대안 사람과 스바 사람의 공격이 다름 아닌 하나님께서 위탁하셨기 때문에 일어난 일임을 간파했습니다. 그래서 손으로 자기 입을 막았던 것입니다. 아론의 경우도 마찬가지였습니다. 궁극적으로 두 아들의 죽음 속에서 하나님의 손을 보고 평안을 유지할 수 있었습니다(레 10:3). 하나님께서 일격을 가하셨을 때 슬픈 와중에서도 하나님의 손을 보았다면 마음과 입에 굴레를 씌워 중얼대거나 투덜대지 말아야 합니다. 요셉도 자신을 애굽에 팔아넘기려고 거래하는 형제들 속에서 하나님의 손을 보았기 때문에 잠잠할 수 있었습니다(창 37:28).

고난 속에서 하나님을 보지 못한 사람들은 쉽게 열을 내고 광폭해집니다. 감정은 모두 곤두서고 마음은 불붙는 것같이 되고 주제넘은 사람이 되기 시작합니다. 그래서 이를 갈며 하나님께 거침없이 말을 쏟아 냅니다. 그들은 한마디로 단단히 화가 난 것입니다(욘 4:8-9). 그렇게 그들의 모든 고난이 하나님으로 말미암은 것임을 인식하지 못한 자들

은 모든 재앙의 원인이 마귀라고 믿는 마니교도들의 미친 원리에 언제
라도 빠질 준비가 되어 있는 것입니다. 마니교도들은 사람 사는 곳에서
일어나는 모든 고난이 악으로 말미암은 것이지 주님과는 전혀 상관이
없다고 믿었습니다(암 3:6). 하나님의 매가 등허리를 내리칠 때 모든 고
난은 하나님께서 내리신다는 것을 깨달은 다윗 같은 자만이 손으로 입
을 막을 뿐입니다(삼하 14:11-12). 고난 속에서 하나님의 손을 보지 못한
다면 마음은 고난 속에서 초조하고 격분만 일어날 뿐입니다.

둘째, 우리가 하나님의 손 아래 있을 때 하나님의 위엄과 주권과 권
능과 현존하심이 거룩하고 은혜로우시다는 것을 조금이라도 깨달은 것
이 내포되었습니다. "오직 여호와는 그 성전에 계시니 온 땅은 그 앞에
서 잠잠할지니라 하시니라"(합 2:20). 히브리어로 읽으면 "온 땅이여 그
분이 보시는 가운데 잠잠할지니라"가 될 것입니다. 하나님께서 온 땅
의 모든 사람을 그분 앞에서 낮추시고 잠잠하고 조용하게 하신다면, 그
들은 하나님께서 거룩한 성전에 위엄 있고 웅장하신 모습으로 영광 가
운데 앉아 계신 것을 볼 수 있을 것입니다. "주 여호와 앞에서 잠잠할지
어다"(습 1:7). 하나님의 손이 여러분의 등을 후려치실 때 투덜대거나 불
평하지 말고 조용하십시오. 잠잠하고 침묵하며 손을 입에 대십시오. 하
나님께서는 손을 드셔서 벌을 내리실 뿐만 아니라 모든 것을 보십니다
(totus occulus). 여러분이 어떤 방향으로 몸을 틀어도 눈도 같이 따라가
사물을 보게 되는 것처럼 주님의 눈도 그렇습니다. 그러므로 주님 앞에
서 잠잠해야 합니다.

그래서 아론도 하나님의 주권에 눈을 고정시킬 때 잠잠할 수 있었습니다. 욥도 하나님의 웅장하심을 볼 때 잠잠할 수 있었고 엘리 역시 하나님의 권능과 임재를 보고 잠잠하게 되었습니다. 사람은 하나님의 손이 전능하시다는 것을 깨달을 때까지 하나님의 손 아래서 결코 자신을 낮추지도 않고 잠잠하지도 않습니다. "그러므로 하나님의 능하신 손 아래에서 겸손하라 때가 되면 너희를 높이시리라"(벧전 5:6). 사람이 하나님의 손을 힘이 없고 약하고 비천한 손으로 생각할 때 격분한 마음으로 심술궂은 자신의 손을 들어 하나님을 대항하게 됩니다. 바로가 그랬습니다. "여호와가 누구이기에 내가 그의 목소리를 듣고 이스라엘을 보내겠느냐"(출 5:2). 바로는 하나님의 손이 전능하시다는 것을 보고 깨달을 때까지 이스라엘을 보내려 하지 않았습니다.

페르시아의 귀족인 티리바저스(Tiribazus)는 체포당할 상황이 되자마자 칼부터 빼들고 자신을 방어하려 했지만 체포하려는 자들이 왕이 보낸 자들이며, 자신을 왕 앞에 데려오라는 명령을 받았다는 말을 듣고는 순순히 그들을 따랐습니다. 이처럼 고난이 우리를 덮을 때 우리도 하나님의 위엄과 권능을 보기 전까지, 또한 그분을 왕 중 왕이시요, 주의 주시라는 것을 깨닫고 우리를 치신 하나님께 굴복하기까지 계속해서 투덜대고 불평하고 반항하며 심지어 세상을 떠나는 순간까지 아우성칠 것입니다(사 26:11-12). 마음이 하나님의 전능하신 손에 굴복하게 되는 것은 하나님을 보는 것 외에 없습니다(계 1:5). 하나님의 존엄과 위엄을 모르는 무지한 트라키아인들은 천둥이 치고 번개가 내릴 때면 으레 하늘을 향해 화살을 쏘아 대며 그들의 미친 마음과 어리석음을 드러냈습니다! 하나님의 은혜를 본 영혼이 기운을 차리듯이, 영혼이 하나님의 위대하심과 영광을 보게 되면 잠잠하게 됩니다.

셋째, 은혜롭고 분별력 있는 침묵은 하나님께서 내리신 고난 가운데서 마음과 영까지 거룩하게 잠잠하고 조용하게 만듭니다. 은혜로운 침묵은 내면의 모든 잔소리와 초조함과 들끓는 것과 논쟁과 부글거리는 마음을 차단시킵니다. "나의 영혼이 잠잠히 하나님만 바람이여"(시 62:1). 즉 영혼이 잠잠하고 하나님께 순종하게 된 것입니다. 그리고 모든 잔소리와 불평과 흥분과 혼란한 감정들이 가라앉고 온순해지며 통제됩니다. 이것이 바로 본문에서 선명하게 드러났으며, 앞서 언급한 아론과 엘리와 욥의 예에서도 나타났습니다. 그들은 자신들의 손에 들린 비통한 컵에 자신들을 넣으신 분이 바로 하나님이시며, 그들의 어깨에 지워진 십자가들이 바로 그분의 사랑이고, 그들의 목에 씌워진 멍에들이 그분의 은혜였음을 보고 나서 영혼이 굉장히 잠잠해지고 조용하게 된 것입니다.

마리우스(Marius)[22]는 외과의사가 그의 다리를 절단할 때 이를 악물고 고통을 견뎠습니다. 어떤 사람들은 하나님께서 자비를 거두실 때 고난을 견디며 자신의 슬픔과 괴로움을 숨기거나 표를 내지 않습니다. 하지만 여러분이 그들의 속을 들여다볼 수 있다면, 그들의 마음은 온통 격분과 혼란과 화로 가득한 것을 볼 수 있을 것입니다. 그런데도 그들은 그런 내색을 하지 않고 태평하게 보이려고 합니다. 하지만 그들의 마음은 불이 붙어 열을 내고 있는 것입니다. 다윗도 한때 그렇게 격한 감정에 휩싸였습니다(시 39:3). 하지만 확실히 거룩한 침묵이 마음의 모든 소란을 잠재우게 되자 그의 영혼을 '통제할 정도로 인내할 수 있게' 되었습니다. 인내로 하나님을 소유하게 되는 것은 이 세상에서 가장 훌륭하고 달콤한 것을 소유하게 된 것입니다(눅 21:19).

하나님께서 징계하시는 손 아래서 진실하고 거룩하게 침묵을 유지하는 것이 혀에 달렸지만, 침묵의 법칙은 당연히 마음과 생각이 세운 것입니다. 형식적으로 섬기는 마음에서 나오는 입바른 소리가 하나님에게서 비롯된 것이 아니듯이, 억지로 침묵하면서 혀를 움직이지 않는 것은 하나님으로 충만한 침묵이 아닙니다. 안과 밖이 모두 잠잠할 때 거룩한 침묵이라고 할 수 있습니다(마 15:8-9; 사 29:13).

다윗이 수금으로 사울을 상쾌하게 했듯이, 수금 연주자이자 시인이었던 테르판데르(Terpander)[23]는 사람들의 마음이 복잡해지면 달콤한 가사와 음악으로 안정시켜 주었습니다. 하나님의 백성도 하나님의 매를 맞을 때면, 하나님께서 친히 성령님과 달콤한 음악 같은 말씀으로 영혼의 모든 혼란한 움직임과 감정과 불안을 잠잠하게 하십니다(시 94:17-19; 119:49-50). 그래서 그들은 노아처럼 자신의 영혼의 방주에 평안을 가득 싣고 조용하고 잠잠하게 되는 것입니다.

넷째, 분별력 있고 거룩한 침묵은, 하나님께서 우리에게 가져오신 모든 고난 속에서 일어나는 하나님에 대한 모든 불평과 분노와 부당한 감정을 겸손하게 낮추고 하나님께서 옳으시고 하나님은 아무 잘못이 없다고 깨닫게 만듭니다. "내가 주께만 범죄하여 주의 목전에 악을 행하였사오니 주께서 말씀하실 때에 의로우시다 하고 주께서 심판하실 때에 순전하시다 하리이다"(시 51:4). 여러분이 교정될 때 이렇게 됩니다. 하나님께서 자신의 백성을 심판하시는 것은 그들을 교정하거나 징계하시는 것입니다. "우리가 판단을 받는 것은 주께 징계를 받는 것이니 이는 우리로 세상과 함께 정죄함을 받지 않게 하려 하심이라"(고전 11:32). 하나님께서 주신 고난 속에서 다윗의 관심을 사로잡은 것은 주님에 대한 부당한 감정을 해결하는 것이었습니다. 다윗은 이렇게 말한 것입니다. "아! 주님, 저에게 주신 이 모든 고난 속에는 일말의 점이나 얼룩이나 흠이나 불공평한 것이 보이질 않습니다. 저 자신이 부끄러울 따름입니다. 주님께서는 의로우신 분이며, 주님께서 저에게 일으키신 이 모든 상황 속에는 어떤 부당함이나 잔인함이나 극단적인 면이 없다는 것을 저에게 확실히 인 쳐주십시오." 이런 마음이 시편 119편 75절과 137절에 나타나 있습니다. 다윗은 하나님께서 그에게 허락하신 칼날같이 예리하고 아픈 고난 속에서도 하나님께서 의로우시다는 사실에 언제라도 기꺼이, 전심으로 동의했던 것입니다. "오, 주님, 주님의 심판은 의로우시고 제가 받는 고난은 정당합니다. 오, 의로우신 주님, 주님의 심판은 의로우십니다."

하나님께서 주시는 고난은 늘 의롭습니다. 결코 정당하지 않은 고난은 내리지 않으십니다. 그분의 의지가 곧 공의(公義)의 잣대입니다. 그러므로 은혜 받은 영혼은 감히 하나님께서 행하시는 방식에 트집 잡거나 이의를 제기하려고 하지 않습니다. 고난 중에 있는 영혼은 의로우신 하나님께서 의로운 일만 하신다는 것을 압니다. 또한 하나님은 주권자

이심을 알고 있습니다. 그러므로 고난 중에 있는 영혼은 입속을 흙으로 채우고 하나님 앞에서 침묵을 지키게 되는 것입니다. 누가 감히 "내가 당신과 무슨 상관이 있느냐?"고 따질 수 있습니까(삼하 16:10)?

터키인들은 가혹할 정도로 채찍을 많이 맞고, 강제로 채찍질을 지시한 법관에게 가서 그의 손에 입 맞추고 감사를 표하고, 채찍을 휘두른 관리에게 돈을 지불했습니다. 그렇게 함으로써 법관과 관리의 부당한 대우를 달랠 수 있었습니다. 잠잠히 매와 매를 휘두른 손에 입을 맞추십시오. 그것이 바로 주님에 대한 모든 부당한 감정을 해소하는 가장 고귀한 방법입니다.

바벨론 유수는 하늘 아래 하나님께서 자신의 백성에게 내리신 가장 아프고 무거운 고난이었습니다. 그렇다는 증거를 사무엘상 12장과 다니엘서 9장 12절과 그 밖의 여러 구절에서 찾을 수 있습니다. 하지만 그렇게 큰 고난을 겪으면서 그들의 자녀는 그 일이 옳다고 할 정도로 지혜로워졌습니다. "그러나 우리가 당한 모든 일에 주는 공의로우시니 우리는 악을 행하였사오나 주께서는 진실하게 행하셨음이니이다"(느 9:33). "여호와는 의로우시도다 그러나 내가 그의 명령을 거역하였도다 너희 모든 백성들아 내 말을 듣고 내 고통을 볼지어다 나의 처녀들과 나의 청년들이 사로잡혀 갔도다"(애 1:18). 거룩한 침묵은 고난의 나날 속에서 타락한 마음이 하나님께 충분히 책망을 받고 겸손히 낮아져서 하나님께서 참으로 의로우시고 아무 잘못이 없으신 것을 알게 될 때 가장 빛을 발합니다. 선하신 하나님께서는 참으로 선한 것 말고는 주실 수 있는 게 없으십니다. 그래서 루터는 다음같이 말했습니다. "사람들이 수시로

악을 행할지라도 하나님께서는 결코 악으로 갚지 않으십니다."

다섯째, 거룩한 침묵은 은혜와 복을 받은 영혼이 자신이 당한 모든 고난의 결과에 대해 잠잠하게 만듭니다. "사람은 젊었을 때에 멍에를 메는 것이 좋으니 혼자 앉아서 잠잠할 것은 주께서 그것을 그에게 메우셨음이라 그대의 입을 땅의 티끌에 댈지어다 혹시 소망이 있을지로다 자기를 치는 자에게 뺨을 돌려대어 치욕으로 배불릴지어다 이는 주께서 영원하도록 버리지 아니하실 것임이며 그가 비록 근심하게 하시나 그의 풍부한 인자하심에 따라 긍휼히 여기실 것임이라 주께서 인생으로 고생하게 하시며 근심하게 하심은 본심이 아니시로다"(애 3:27-33).

지금 인용한 말씀들 속에서 영혼을 잠잠함으로 이끄는 다섯 가지 결과를 살펴볼 수 있습니다.

1. 무엇보다 보편적인 전제는, 고난은 사람들에게 유익이 된다는 것입니다. 27절에 "사람은 젊었을 때에 멍에를 메는 것이 좋으니"라고 했습니다. 은혜 받은 영혼은 심중에 다음 같은 결론을 내립니다. "별들이 밤에 가장 밝게 빛나듯이 내가 이 고난의 용광로에 있다가 나오는 날에는 하나님께서 나의 영혼을 빛나게 하시되 순금같이 반짝이게 하실 것이다." "그러나 내가 가는 길을 그가 아시나니 그가 나를 단련하신 후에는 내가 순금같이 되어 나오리라"(욥 23:10). "고난 당한 것이 내게 유익이라 이로 말미암아 내가 주의 율례들을 배우게 되었나이다"(시 119:71).

확실한 것은, 꿀을 한 번 맛본 것이 요나단의 눈을 밝게 한 것처럼 이 십자가도, 이 고난도 눈을 밝게 해줄 것입니다. 이 한 번의 타격을 통해 나의 죄악들과 나의 자아를 이전보다 분명히 보게 되고 나의 하나님에 대한 관점으로 충만하게 될 것입니다(욥 13:1-7; 33:27-28; 40:4-5).

확실한 것은, 이 고난의 과정은 곧 내 안에서 불순물을 제거하는 정화의 과정이 될 것입니다(사 1:25).

확실한 것은, 땅에 고랑을 내면서 잡초들을 제거하고 써레로 단단한 흙덩어리를 부수듯이, 이 고난을 통해 나의 죄가 죽고 나의 마음은 부드럽게 될 것입니다(호 5:15; 6:1-3).

확실한 것은, 회반죽이 감염의 근원을 찾아내듯이 나에게 임한 고난은 교만의 핵, 자아사랑의 핵, 시기의 핵, 세상에 집착하는 마음의 핵, 형식주의의 핵, 외식의 핵을 찾아낼 것입니다(시 119:67, 71).

확실한 것은, 이 고난을 통해 주님께서 나의 마음이 세상에 대해 수도 없이 못 박히게 하실 것이며, 세상도 또한 나에 대해 그렇게 되게 하실 것입니다(갈 6:14; 시 131:1-3).

확실한 것은, 이 고난을 통해 주님께서는 나의 영혼에서 교만을 제거하실 것입니다(욥 33:14-21).

확실한 것은, 이 고난들이 주님께서 칼로 가지를 치시는 과정이라는 것입니다. 이 과정 속에서 주님께서는 나의 마음에서 죄를 제거하시고 나의 마음이 더 비옥해지고 열매를 풍성하게 맺게 하실 것입니다. 이 모든 것이 주님께서 하시는 일입니다. 이 과정을 통해 주님께서는 나를 정결하게 하시고 나의 영혼에 가장 치명적이고 위험한 각종 영적 질병과 영적 고질병을 제거하실 것입니다.

고난이 바로 이런 일을 해냅니다. 영혼의 모든 질병을 제거하는 것으로써, 다른 모든 처방보다 낫습니다(슥 13:8-9).

확실한 것은, 이 고난을 통해 나의 영적 체험이 많아질 것입니다(롬 5:3-4).

확실한 것은, 이 고난이 하나님의 거룩하심에 더 적극적으로 참여하도록 만들 것입니다(호 12:10). 검은 비누라도 옷을 새 것같이 하얗게 만드는 것처럼 예리한 고난 역시 마음을 거룩하게 만들 것입니다.

확실한 것은, 이 고난을 통해 하나님께서는 우리와 더 친교를 맺으실 것입니다(호 2:14).

확실한 것은, 이 고난을 통해 주님께서 나의 마음이 더욱더 주님을 찾도록 이끄실 것입니다(사 36:16). 타티아누스(Tatianus)[24]는 헬라의 이교도들을 언급하면서, 아가멤논(Agamemnon)이 트로이에게 포위당했을 때 천 명의 고문을 보낸 것처럼, 그 이교도들은 몸이 아프면 그들의 신들을 보내서 곁에 있게 한다고 했습니다. "그들이 고난 받을 때에 나를 간절히 구하리라"(호 5:15). 히브리어로 읽으면 "그들이 고난 받을 때에 온종일 나를 구하리라"가 되겠습니다. 그리스도인들은 부지런히 서둘러 일찍부터 주님을 찾아야 합니다.

확실한 것은, 이 시련과 괴로움을 통해 주님께서 그 어느 때보다 영원한 세상에 나의 관심이 고정되도록 하실 것입니다(요 14:1-3; 롬 8:17-18; 고후 4:16-18).

확실한 것은, 이 고난을 통해 주님께서 고난 중에 있는 나를 더 동정하시고 부드럽게 대하실 것입니다. 로마인들은 국가적인 재난에 처했을 때 장미꽃으로 만든 화관을 머리에 쓰고 창밖을 내다본 자를 처벌했습니다.

확실한 것은, 이 고난이 다름 아닌 하나님의 사랑의 증표라는 것입니다. "무릇 내가 사랑하는 자를 책망하여 징계하노니"(계 3:19). 세네카는 자신의 친구 폴리비오스(Polybios)에게 잠잠히 고난을 견디라고 조언했습니다. 왜냐하면 폴리비오스가 황제의 가까운 친구였기 때문입니다. 카이사르가 아무리 폴리비오스의 친구라고 하지만 황제 앞에서 불만을 토로하는 것은 도리에 어긋나기 때문입니다. 거룩한 그리스도인도 마찬가지로 다음같이 말해야 합니다. "오, 나의 영혼아! 조용하고 잠잠할지어다. 이 모든 고난이 하나님의 사랑으로 일어난 일이고, 하나님의 호의의 결과이니 말이다. 나는 모든 채찍의 끝에서 꿀을 본다. 매도 로즈메리 가지인 것을 안다. 나의 쓰라림 속에 설탕이 있고, 나의 고뇌 속에 포도주가 있다. 그러므로 오, 나의 영혼아, 잠잠할지어다!"

이것이 일반적인 결론입니다. 즉 모든 것이 유익한 것이 되고 교회 위에 쏟아지는 복이 됩니다. "혼자 앉아서 잠잠할 것은 주께서 그것을 그에게 메우셨음이라"(애 3:28).

고난은 우리를 유혹하는 세상의 세속적 매력을 떨어뜨립니다. 고난은 우리에게 덫이 되는 육신의 정욕을 약하게 합니다! 고난은 육과 세상과의 싸움에서 세상의 영을 이기게 합니다. 이 모든 내용이 고난은 우리에게 힘이 되는 유익임을 입증합니다.

2. 고난은 계속해서 우리를 겸손하고 낮아지게 할 것입니다. "그대의 입을 땅의 티끌에 댈지어다 혹시 소망이 있을지로다"(애 3:29). 혹자는 이 말씀이 정복당하고 지배를 받게 된 사람들이 정복자가 밟을 수 있도록 자신들의 목을 정복자의 발밑에 대고, 정복자의 발에 묻은 먼지를

혀로 핥게 된 경위를 암시한 것이라고 말합니다. 또 다른 사람은 이 말씀을 왕자들의 발아래 엎드려 자비와 동정을 간구하는 모습을 암시한 것으로 보고 있습니다. 디오니시우스(Dionysius)[25] 앞에 엎드린 아리스티포스(Aristippus)[26]에 대한 글이 생각납니다. 아리스티포스는 디오니시우스에게 청원의 표시로 그의 발에 입을 맞추었습니다. 왜냐하면 이유를 물었더니 대답하기를, 내 귀는 발에 달렸다고 했기 때문이었습니다. 이런 자세가 여러분의 것이 되도록 하십시오. 바로 이런 자세가 우리에게 요구됩니다. 그래야 거룩해진 마음은 고통을 주신 하나님의 손 아래서 겸손해질 것입니다. 하나님의 매가 우리의 등을 치실 때 우리의 입은 흙을 먹은 것같이 됩니다. 하나님의 손이 가장 높이 올려질 때 선한 자의 마음은 가장 낮아집니다(욥 13:1-7; 행 9:1-8).

3. 영혼을 잠잠하도록 이끌 세 번째 결론은 예레미야애가 3장 31절입니다. "이는 주께서 영원하도록 버리지 아니하실 것임이며." 잘 하고 있는 데도 매로 계속 때리는 법은 없습니다. "저녁에 갑자기 임한 공포가 아침이 되기 전에 사라졌네"(사 17:13)! 아타나시우스(Athanasius)[27]가 자신의 불행과 유배 때문에 친구들이 슬퍼하자 다음같이 말했습니다. "잠깐 구름이 낀 것뿐이니 곧 사라질 거야." 잠시 멈추거나 쉬지 않고 하나님의 고난을 받는 사람은 없습니다. 그렇습니다. 하나님의 고난을 주시는 손이 그분의 백성 위에 계속해서 머문 적은 많지 않습니다. 그래서 루터도 그 사실을 경시하지 않도록 축소시켜 말하지 않았습니다. 오히려 그는 우리가 지는 십자가들이 너무 작은 것이라고 말했습니다. "내 백성아 갈지어다 네 밀실에 들어가서 네 문을 닫고 분노가 지나

기까지 잠깐 숨을지어다"(사 26:20). 문자 그대로 분노가 지나갈 때까지 잠시 자신을 숨기라는 말씀입니다. 성도의 고난이 극심하다 해도 해산하는 여인의 고통과 같은 것입니다. 즉 갑자기 찾아오고 예리한 아픔일지라도, 고난의 기간은 짧은 것입니다(요 16:21).

    4. 영혼을 잠잠하도록 이끌 네 번째 결론은 예레미야애가 3장 32절입니다. "그가 비록 근심하게 하시나 그의 풍부한 인자하심에 따라 긍휼히 여기실 것임이라." "진노 중에라도 긍휼을 잊지 마옵소서"(합 3:2). "그의 노염은 잠깐이요 그의 은총은 평생이로다 저녁에는 울음이 깃들일지라도 아침에는 기쁨이 오리로다"(시 30:5). 하나님께서는 여러분의 겨울밤을 여름날로, 여러분의 한숨을 노래로, 근심을 기쁨으로, 애곡을 음악으로, 쓰라림을 달콤함으로, 광야를 낙원으로 바꾸실 것입니다. 성도의 삶이란 온통 병듦과 건강, 약함과 강함, 궁핍과 부요함, 불명예와 명예, 십자가와 평안, 불행과 자비, 기쁨과 슬픔, 환희와 애곡이 교차하는 삶입니다. 꿀이라고 해서 우리 몸에 모두 좋은 것도 아니고, 고뇌가 무조건 우리에게 해가 되는 것도 아닙니다. 이 두 가지가 서로 결합하는 방식으로 우리에게 나타나는 것이 이 세상에서 우리의 영혼의 골격이 튼튼하게 유지될 수 있는 최고의 길입니다. 따뜻한 자비의 남풍과 역경의 차가운 북풍이 양쪽에서 불어오는 것이 영혼의 건강에 가장 좋은 것입니다. 불어오는 모든 바람, 즉 따뜻하고 자양분이 풍부한 자비와 번영의 남쪽 바람뿐만 아니라 매우 춥고 건조하고 혹독한 재앙의 북풍을 맞으며 성도는 유익을 얻고, 확실히 죄를 가장 효과적으로 죽이며, 은혜도 가장 크게 불어납니다.

5. 영혼을 잠잠하도록 이끌 다섯 번째 결론은 예레미야애가 3장 33절입니다. "주께서 인생으로 고생하게 하시며 근심하게 하심은 본심이(히브리어로는 하나님의 마음이) 아니시로다." 성도라면 고난을 겪더라도 고난을 주시는 것이 하나님의 본심이 아니라는 것을 확신하게 됩니다. 하나님께서는 결코 자신의 자녀들이 고통스러워하는 것을 기뻐하시지 않습니다. 오히려 그분의 본심과 반대되는 것입니다. 하나님의 자녀들의 근심은 하나님의 근심으로 이어집니다. 그들을 벌하실 때 괴로워하시며, 그들을 때리실 때 슬퍼하십니다. 하나님께서 자신의 백성에게 고난을 주시는 일은 결코 하나님의 바람이나 성향이나 기질에 맞는 일이 아닙니다. 그래서 성경은 하나님께서 고난을 주시는 일을 "낯선 일"[28]로 표현한 것입니다(사 28:21). 물론 자비와 징벌이 하나님에게서 오는 것이지만, 이것은 벌에서 꿀과 침이 나오는 것과 같습니다. 벌의 본성은 꿀을 만드는 것입니다. 하지만 침으로 쏘는 것은 자극을 받았을 때뿐입니다. 하나님께서는 자비를 베풀기를 좋아하십니다(미 7:18). 하나님께서는 자신의 백성에게 대적자가 되는 것을 달가워하지 않으십니다(호 11:8). 하나님에게서 자비와 선하심이 흘러나오는 것은 자연스러운 것입니다. 하나님께서는 결코 신랄하거나 가혹하신 분이 아닙니다. 우리를 찌르거나 괴롭히는 것은 결코 하나님의 본성이 아닙니다. 슬픈 일이지만, 우리가 하나님을 격분시킬 때만 그렇게 하십니다. 그런 때에 때때로 하나님께서 매우 무섭게 자신의 백성을 치시지만, 그런 와중에도 하나님의 마음과 감정은 자신의 백성을 향한 사랑으로 가득합니다(렘 31:18-20).

하나님께서 손을 들어 역사하실 때 하나님의 마음이 어떠하신지 말해 줄 수 있는 사람은 아무도 없습니다. 복음서에 나오는 부자와 가난한 자, 어리석은 자와 부자 청년의 경우처럼 자비를 베푸시는 하나님의 손길은 하나님의 마음과 반대되는 자들에게도 임할 수 있고, 욥과 나사로의 경우처럼 하나님의 마음에 부합하는 자들일지라도 그들에게 하나님의 가혹한 고난의 손길이 임할 수 있습니다. 따라서 은혜와 복을 받은 영혼이 고난에 대해 잠잠해지면서 내린 결론 속에는 분별력 있는 침묵이 내포되어 있다는 것을 알 수 있습니다.

"여호와 앞에 잠잠하고 참고 기다리라 자기 길이 형통하며 악한 꾀를 이루는 자 때문에 불평하지 말지어다"(시 37:7).

여섯째, 거룩하고 분별력 있는 침묵 속에는 엄중한 책임과 진지함과 명령 등이 내포되어 있어, 양심은 영혼에게 조용하고 잠잠하라고 조르게 됩니다. "여호와 앞에 잠잠하고 참고 기다리라"(시 37:7). 오, 나의 영혼아, 내가 너에게 책임을 물을지니, 불평하거나 투덜대지 말지어다. 오, 나의 영혼아, 내가 네게 명하노니 하나님께서 고난을 내리실 때 말 못하는 자가 되고 잠잠할지어다. 그리스도께서 요란한 바람으로 무섭게 으르렁대며 격노한 바다에게 하신 일은 꾸짖고 명령하신 것이었습니다. "곧 일어나사 바람과 바다를 꾸짖으시니 아주 잔잔하게 되거늘"(마 8:26). 이처럼 양심은 영혼에게 조용하고 잠잠하라고 꾸짖습니다. "너는 여호와를 기다릴지어다 강하고 담대하며 여호와를 기다릴지어다"(시 27:14). 오, 나의 영혼아! 투덜댐과 불평과 불만과 울분과 짜증을 버리고 잠잠할지어다. 손을 입에 대며 침묵할지어다. 양심은 에베소의 서기관이 사리분별을 통해 소요를 진정시킨 것처럼, 영혼 안에서 일어나는 온갖 소요와 격분을 완화시키고 잠잠하게 합니다. "오늘 아무 까닭도 없는 이 일에 우리가 소요 사건으로 책망 받을 위험이 있고 우리는 이 불법 집회에 관하여 보고할 자료가 없다 하고 이에 그 모임을 흩어지게 하니라"(행 19:40-41). 오, 나의 영혼아! 조용하고 잠잠할지어다. 그렇지 않으면 너는 어느 날 네 안에서 일어난 모든 불평과 격분과 흥분에 대해 심문을 받을지니, 그때 너는 하나님의 의로우신 손 아래서 네가 왜 그렇게 불평하고 싸우고 언쟁했는지 납득시킬 충분한 근거를 찾지 못할 것이라.

일곱째, 거룩하고 분별력 있는 침묵은 고난을 내리시는 하나님의 손 아래서 하나님께 기꺼이 순종하고 그분의 지배를 받으려는 마음을 내포하고 있습니다. 잠잠해진 영혼은 하나님께 자신을 맡깁니다. 영혼이 심중에 은밀하게 하는 말은 다음과 같습니다. "주님, 제가 여기 있사오니 주님께서 기뻐하시는 것을 제게 행하시고, 그것을 저의 마음에 글로 써주십시오. 주님의 제안에 저 자신을 맡깁니다."

어떤 선량한 여인이 병들었을 때 사람들은 그녀에게 사는 것과 죽는 것 중 어느 것이 본심이냐는 질문을 했습니다. 그녀는 "하나님의 기쁘신 뜻에 맡깁니다"라고 대답했습니다. 그러자 어떤 사람이 일어나 "하나님께서 자매님이 사는 것을 기뻐하실지 어떻게 알고 그렇게 말씀하세요?"라고 묻자, 그녀는 "하나님께서 참으로 제가 다시 사는 것을 기뻐하신다면 다시 회복되는 것이 증거가 될 것입니다"라고 말했습니다.

이것이 바로 금보다 귀한 영혼의 자세입니다.

은혜 받은 영혼은 다음같이 말합니다. "글쎄요, 야심가는 명예를 위해 자신을 포기하지만, 저는 하나님을 위해 저 자신을 포기합니다. 관능적인 사람은 쾌락에 자신을 맡기지만 저는 하나님께 저 자신을 맡깁니다. 탐욕적인 사람은 자신의 돈 가방에 목숨을 걸지만 저는 하나님을 위해 제 목숨을 맡깁니다. 음란한 사람은 정욕에 자신을 던지지만 저는 하나님을 위해 저 자신을 포기합니다. 알코올 중독자는 술잔을 위해 살아가지만 저는 하나님께 저 자신을 모두 맡깁니다. 교황숭배자는 우상에 자신을 맡기지만 저는 하나님께 저 자신을 맡깁니다. 터키인들은 마호메트를 위해 자신을 포기하지만 저는 하나님을 위해 저 자신을 포기합니다. 이단들은 그들의 이단교리에 목숨을 걸지만 저는 하나님께 저의 생명을 맡깁니다. 주님! 주님께서 저에게 원하시는 짐을 저의 어깨에 지우시되, 주님의 영원하신 팔을 제게서 거두지 마시옵소서!

주님의 뜻에 저 자신을 맡기오니, 주님, 저를 치십시오. 사정을 봐주지 마시고 치십시오. 그럴 때 주님께서 아멘 하시면 저도 아멘으로 응답하는 것을 배울 수 있겠나이다. 저 자신보다 저에게 더 큰 관심을 두신 분이 주님이시오니, 주님을 위해 저 자신을 포기하나이다. 주님의 제안에 기꺼이 순종하며, 저에게 찍으시려는 낙인이 무엇이든지 받아들일 준비가 되었나이다.

오, 복 되신 주님! 이전에 이스라엘의 왕이 시리아의 왕에게 "나와 내 것은 다 왕의 것이니이다"라고 말한 것처럼(왕상 20:4), 저에게도 그렇게 거듭해서 말씀해 주시지 않으시겠습니까?"

이제 하나님께서 말씀하십니다. "오, 영혼아! 나는 너의 것이니 너를 구해 주리라. 나의 자비도 너의 것이니 너의 죄를 사해 주리라! 나의 피도 너의 것이니 너를 깨끗하게 하리라! 나의 특권도 너의 것이니 너를 의롭게 하리라! 나의 의도 너의 것이니 네가 의로 옷 입을 것이다! 나의 성령도 너의 것이니 너를 인도하리라! 나의 은혜도 너의 것이니 너를 부요하게 하리라! 나의 영광도 너의 것이니 네가 상급을 받으리라!" 그러자 은혜 받은 영혼은 말합니다. "주님을 위해 저 자신을 포기합니다. 주님, 제가 여기 있사오니 주님의 눈에 선하신 것을 저에게 하여 주소서. 제가 아는 최선의 길은 주님의 뜻에 저의 의지를 굴복시키고 주님의 아멘에 저도 아멘으로 화답하는 것입니다."

어떤 신사에 대한 글이 생각납니다. 그는 안개 자욱한 아침에 한 목자를 만나 오늘 날씨가 어떨 것 같으냐고 물었습니다. 목자가 "날씨야 어떻든 저는 아무래도 좋습니다"라고 대답했더니, 신사는 다시 그 말의 의미가 무엇인지 정중하게 물었습니다. 그러자 목자는 다음같이 설명해 주었습니다. "어떤 날씨가 되든지 그것은 하나님께서 기뻐하시는 것입니다. 어떤 날씨라도 하나님께서 기뻐하시는 것이라면 저도 그것을 기쁘게 받아들여야겠지요." 그리스도인의 의지의 틀이 하나님의 의지에 맞게 다시 주조될 때 그는 확실히 하나님의 뜻을 따르는 자라고 할 수 있습니다.

여덟째이자 마지막으로, 거룩하고 분별력 있는 침묵은 고난을 주신 하나님의 손 아래서 그 고난이 끝날 때까지 참고 기다리는 것입니다(시

11:1-3). "나의 영혼아 잠잠히 하나님만 바라라 무릇 나의 소망이 그로부터 나오는도다"(시 62:5). "사람이 여호와의 구원을 바라고 잠잠히(히브리어로는 '조용히') 기다림이 좋도다"(애 3:26). 농부는 땅이 귀한 열매를 낼 때까지 참고 기다립니다. 항해자는 바람과 조류가 일 때까지 참고 기다립니다. 파수꾼은 여명이 오기를 인내로 기다립니다. 이렇듯, 잠잠한 영혼은 대적이 진 치고 있는 밤에 자비의 여명이 깃들기를 참고 기다립니다(약 5:7-8). 하나님의 자비는 가볍거나 즉흥적이 아닌, 견고한 자비입니다. 그러므로 은혜 받은 영혼은 그 자비를 참고 기다립니다. 이로써 여러분은 은혜롭고 분별력 있는 침묵에 내포되어 있는 것이 무엇인지 알게 되었습니다.

3장
분별력 있고 은혜로우며 거룩한 침묵이 내포하는 것(2)

세 번째 사항으로, 고난 중에서 거룩하고 분별력 있는 침묵에 무엇이 있는지 더 알아봐야겠습니다. 거룩한 인내가 내포하는 것은 다음 여덟 가지입니다.

첫째, 고난 중에서 거룩하고 분별력 있는 침묵은 괴롭다는 감각과 느낌을 배제하거나 차단하지 않습니다. 시편 기자가 아무리 잠잠하고 입을 열지 않겠다고 해도(시 39:9), 괴롭다는 것을 확연히 느끼고 있습니다. 10절과 11절을 보십시오. "주의 징벌을 나에게서 옮기소서 주의 손이 치심으로 내가 쇠망하였나이다 주께서 죄악을 책망하사 사람을 징계하실 때에 그 영화를 좀먹음같이 소멸하게 하시니 참으로 인생이란 모두 헛될 뿐이니이다." 시편 기자는 자신의 죄는 물론이고 괴로움까지 인식하고 있습니다. 그래서 더 앞 절을 보면 죄에서 건져 주시길 기도하고 있고 이제는 괴로움을 없애 주시기를 간구하고 있습니다.

질병과 아픔과 병든 것과 고통은 모두 죄가 낳은 것들입니다. 이것들이 참으로 죄가 낳은 것이요, 죄가 만들어 낸 작품이라는 것을 깨닫지 못한 사람은 자신의 죄에 하나님의 진노와 고난을 추가할 뿐입니다(사 26:9-11). 고난 때문에 초조하거나 약해지지 않는다고 해서 고난의 짐 때문에 느끼는 감정을 하나님께서 탓하실 사람은 아무도 없습니다. 은혜는 본성을 파괴하지 않고 오히려 온전하게 합니다. 은혜는 고귀한 원천입니다. 결코 사람을 감각도 없는 사람처럼 만들거나 스토아학파 사람처럼 변질시키지 않습니다. 은혜가 더해질수록 눈살을 찡그리고 씩씩대며 항의하고픈 감정을 더 또렷이 느끼게 됩니다. 그것도 하나님 아버지에 대한 못마땅한 감정을 말입니다. 심지어 칼빈(Calvin)[29]도 가장 극심한 고통 가운데서 비록 불평과 불만을 말하지 않았지만 자주, "주님, 언제까지입니까? 얼마나 더 오래가야 합니까?"라고 말했다고 합니다. 경건한 지휘관이 전장에서 총을 맞자 상처를 헤치고 총알을 빼냈습니다. 어떤 군인이 곁에 서서 지휘관의 고통을 동정하자 그 지휘관은 다음같이 응답했습니다. "내가 신음할지언정 하나님께 감사하고 불평하지 않았어." 하나님께서는 불평은 아니지만 신음은 하도록 허용하십니다. 고난을 주시는 하나님의 손 아래서 미련하고 몰지각하게 말하는 것은 하나님을 격분시키는 짓입니다. 하나님께서 그런 사람이 들어가 있는 고난의 용광로를 칠 배나 더 뜨겁게 하셔도 그는 정작 그것을 깨닫지 못하는 것입니다.

"야곱이 탈취를 당하게 하신 자가 누구냐 이스라엘을 약탈자들에게 넘기신 자가 누구냐 여호와가 아니시냐 우리가 그에게 범죄하였도다 그들이 그의 길로 다니기를 원하지 아니하며 그의 교훈을 순종하지 아니하였도다 그러므로 여호와께서 맹렬한 진노와 전쟁의 위력을 이스라엘에게 쏟아 부으시매 그 사방에서 불타오르나 깨닫지 못하며 몸이 타나 마음에 두지 아니하는도다"(사 42:24-25). 어리석은 짓은 가장 맹렬한 진노와 혹독한 고난에 문을 활짝 열어 주는 것입니다.

의사는 환자에게 처방해 준 약 한 첩이 효과가 없으면, 다음번에 더 독한 처방을 내립니다. 효과가 없으면 더 독한 다른 처방을 제시하는 것입니다. 외과 의사는 부드러운 고약이 도움이 되지 않으면 그보다 더 독한 것을 붙이고, 그마저도 쓸모가 없으면 결국 칼을 빼듭니다! 이처럼 주님께서 고난을 주셨는데 깨닫지 못하면 더 강하게 내리치시고, 그래도 근심조차 하지 않으면 상처를 입히십니다. 그런데도 여전히 그것을 알지 못하면 고난의 용광로의 온도는 계속해서 올라가는 것입니다. 즉 주님의 진노는 맹렬히 타오르며, 지옥 같은 삶이 될 때까지 철 위에 철을 중첩시키시고, 나사로 조인 것을 더 조이시고, 더 많은 사슬로 얽어매십니다.

고난은 성도를 위한 처방입니다. 성경에 나오는 성도 중에 이런 고난의 처방에 흠뻑 취하면서도 깨닫지 못한 경우가 어디에 있습니까?

둘째, 거룩하고 분별력 있는 침묵은 고난에서 구원해 주시기를 바라는 기도를 억제하지 않습니다. 본문에서 시편 기자가 손을 입에 댔어도, 그는 여전히 구원을 간구하고 있습니다. "주의 징벌을 나에게서 옮기소서 주의 손이 치심으로 내가 쇠망하였나이다 주께서 죄악을 책망하사 사람을 징계하실 때에 그 영화를 좀먹음같이 소멸하게 하시니 참으로 인생이란 모두 헛될 뿐이니이다 여호와여 나의 기도를 들으시며 나의 부르짖음에 귀를 기울이소서 내가 눈물 흘릴 때에 잠잠하지 마옵소서 나는 주와 함께 있는 나그네이며 나의 모든 조상들처럼 떠도나이다 주는 나를 용서하사 내가 떠나 없어지기 전에 나의 건강을 회복시키소서"(시 39:10-13). "너희 중에 고난당하는 자가 있느냐 그는 기도할 것이요"(약 5:13). "환난 날에 나를 부르라 내가 너를 건지리니 네가 나를 영화롭게 하리로다"(시 50:15).

하나님께서 친히 권고하심으로 맞게 된 고난의 시기는 특별히 간구해야 할 때입니다. 다윗의 마음의 현은 자주 그의 수금에서 끊어지곤 했습니다. 하지만 그는 기도하며 계속 부르짖었습니다. "주의 징벌을 나에게서 옮기소서"(시 39:10). 요나는 고래 뱃속에서 기도했고, 다니엘은 사자 굴에서 기도했으며, 욥은 재를 머리에 뒤집어쓰고 기도했고, 예레미야는 굴 속에서 기도했습니다. 그렇습니다. 이교도였던 선원들도 폭풍이 일자 각자 자신의 신을 부르짖으며 간청했습니다(욘 1:5-6). 특별히 고난과 시련의 때에 하나님을 찾게 되는 것은 바로 본성의 빛과 법칙이 가르치는 교훈입니다. 페르시아의 사자(使者)는 이교도임에도 다음같이 말했습니다. "그리스 군대가 맹렬히 우리 군대를 추격할 때 우리는 얼어붙은 스트루마(Strymon) 강 도하를 감행했습니다. 하지만 해동의 낌새가 보이자, 백 명에 가까운 우리 편이 모두 죽게 되었지요. 그때 제 눈으로 똑똑히 보았습니다. 이전까지 하나님은 없다고 대담하게 믿고 있던 그 용감한 자들이 모두 무릎을 꿇고 모든 사람이 강을 건너기까지 언 것이 유지되도록 열렬히 기도하는 것이었습니다." 이 눈먼 이교도들도 은혜는 둘째 치고 본성으로 이렇게 하지 않았습니까? 제가 아는 것은 고난의 때만큼 간구해야 할 때도 없다는 것입니다.

두 가지 해독제가 있습니다. 바로 뜨거운 해독제와 차가운 해독제입니다. 이처럼 인생에서 겪는 모든 괴로움과 고난에도 두 가지 처방이 있습니다. 그것은 기도와 인내입니다. 기도가 곧 뜨거운 처방이요, 인내가 차가운 처방입니다. 전자는 인내하게 하며, 후자는 힘을 내게 합니다. 크리소스토무스(Chrysostomus)[30]는 부르짖으며 기도할 때 이 두 가지를 잘 깨닫게 되었습니다. 그는 다음같이 말했습니다. "아! 기도를 못하게 막는 것은 죽는 것보다 더 괴로운 것입니다. 오죽했으면 다니엘이 기도를 못하게 되느니 차라리 목숨을 버리는 편을 택했을까요." 자, 이것이 바로 두 번째 내용입니다. 즉 거룩한 침묵은 기도를 배제하지 않습니다.

셋째, 거룩하고 분별력 있는 침묵은 자신의 죄를 깊이 인식하고 그 죄 때문에 괴로워하는 마음을 무시하지 않습니다. 오히려 그것이 모든 슬픔과 괴로움의 때에 장점이 됩니다. "살아 있는 사람은 자기 죄들 때문에 벌을 받나니 어찌 원망하랴 우리가 스스로 우리의 행위들을 조사하고 여호와께로 돌아가자"(애 3:39-40). "보소서 나는 비천하오니 무엇이라 주께 대답하리이까 손으로 내 입을 가릴 뿐이로소이다 내가 한 번 말하였사온즉 다시는 더 대답하지 아니하겠나이다"(욥 40:4-5). "내가 여호와께 범죄하였으니 그의 진노를 당하려니와"(미 7:9). 우리의 모든 슬픔 속에서 우리 죄를 읽을 수 있는 것입니다! 하나님께서 우리 등을 치실 때 우리 손을 우리의 죄 위에 올려놓아야 합니다.

다음같이 말하는 것이 좋습니다. "저의 죄를 감추지 않겠습니다. 오히려 드러내겠습니다. 저의 죄를 멀리 치우지 않고 오히려 보이도록 뿌리겠습니다. 저의 죄를 변명하지 않고 책망하겠습니다. 구원의 시작은 제가 죄를 지은 것을 아는 것입니다." 어떤 사람이 헨리 왕자에게 사람들이 즐기는 쾌락과 그들의 죄 때문에 왕자에게 고난이 닥친 것이라고 말했습니다. 그러자 왕자는 말했습니다. "오, 아닙니다! 고난이 닥친 것은 제가 그만큼 죄를 지었기 때문입니다." 다윗도 다음같이 말하지 않았습니까? "나는 범죄 하였고 악을 행하였거니와 이 양 무리는 무엇을 행하였나이까"(삼하 24:17). 그리스도인은 고난을 주시는 하나님의 손 아래서 당연히 다음같이 말합니다. "나는 이 교만한 마음, 세상적인 마음, 완고한 마음, 형식적인 마음, 둔한 마음, 미끄러진 마음에 감사해야 할지 모른다. 왜냐하면 이 잔이 너무 쓰고, 이 고통이 너무 무거우며, 이 상실감이 너무 거대하고, 이 질병이 너무 절망적이고, 이 상처가 치유할 수 없을 정도가 된 것은 모두 나의 자아와 나의 죄 때문이며, 그것으로 말미암아 이 슬픔의 홍수가 밀려왔다는 것을 깨달았기 때문이다!"

넷째, 거룩하고 분별력 있는 침묵은 고난 중에서 다른 사람의 권면이나 충고를 무시하지 않습니다. 고난의 버팀목이 되는 말들이라 와 닿는 것입니다. 많은 경우 그런 말들은 영혼과 양심에 힘 있고 강력하게, 낯설지만 효과적으로 역사하게 됩니다. 바울 서신 중 교회에 보낸 많은 편지, 이를테면 에베소서, 빌립보서, 골로새서, 빌레몬서는 감옥에 있을 때 쓴 것입니다. 또 빌레몬서 10절을 보면 옥중에서 오네시모를 낳기까지 했습니다. 주님의 많은 형제가 바울의 수감으로 담대함과 확신을 갖게 되었고, 심지어 바울이 옥중에서도 사역을 계속 감당한 결과, 형제들은 은혜에 참여한 자가 되었음을 확신하고 또 실제로 은혜에 참여한 자가 되었습니다.

많은 경우, 죽어 가는 사람들의 말은 은혜로운 버팀목이 되고 그 자체로 은혜가 됩니다. 마찬가지로 많은 경우, 고난을 겪은 사람들의 말은 아주 귀하고 실제적인 교훈이 됩니다.

아드리아누스(Adrianus)[31]에 대한 글이 생각납니다. 그는 그리스도 때문에 엄청난 고통을 감수한 순교자들을 보면서 자문했습니다. '무엇이 저들로 하여금 저런 고난을 견디게 했을까?' 그들 가운데 다음 같은 말씀 하나로 변화된 자가 있었습니다. "기록된 바 하나님이 자기를 사랑하는 자들을 위하여 예비하신 모든 것은 눈으로 보지 못하고 귀로 듣지 못하고 사람의 마음으로 생각하지도 못하였다 함과 같으니라"(고전 2:9). 참으로 이 말씀은 "아로새긴 은 쟁반에 금 사과"입니다(잠 25:11). 왜냐하면 이로써 어떻게 기독교의 회심자뿐만 아니라 순교자가 될 수 있었는지에 대한 단서를 얻을 수 있기 때문입니다. 그 말씀은 자신이 고백했듯이 바로 순교자 유스티누스(Justinus)[32]를 회심하게 만든 말씀이었습니다.

의심할 여지 없이, 고난 중에도 말씀 때문에 행복했다고 고백한 이들이 많습니다. 고난 중의 말씀이 참으로 많은 사람에게 아로새긴 은 쟁반 같았습니다. 많은 경우, 고난 중의 말씀은 기쁨과 유익을 모두 가져다주었습니다. 그들의 귀에는 고무가 되는 말씀이요, 그들의 심령에는 승리를 가져온 말씀이었습니다. 말씀이 듣는 자의 영혼에 소리 없이 파고들어 그의 심령에 실제적인 역사를 일으킨 것입니다. "지혜자의 입의 말들은 은혜로우니"(전 10:12).

히에로니무스[33]는 이 말씀을 다음같이 읽었습니다. "지혜자의 입에서 나오는 말은 모두 은혜로우니." 그런 말로 사람들이 은혜 가운데서 자라게 하고, 사람들은 또한 그 말에서 은혜와 기쁨을 얻게 됩니다. 은혜로운 입이 은혜로운 심령으로 가꿉니다. 은혜로운 말은 그 자체로 은혜요, 화자를 아름답게 장식하며, 청자에게는 위로와 기쁨과 유익을 줍니다.

이제, 지혜자의 입에서 나온 말은 그 어느 때보다 바로 가장 극심하고 괴로운 고난의 시기에 가장 큰 은혜가 됩니다. 이제, 여러분은 지혜자의 말이 가장 큰 가치와 비중을 차지한다는 것을 알게 됩니다. 이제, 지혜자의 입술은 마치 신부가 수놓을 때 쓰는 주홍 끈같이 다가옵니다. 그 주홍 끈으로 그리스도의 십자가의 죽으심을 붉은 빛깔로 펼치는 것입니다. 지혜자의 말은 실같이 가늘지만 헛되고 무익한 담화로 말미암은 보풀은 일어나지 않습니다. 이제, 지혜자의 말은 지혜를 말하고 그의 혀는 심판을 말합니다. 왜냐하면 주님의 율법이 지혜자의 심령에 있기 때문입니다(시 37:30). 이제, 지혜자의 입술에서는 꿀방울이 떨어집니다(아 4:11). 이제, 지혜자의 말은 생명나무가 되고 그 나무의 잎은 양약이 됩니다(잠 12:18). 유대인들이 기뻐하는 절기 때 은 나팔이 가장 기쁜 소리를 내듯이 지혜자의 입은 그런 은 나팔 같아서 슬픈 나날을 보내는 사람들에게 가장 기쁘고 유익이 되는 말을 전합니다(민 10:10).

이교도들마저 다음같이 말했습니다. "지혜자가 말하면 그의 마음속의 보물 함과 옷장이 열린다." 그래서 저는 이렇게 말하겠습니다. "오! 고난을 통과한 성도의 말은 그가 뿌린 진주와 보물이구나!"

다섯째, 거룩하고 분별력 있는 침묵은 하나님께서 내리신 고난 중에서 통상적으로 나오는 슬픔과 눈물을 억누르지 않습니다. "이르되 여호와여 구하오니 내가 주 앞에서 진실과 전심으로 행하며 주의 목전에서 선하게 행한 것을 기억하옵소서 하고 히스기야가 심히 통곡하니"(사 38:3). 히브리어로는 "크게 통곡하며 우니"입니다. 하지만 히스기야가 그렇게 통곡하는 것을 하나님께서 못마땅하게 보시지 않으셨을까요? 아닙니다! 5절을 보십시오. "너는 가서 히스기야에게 이르기를 네 조상 다윗의 하나님 여호와께서 이같이 말씀하시기를 내가 네 기도를 들었고 네 눈물을 보았노라 내가 네 수한에 십오 년을 더하고." 하나님께서는 죄를 담는 가방뿐만 아니라 눈물을 담는 병까지 가지고 계십니다(시 56:8). 너무 과도하게 넘치지만 않는다면 성도의 눈물만큼 달콤한 물도 없습니다. 눈물은 침묵이 아닙니다. 눈물은 목소리입니다. 눈물로 내는 소리는 전능하신 하나님께 크게 와 닿는 것입니다. 그래서 선지자는 울면서, 눈물로 부르짖었습니다. "그들의 마음이 주를 향하여 부르짖기를 딸 시온의 성벽아 너는 밤낮으로 눈물을 강처럼 흘릴지어다 스스로 쉬지 말고 네 눈동자를 쉬게 하지 말지어다(히브리어로는 '네 눈의 딸이 잠잠하도록 내버려두지 말지어다')"(애 2:18). 우리가 동공이나 눈동자로 부르는 것을 히브리어로는 '눈의 딸'로 부릅니다. 왜냐하면 사람에게 눈동자는 외

동딸같이 사랑스럽고 아름답기 때문입니다. 즉 눈동자에서 어린 딸의 모습이 연상되는 것입니다. 이 말씀에 대해 벨라르미누스(Bellarminus)[34]는 "크게 울부짖으라 – 혀가 아닌 눈으로 – 말이 아닌 눈물로"라고 말했습니다. 왜냐하면 하늘에 계신 위대하신 하나님의 귀에 가장 강력하게 전달되는 기도가 바로 눈물의 기도이기 때문입니다.

하나님께서 우리를 치실 때 주목하시는 것은 과연 우리가 떨고 있느냐는 것입니다. 하나님께서 손을 높이 드실 때 살펴보시는 것은 우리의 심령이 납작 엎드렸냐는 것입니다. 하나님께서 손에 매를 드셨을 때 살펴보시는 것은 과연 우리가 눈물을 흘리고 있느냐는 것입니다. 다음 성경 구절들을 함께 비교해 보시기 바랍니다. 시편 55편 2절, 38편 6절, 욥기 30장 26-32절. 어느 그리스의 시인이 말했습니다. "좌우지간 더 나은 것이 있다면 바로 눈물의 기도를 늘 염두에 두는 것이다. 특별히 고난의 때에." 그것을 다윗에게서 볼 수 있습니다. 다윗의 눈물이 보석 대신 침상을 장식하지 않았습니까. 요나단, 욥, 에스라, 다니엘도 그랬습니다. 어떤 사람은 다음같이 말합니다. "이 세상에서 운 것도 없다면 하늘에 계신 하나님께서 닦아 주실 눈물이나 있을까요? 눈물로 심은 것도 없는데 기쁨으로 거둘 게 있겠습니까? 이 땅에 태어날 때 울었으니 죽을 때도 울어야겠네요. 그렇다면 눈물도 안 나는데 제가 왜 이 눈물골짜기를 통과해야 합니까?"

웃을 때가 있는가 하면, 울 때가 있고, 춤 출 때가 있는가 하면 애곡할 때가 있는 법입니다(전 3:4). 유대인의 상복은 검은 색이었습니다. 검은 상복은 곧 애곡의 표시였습니다. "내가 어찌하여 슬프게 다니나이까"(시 43:2). 이 말씀을 히브리어로 보면 '검은 상복'이 됩니다. "내가 어찌하여 검은 상복을 입고 다니나이까." 때로 그리스도인들은 유쾌한 장식을 떼고 애곡의 장식인 검은 상복을 입어야 합니다(출 33:6-6).

여섯째, 거룩하고 분별력 있는 침묵은 고난 중에서 탄식과 신음과 울부짖게 되는 것을 억누르지 않습니다. 하나님의 손 아래서 탄식하고 신음하며 감정이 격해지지만 침묵을 지키는 것입니다. 탄식이 아닌 불만, 신음이 아닌 불평, 격한 감정이 아닌 투덜거림은 거룩한 침묵과 반대되는 것들입니다. "이스라엘 자손은 고된 노동으로 말미암아 탄식하며"(출 2:23). "나는 음식 앞에서도 탄식이 나며"(욥 3:24). 욥의 탄식은 안 좋은 날씨같이 구하지도 않았는데 찾아온 것이었습니다. 또한 시편 39편 9절을 보십시오. "주여 나의 모든 소원이 주 앞에 있사오며 나의 탄식이 주 앞에 감추이지 아니하나이다." "나의 탄식 소리로 말미암아 나의 살이 뼈에 붙었나이다"(시 102:5). "내가 앓는 소리는 물이 쏟아지는 소리 같구나"(욥 3:24). "내가 피곤하고 심히 상하였으매 마음이 불안하여 신음하나이다"(시 38:8). "내 하나님이여 내 하나님이여 어찌 나를 버리셨나이까 어찌 나를 멀리 하여 돕지 아니하시오며 내 신음 소리를 듣지 아니하시나이까"(시 22:1). "내가 입을 열지 아니할 때에 종일 신음하므로 내 뼈가 쇠하였도다"(시 32:3). 다윗은 울부짖었을지언정, 분노하지 않았고 푸념을 늘어놓지도 않았습니다.

사람은 극단적인 상황에 놓이면 자연히 울부짖게 되어 있습니다. 은혜의 법칙도 그것을 반대하지 않습니다. 물론 탄식하고 울부짖고 신음

한다 해서 비참한 상황에서 벗어나는 것은 아닙니다. 하지만 그런 와중에 어느 정도 숨통이 트이게 할 수는 있습니다. 솔론이라는 현인이 아들이 죽어 슬피 울 때 누군가 그에게 운다고 도움이 되진 않는다고 말했습니다. 그러자 솔론은 대답했습니다. "참으로 그것이 비극이다! 울어도 도움이 안 된다는 사실 때문에 이렇게 울고 있는 것이 아니냐." 이처럼 그리스도인도 많은 경우 탄식한다고 도움 되는 게 아닌 줄 알면서도 탄식하게 되고, 신음해도 소용이 없는 줄 알면서도 신음이 나오게 되고, 울부짖어도 시원해지지 않는 것을 알면서도 울부짖게 되는 것입니다. 때때로 성도들의 슬픔은 눈물이 다 마를 정도로 아주 큽니다. 그런 사람은 울어도 조금도 시원해지지 않습니다. 그래서 아주 잠깐 편해지다가도 곧바로 탄식과 신음을 토해 냅니다. 이렇게 해도 마음은 여전히 주님 앞에서 잠잠하고 침묵을 지킵니다. 베드로는 흐느껴 울기만 했지, 말은 하지 않았습니다. 때로 성도의 탄식과 신음은 입 밖으로 낼 수 없는 것을 대변하는 하나의 방식이 되기도 합니다.

일곱째, 거룩하고 분별력 있는 침묵은 정당하고 합법적인 수단의 사용을 배제하지 않습니다. 이로써 고난에서 벗어날 수도 있는 것입니다. 하나님께서는 고난에서 벗어나게 할 수 있는 정당한 수단의 사용을 금하실 정도로 그분의 백성이 고통받는 것을 원치 않으십니다. "이 동네에서 너희를 박해하거든 저 동네로 피하라"(마 10:23). 사도행전 12장 5절을 보면, 베드로가 옥에 갇혔을 때 성도들은 처음부터 그랬던 것처럼 한데 모여 기도했습니다. 그들은 즉시 하나님께 열렬히 기도했습니다.

그들은 주님께 간구하며 졸랐습니다. 하늘 문이 열리길 힘 있게 빌었습니다. 하나님께서는 사랑하는 자가 품에 안기듯 베드로가 다시 그들에게 돌아갈 때까지 수많은 권능과 자비의 기적을 베푸시며 쉬지 않으셨습니다. "여러 날이 지나매 유대인들이 사울 죽이기를 공모하더니 그 계교가 사울에게 알려지니라 그들이 그를 죽이려고 밤낮으로 성문까지 지키거늘 그의 제자들이 밤에 사울을 광주리에 담아 성벽에서 달아 내리니라"(행 9:23-25).

성도들의 피는 하나님께서 보시기에 고귀한 것입니다. 그래서 성도들이 보기에도 헛되지 않게 하십니다. 하나님의 섭리로 탈출구가 만들어지자, 대적들의 죽음의 표적이 되도록 자신들을 포기했던 이유가 성도들에게서 사라졌습니다. 데살로니가후서 3장 1절과 2절을 보면 사도들이 부조리하고 사악한 자들에게서 구출되도록 기도해 줄 것을 형제들에게 요청하는데, 그 이유는 믿음은 모든 사람의 것이 아니기 때문이었습니다. 사악하고 야비하고 다루기 힘든 자들의 손에서 구원받도록 자비를 구하는 것은 가치 있는 일입니다.

고난은 그 자체로 악입니다. 그래서 우리는 고난에서 구원받기를 소망하고 힘쓰는 것입니다(약 5:14-15; 사 38:18-21). 우리 자신을 보존하기 위해 필요한 내적, 외적 수단들을 모두 사용해야 합니다. 노아가 방주를 짓지 않았더라면 니므롯과 그의 패거리들과 함께 육백 미터가 웃도는 높이의 바벨탑 속에 있어도 결국 홍수에 휩쓸려 버렸을 것입니다. 물론 우리가 수단들을 의지하는 것은 아니지만 수단들을 사용할지도 모르고, 또 꼭 사용해야 할 때가 있습니다. 하나님께서 수단들에 복 주실 수 있는지 한번 지켜보면서 여러분의 일을 계속 하십시오. 조타수는 배가 자신의 수중에 있도록 키로 조정하면서도 동시에 눈은 멀리 있는 별을 봅니다. 이처럼 수단을 사용하면서 동시에 하나님도 바라보십시오. 그러면 구원이 찾아올 것입니다. 우리는 수단들을 신뢰하면서 하나님도 신뢰하겠지만, 반대로 수단들을 무시할 때 하나님까지 무시할 수 있습니다. 수단들을 사용하는 것은 좋지만 그것들을 사용하면서 도에 지나칠 수 있습니다. 아우구스티누스는 구덩이에 빠진 사람 이야기를 했습니다. 어떤 사람이 지나가면서 어떻게 구덩이에 빠지게 되었냐고 묻자, 구덩이에 빠진 불쌍한 사람은 내가 어떻게 빠졌는지 묻지만 말고 도와주면 내가 여기서 어떻게 빠져나오게 되었는지 말해 주겠다고 대답했더랍니다. 적용하는 일은 어렵지 않습니다.

여덟째이자 마지막으로, 거룩하고 분별력 있는 침묵은 고난을 주신 분에게 합당하고 진지하게 호소하는 것을 용납합니다. "구리 세공업자 알렉산더가 내게 해를 많이 입혔으매 주께서 그 행한 대로 그에게 갚으시리니"(딤후 4:14). 여기서 말하는 알렉산더는 사도행전 19장 33절에 나오는 알렉산더와 동일 인물인 것 같습니다. 그는 바울이 목숨을 잃을 위기에 처했을 때 바울 편에 서서 아주 가까이 있던 사람입니다. 그러나 만일 영광스러운 성도가 공포스러운 박해자로 바뀐다면, 그리스도인들은 다음과 같이 괴로워할 수 있습니다. "유대인들에게 사십에서 하나 감한 매를 다섯 번 맞았으며"(고후 11:24). 마이모니데스(Maimonides)[35]는 채찍을 맞는 자가 삼손같이 강하든지 아니면 허약한 자이든지 간에, 채찍질할 때 사십 번을 초과하지 않는 범위에서 고통을 줄 수 있으며, 사십이 안 되는 수를 지켜야 한다고 말했습니다. 약한 자들처럼 형벌을 경감할 수 있는 상황에서도 폭도들은 바울을 괴롭히려고 매우 여러 번 가장 극심한 유대인의 법을 적용해 가며 채찍질로 바울에게 큰 고통을 주었습니다. 고린도후서 11장 25절을 보십시오. "세 번 태장으로 맞고." 죄인을 채찍질하는 것은 로마인들의 관습이었습니다.

바로가 이스라엘이 신음하도록 만들자, 이스라엘은 그들의 감독자에 대해 바로에게 하소연했습니다(출 5:15). 앗수르의 교만하고 신성모독을 일삼는 왕이 자신의 막강한 군대를 거느리고 주님의 백성을 섬멸하려고 올라오자, 히스기야는 주님 앞에서 앗수르 왕의 신성모독 발언이 적힌 편지를 펼쳤습니다(사 37:14-21).

소크라테스(Socrates)[36]의 격언에 다음 같은 말이 있습니다. "모든 사람은 살면서 필연적으로 신실한 친구와 악랄한 원수를 두게 된다. 전자를 통해 조언을 받고 후자를 통해 자신을 돌아보게 된다." 히스기야는 정확히 이것을 체험하게 된 것입니다.

요셉의 활이 굳세며 그의 팔은 힘이 있으나 그것은 전능하신 하나님의 손을 힘입은 것입니다. 그래도 요셉은 활 쏘는 자(히브리어로 '활에 정통한 자')가 자신을 심히 학대하며 적개심을 가지고 그를 쏘았다고 말하게 되었습니다(창 49:23). 또한 다윗도 서러움으로 도엑에 대해 하소연했습니다. 그렇습니다. 심지어 그리스도께서도 가장 극심한 시련 가운데서 침묵을 지키는 것에 대한 가장 완벽한 본이 되셨지만 유다와 빌라도와 그 밖의 박해자들에 대해 하소연하셨습니다(시 69:20, 30). 그렇습니다. 하나님께서는 자신의 백성이 적절하고 규모 있게 주님의 몸을 이루어 가도록 대적들을 일꾼으로 삼으십니다. 또한 주님의 백성이 쓸 면류관에 진주를 붙이시려고 대적들이 세공사가 되게 하시고, 주님의 백성에게 붙어 있는 먼지를 털어 내시려고 대적들을 매로 삼아 떨어 내십니다. 그런가 하면, 주님의 백성에게 있는 녹을 닦아 내시려고 대적들을 접시닦이로 사용하시고, 불순물을 없애시려고 대적들을 정화하는 불이 되게 하시며, 오물과 육욕과 세상에 대한 미련으로 더럽혀진 것을 깨끗하게 하시려고 대적들이 물이 되게 하십니다. 하지만 주님의 백성은 그 과정에서 겪는 고통을 지적하고 하나님께 하소연을 쏟아 냅니다(시 132:2-18). 제가 말한 모든 내용이 진리라는 것을 수많은 성경 구절을 들어 증명할 수 있습니다. 하지만 지금은 핵심과 관련된 여러 이유를 설명할 때입니다.

잠잠해야 하는 이유와 권고　**2부**

4장
그리스도인들은 고난 가운데 왜 잠잠해야 하는가

그리스도인들은 이 세상에서 가장 큰 고난과 슬픈 섭리와 혹독한 시련을 만났을 때 왜 잠잠하고 침묵을 지켜야 합니까? 이 질문에 대답하겠습니다.

첫째, 매에서 나오는 말을 듣고 깨닫는 것이 더 낫기 때문입니다. 말씀 자체가 소리이자, 또한 성령님의 음성과 양심의 소리이듯이, 하나님의 매도 소리입니다. 고난은 하나님의 진노의 매, 불쾌하심의 매, 복수의 매입니다. 하나님께서는 매에게 명령을 내리셨습니다. 매에서 나오는 소리를 듣지 않고, 매에 입 맞추지 않고, 매 아래서 잠잠하거나 침묵하지 않을 거면 가서 나의 백성을 깨우라고, 나의 백성을 개혁하라고, 더 나아가 그들에 대한 나의 언약에 시비를 거는 자들에게 복수하라고. "여호와께서 성읍을 향하여 외쳐 부르시나니 지혜는 주의 이름을 경외함이니라 너희는 매가 예비되었나니 그것을 정하신 이가 누구인지 들을지니라"(미 6:9). 하나님의 매는 잠잠하지 않습니다. 내리칠 뿐만 아니라 항상 소리를 냅니다. 모든 매는 소리를 냅니다. 매 하나가 말합니다. "아! 영혼아, 너는 자신이 똑똑하다고 생각하는 모양이구나. 그렇다면 내게 말해 보거라. 질투하시는 하나님을 격동시키는 것이 옳은 일이냐"(렘 4:18)? 또 다른 매가 말합니다. "아! 영혼아, 너는 괴롭다고 하는구나. 그 괴로움이 마음에까지 미쳤다고 하는구나. 하지만 네가 한 행동이 이런 일을 자초한 것이 아니냐"(롬 6:20)? 그러자 다른 매도 말합니다. "아! 영혼아, 네가 하나님을 떠나 방황한 이후로 유익과 즐거움과 달콤함이 어디 있더냐"(호 2:7)? 여기저기서 매들이 한마디씩 합니다. "아! 영혼아, 네가 하나님과 깊이 교제하고, 하나님과 동행하며 겸손하고 그분과 가까워졌을 때가 가장 좋았지 않았더냐"(미 6:8)? "아! 그리스도인이여, 네 마음을 살피고 너의 길을 점검하며 너의 주 하나님께 돌아오지 않겠느냐"(애 3:40)? "아! 영혼아, 다른 무엇도 아닌 죄 때문에, 세상 때문에, 집착 때문에, 네 자아 때문에 죽으려고 하느냐"(롬 14:6-8; 갈 6:18)? "아, 영혼아, 다른 무엇보다 더욱 그리스도를 위해 살고 그분에게 더 가까이 붙어 있고, 그리스도를 높이며, 앞으로 그리스도를 위해 모든 일을 감행하지 않겠느냐?" "아! 영혼아, 더 뜨거운 사랑으로 그리스도를 사랑하고 더욱 큰 소망을 그분께 두고 더 큰 확신으로 그리스도를 의지하고 불굴의 인내로 그리스도를 기다리지 않겠느냐?"

영혼이 하나님의 매 아래서 잠잠하고 침묵하지 않으면 매가 하는 소리를 어떻게 들을 수 있고, 모든 매가 말하는 소리에 어떻게 경청할 수 있겠습니까? 심지어 육신의 아버지가 손에 든 매도 말을 합니다. 하지만 자녀들은 재빨리 매 앞에서 잠잠하거나 매에 조아리거나 말을 삼갈 때까지는 들을 수도 없고 깨닫지도 못합니다. 마찬가지로 하늘의 아버지께서 드신 매에 입 맞추고 매 앞에서 침묵할 때까지 매의 소리를 듣거나 이해할 수 있는 사람은 아무도 없습니다.

둘째, 은혜 받은 영혼이라면 가장 큰 고난과 가장 예리한 시련을 맞았을 때 잠잠하고 침묵해야 합니다. 이로써 자신이 세상 사람과 다르다는 것을 스스로 입증할 수 있기 때문입니다. 세상 사람은 하나님께서 내리신 고난을 만나면 대개 애가 타고 모든 것을 내팽개치거나 불평하거나 투덜대거나 저주하거나 허풍을 떨기 마련입니다.

"이 땅으로 헤매며 곤고하며 굶주릴 것이라 그가 굶주릴 때에 격분하여 자기의 왕과 자기의 하나님을 저주할 것이며 위를 쳐다보거나 땅을 굽어보아도 환난과 흑암과 고통의 흑암뿐이리니 그들이 심한 흑암 가운데로 쫓겨 들어가리라"(사 8:21-22). 아! 하나님께서 꾸짖으시는데도 이 불쌍하고 비열한 사람들은 얼마나 짜증을 내고 완고합니까! 또한 불안해하고 심란해짐으로 미쳐 가고 비참해지는 모습을 보십시오! 이들은 위, 아래, 이 길이나 저 길, 사방팔방을 둘러보아도 아무 도움을 찾지 못합니다. 아무도 이들을 지원해 주지 않으며 구해 주지도 못합니다. 그래서 정신병원같이 되어 버리고 육신을 갖춘 악마처럼 변해 갑니다. 그들은 마침내 하나님을 저주합니다!

"우리가 곰같이 부르짖으며 비둘기같이 슬피 울며 정의를 바라나 없고 구원을 바라나 우리에게서 멀도다"(사 59:11). 그들은 곰처럼 부르짖으며 짜증과 분노를 표출합니다. 곰이 새끼를 뺏기거나 구덩이에 빠졌을 때 얼마나 무섭게 부르짖고 격분하고 울부짖고 마구 요동을 칩니까! 이처럼 사악한 자들도 고난이라는 구덩이에 빠지면, 오, 얼마나 소리를 지르며 격분하고 울며 소리 지르는지요! 자신의 죄 때문인지 모르기 때문에 심판을 자초합니다. "가인이 여호와께 아뢰되 내 죄벌이 지기가 너무 무거우니이다"(창 4:13). "네 아들들이 곤비하여 그물에 걸린 영양같이 온 거리 모퉁이에 누웠으니 그들에게 여호와의 분노와 네 하나님의 견책이 가득하도다"(사 51:20). 사냥꾼들이 그물로 황소를 잡고 얽어매려고 할 때 황소를 잠잠하게 하기란 보통 어려운 일이 아닙니다. 오, 얼마나 맹렬히 화를 냅니까! 그물에서 벗어나려고 얼마나 갖은 몸부림을 칩니까! 고난의 그물에 걸린 사악한 자들이 그런 황소같이 행동합니다.

로마 장군 마르셀리우스(Marcellus)의 이야기가 생각납니다. 그는 정복자가 될 수 없자 잠잠할 수 없었습니다. 사악한 자들이 이와 같습니다. 무엇하나 잠잠한 것이 없습니다. 배가 찬 것도 아니고, 그렇다고 금식하는 것도 아니고, 아픈 것도, 건강한 것도 아니고, 부유한 것도, 궁핍한 것도 아니고, 억압된 것도, 자유로운 것도 아니고, 번영한 것도, 불행한 것도 아닙니다. "바벨론이 돌무더기가 되어서 승냥이의 거처와 혐오의 대상과 탄식거리가 되고 주민이 없으리라 그들이 다 젊은 사자같이 소리 지르며 새끼 사자같이 으르렁거리며"(렘 51:37-38). 사자가 포효하면 들판의 모든 짐승이 떱니다(아 3:8). 사자가 포효하면 사자보다 더 빨리 달릴 수 있는 많은 짐승도 그 포효하는 소리에 깜짝 놀라 순간 그 자리에서 꼼짝하지 못하게 됩니다. 후려치는 매를 맞는 사악한 자들이 바로 그런 울부짖는 사자와 같습니다. "사람들이 크게 태움에 태워

진지라 이 재앙들을 행하는 권세를 가지신 하나님의 이름을 비방하며 또 회개하지 아니하고 주께 영광을 돌리지 아니하더라 또 다섯째 천사가 그 대접을 짐승의 왕좌에 쏟으니 그 나라가 곧 어두워지며 사람들이 아파서 자기 혀를 깨물고 아픈 것과 종기로 말미암아 하늘의 하나님을 비방하고 그들의 행위를 회개하지 아니하더라"(계 16:9-11).

그러므로 은혜 받은 영혼은 가장 극심한 시련을 만났을 때 침묵함으로써 "그 물이 진흙과 더러운 것을 늘 솟구쳐 내는 요동하는 바다"와 같은 사악한 자들과 다르다는 것을 스스로 입증하는 것입니다(사 57:20). '라샤'는 동사로서, 자극하고 극도로 분주하며, 가만히 있지 못하거나 안달한다는 뜻입니다. 아! 하나님께서 내리신 고난을 만났을 때 사악한 자들이 날뛰는 모습이란! 아! 폭풍이 없더라도 바다는 쉬지 않고 일렁입니다. 절대로 잠잠하지 않습니다. 끊임없이 모양을 바꾸며 물결칠 뿐입니다. 그러다가 사나운 폭우가 불어 닥치면 더 크게 일렁이고, 더 으르렁대고 세차게 물결과 거품을 일으키고, 진흙과 더러운 것을 솟구쳐 냅니다. 무섭게 요동하는 바다는 고난을 주시는 하나님의 손 아래서 볼 수 있는 사악한 자들에게 딱 맞는 상징입니다.

은혜 받은 영혼이 가장 예리한 시련을 만났을 때 침묵하고 잠잠해야 할 셋째 이유는, 그가 가장 혹독한 시련 속에서 입을 다무시고 침묵을 지키신 그의 머리 되신 그리스도를 닮아 갈 수 있기 때문입니다.

"그가 곤욕을 당하여 괴로울 때에도 그의 입을 열지 아니하였음이여 마치 도수장으로 끌려 가는 어린 양과 털 깎는 자 앞에서 잠잠한 양같이 그의 입을 열지 아니하였도다"(사 53:7). 그리스도께서는 온갖 슬픔과 고난 속에서 혀를 움직이지 않으셨습니다. "그는 죄를 범하지 아니하시고 그 입에 거짓도 없으시며 욕을 당하시되 맞대어 욕하지 아니하시고 고난을 당하시되 위협하지 아니하시고 오직 공의로 심판하시는 이에게 부탁하시며"(벧전 2:22-23). 십자가 위에서 그리스도께서는 단순히 우리에게 인내와 침묵의 교훈만 전달하신 것이 아닌, 우리가 매를 맞을 때 우리가 따르고 본받을 인내와 침묵의 한 본보기와 귀감이 되신 것입니다. 그러므로 우리가 모든 고난을 만났을 때 우리에게 존경할 만한 본이 되신 그리스도를 생각하지 않고 인내와 침묵을 실천하지 않는다면 죄와 부끄러움이 될 것입니다.

안티오쿠스(Antiochus)의 일화가 생각납니다. 그는 전장에 나가기 전, 코끼리들이 포도와 오디의 붉은 즙을 보게 했습니다. 코끼리들이 더 잘 싸울 수 있도록 자극시킨 것입니다. 이처럼 성령님께서도 우리가 모든 고난 가운데 인내하고 침묵하며 우리의 구원의 대장 되신 분을 본받도록 고무시키고 격려하기 위해 우리 앞에, 우리가 가장 사랑하는 주님께서 받으신 중상, 멸시, 슬픔, 고난, 고통, 괴로움, 땀과 피, 그리고 모든 상황에서 보여 주신 불굴의 인내와 경이로운 침묵을 제시하시는 것입니다.

히에로니무스는 은혜롭게 살다가 평온히 생을 마친 힐라리온(Hilarion)[37]의 전기를 다 읽고 나서 다음같이 말했습니다. "아아, 힐라리온은 내가 따라야 할 최고의 본이었구나. 그의 선한 삶은 나의 본이 되었고, 그의 죽음은 내가 따라야 할 선례(先例)가 되었다." 오, 우리는 히에로니무스보다 더 큰 감동으로 말할 수 있습니다. 우리는 그리스도께서 얼마나 고통과 압제와 멸시와 천대와 박해를 당하셨는지 읽었기 때문입니다. 게다가 우리는 그리스도께서 모든 상황 속에서 어떻게 혀를 놀리지 않으시고, 어떻게 인내하시고 침묵을 지키셨는지도 알게 되었습니다. 오! 그리스도께서는 우리가 계속 염두에 두어야 할 본이 되셨고, 우리가 따라가야 할 귀감이 되셨으며, 우리가 따라야 할 진정한 최고의 본이 되셨습니다! 하지만 비극! 비극입니다! 한 스승 밑에서 나온 최고의 제자, 즉 살비아누스(Salvianus)[38]의 찬사를 들은 자 같은 사람이 얼마나 드문지 모릅니다. 락탄티우스(Lactantius)[39]가 전한 바에 따르면, 이교도들의 사상에서 그들의 신들을 존경하는 길은 그들의 신들과 같이 되는 것이었습니다. 그래서 어떤 사람이 사악한 짓을 하면, 그들의 신들과 다르게 행동한 것이므로, 그를 신들을 욕보인 자로 단정했습니다. 그리스도를 존경하는 길은 특별히 하나님의 매가 우리의 등을 치시고 쓴 잔을 우리 손에 쥐어 주실 때 그리스도처럼 인내하고 침묵하는 것이라고 저는 확신합니다.

하나님의 백성이 고난 중에서 잠잠하고 침묵해야 할 넷째 이유는, 고난을 만나 짜증 내고 완고하며 불평하는 영혼에겐 현재 맞은 고난보다 천 배나 더 엄중한 심판과 고난이 가중될 것이기 때문입니다. 그것은 모두 마귀가 지은 죄요, 마귀가 받은 형벌을 방불케 하는 행동입니다. 하나님을 대적하며 계속 안절부절 못하고 짜증 내고 투덜대고 반항하면 하나님께서도 고난과 십자가를 거두지 않으시고 성가시게 하십니다. 어떤 죄도 마귀가 지은 죄만 한 것이 없으며, 형벌도 마귀가 받은 형벌만 한 게 없습니다. 가장 경미한 고난을 만나도 투덜대고 불평하는 완고한 마음을 포기하지 못할 바에는 세상의 모든 고난을 한꺼번에 모두 받는 게 낫습니다. 전능하신 하나님의 손 아래서 안달하고 짜증 내며 발을 동동 구르는 영혼을 보면, 그 영혼이 다름 아닌 사탄이 낳은 첫 자식, 이 세상에서 바로 사탄을 닮은 자임을 알게 될 것입니다. 자녀치고 아버지를 닮지 않은 사람이 없듯이, 다루기 힘든 성질이 뒤틀린 영혼은 거짓의 아비를 닮은 자입니다.

사탄은 거의 육천 년 가까이 사슬에 묶인 채로 있으면서도 결코 단 하루나 한밤중만이라도 잠잠한 적이 없습니다. 그것은 고사하고 지금까지 단 한 시간도 입을 다문 적이 없습니다. 정신병자가 된 왕자처럼 사슬에 묶였어도 쉴 새 없이 안달하고, 짜증 내고, 몸을 흔들며 이리저리 뒹굽니다. 사탄은 양이 아닌 사자요, 잠자는 사자가 아닌 포효하는 사자, 오르락내리락 하는 사자가 아닌 늘 곧추 서 있는 사자입니다. 사탄은 입에 문 먹이로는 성이 차지 않습니다. 지옥을 영혼으로 다 채우려는 목표로 쉬지 않습니다(벧전 5:8). 사탄은 하와로 하여금 선악을 알게 하는 나무의 열매를 먹게 하고, 노아로 하여금 포도주로 취하게 하고, 게하시로 하여금 의복을 취하게 하고, 아간으로 하여금 금을 몰래 숨기게 하고, 압살롬으로 하여금 왕위를 찬탈하게 하고, 유다로 하여금 은 가방을 취하게 하고, 데마로 하여금 세상으로 다시 돌아가게 한 것으로는 결코 성이 차지 않습니다. 여러분이 한 무리의 사람들을 보면, 사탄이 그들을 모든 접시에 담아 깨끗이 먹어 치우고 있는 것을 보게 될 것입니다. 또 다른 무리의 사람들을 보면, 그들이 사탄이 밟기에 꼭 맞는 크기로 모여 있는 것을 보게 될 것입니다. 세 번째 무리를 보면, 사탄이 등에 걸치고 다니는 가방에 알맞게 찰 만한 양으로 모여 있는 것을 보게 될 것입니다. 사탄은 하나님의 진노 아래서도 결코 잠잠하지 않습니다. 지금, 사냥꾼인 사탄이 불쌍한 영혼들을 그의 우유로 꾀며, 그의 덫으로 그들을 살해합니다! 요압처럼 한 손으로 휘어잡고 창으로 찔러 죽입니다! 지금, 유다처럼 그들에게 입 맞추고 배신합니다! 바벨론의 음녀가 되어 독이 든 황금 잔을 내밉니다! 사탄은 빗장에 갇힌 상태지만 결코 가만히 있지 않습니다!

하나님께서 꾸짖으실 때 더 요란하게 굴수록, 더욱더 사탄을 닮아가게 됩니다. 즉 한평생을 주님을 대적하며 짜증 내고 안달하는 것으로 채우고 사는 것입니다. 루터는 다음같이 말했습니다. "어느 누구라도 사탄이 현재 죽은 존재요, 잠든 것으로 생각하지 않도록 하십시오. 왜냐하면 이스라엘을 지키고 계시는 분처럼 사탄 역시 이스라엘을 증오하는 가운데 졸지도, 자지도 않고 있기 때문입니다." 하지만 여기서 다음 단계로 가야겠습니다.

은혜 받은 영혼이 자신에게 임한 가장 극심하고 예리한 고난과 시련 중에도 잠잠하고 침묵해야 할 다섯째 이유는, 고난과 불행을 맞아 거룩하고 분별력을 갖추게 된 침묵이 불행에 처한 고통 받는 자들에게 용기를 주고 적절한 일을 하게 되기 때문입니다. 둥근 병이 있으면 가장 맛좋고 깨끗한 물을 넣을 수 있습니다. 영혼이 둥글둥글하고 융통성이 있으면 하나님께서 그 영혼 속에 향긋한 자비의 물과 강력한 위로의 물을 넣어 주실 수 있습니다. 히브리서 12장 11절을 보면 "의와 평강의 열매"란 표현이 나옵니다. "무릇 징계가 당시에는 즐거워 보이지 않고 슬퍼 보이나 후에 그로 말미암아 연단 받은 자들은 의와 평강의 열매를 맺느니라." "화평하게 하는 자들은 화평으로 심어 의의 열매를 거두느니라"(약 3:18).

잠잠하고 침묵하는 영혼은 항구에 고요하고 조용히 정박된 배와 같습니다. 배가 그렇게 고요하고 조용히 멈추고 있을 때 여러분이 좋아하는 상품이며 물건들을 적재할 수 있습니다. 마찬가지로, 하나님의 손 아래서 입을 다물고 잠잠한 영혼은 하나님에게서 풍성한 것들을 담기에 가장 적절하고 용이한 그릇입니다. 그리스도와 천국과 약속과 규례들에서 나온 것들과 하나님의 사랑, 하나님의 미소, 하나님과의 교제, 하나님의 권고까지 풍성하게 받을 수 있습니다.

루터는 하나님을 말하면서, 하나님은 바벨론이 아닌 살렘에 거하신다고 말했습니다. 바벨론은 혼란을 의미하고, 살렘은 평안을 의미합니다. 이제 하나님은 가만있지 못하고 안정되지 못한 영혼에는 거하지 않으시고 평화롭고 잠잠한 영혼 안에 거하십니다. 잠잠하지 못한 영혼은 권면이나 위로나 은혜나 평안 모두 받을 수 없습니다. "내 영혼이 위로 받기를 거절하였도다"(시 77:2). 인내가 부족한 환자는 위로받지 못할 것입니다. 그는 볼 줄도 모르고, 취할 줄도 모르고, 풍미도 느끼지 못하고, 소화도 못 시킬 것입니다. 건강과 안녕을 위해 주어지는 어떤 것도 누리지 못할 것입니다. 사람이 아픈 데다 완고하기까지 하면, 어떤 것으로도 편안하게 해줄 수 없습니다. 그의 귀에는 가장 아름다운 음악도 하찮은 가락으로 들릴 것입니다. "그러므로 이스라엘 자손에게 말하기를 나는 여호와라 내가 애굽 사람의 무거운 짐 밑에서 너희를 빼내며 그들의 노역에서 너희를 건지며 편 팔과 여러 큰 심판들로써 너희를 속량하여 너희를 내 백성으로 삼고 나는 너희의 하나님이 되리니 나는 애굽 사람의 무거운 짐 밑에서 너희를 빼낸 너희의 하나님 여호와인 줄 너희가 알지라 내가 아브라함과 이삭과 야곱에게 주기로 맹세한 땅으로 너희를 인도하고 그 땅을 너희에게 주어 기업을 삼게 하리라 나는 여호와라 하셨다 하라 모세가 이와 같이 이스라엘 자손에게 전하나 그들이 마음의 상함과 가혹한 노역으로 말미암아 모세의 말을 듣지 아니하였더라"(출 6:6-9).

위의 말씀을 보면 천국에서나 이 땅에서 받을 수 있는 최고의 위로와 평안이 지금 이스라엘 자손에게 주어졌습니다. 하지만 그들은 그것을 받으려고 하지 않았습니다. 여기서 모세의 입술이 꿀을 떨어뜨리고 있지만 그들은 달콤한 맛을 느끼지 못합니다. 여기서 지상과 천국의 가장 좋은 것이 제시되었지만 거부하므로 아무것도 받지 못하게 되었습니다. 그들의 마음을 크게 기쁘게 해주고 귀에 즐거운, 낙원에서 흘러 나오는 것 같은 매우 아름다운 음악이 흘러도 들을 수 없었습니다. 여기서 영혼에 활기를 주고, 영혼을 받쳐 주며 영혼에 힘이 되고 위로가 되고 영혼을 고양시켜 주고 상쾌하게 해 줄 말씀이 있으나 경청하지 않았습니다. "모세가 이와 같이 이스라엘 자손에게 전하나 그들이 마음의 상함과 가혹한 노역으로 말미암아 모세의 말을 듣지 아니하였더라." 그들은 고통 속에 있었기 때문에 흥분하는 것이 더 어울릴지언정, 그들에게 은총이 되고 위로가 될 만한 것은 어떤 것이든 들을 수도, 볼 수도, 맛볼 수도, 수용할 수도 없었습니다. 그들은 성급함과 욕구불만으로 병들었으며, 감정만 점점 나빠지고, 아무것도 하지 않으려 하고, 무엇에도 동의하려고 하지 않았습니다. 이스라엘 백성이 강한 비탄에 빠지자, 들으려고 하지도 않고 경건을 실천할 이유도 사라지게 된 것입니다.

은혜 받은 영혼이 매로 내리치실 때 잠잠해야 할 여섯째 이유는, 한마디로, 하나님과 겨루거나 논쟁하거나 반박해 봤자 아무 득 될 것도 없고 무익할 뿐이기 때문입니다. 상처나 충격이나 부상을 당하는 일 외에 하나님의 손 아래서 투덜대거나 불평한다고 해서 아무것도 건질 게 없습니다. 비단 끈으로 영혼과 자비를 한데 묶어 주었는데도 조용하거나 잠잠하지 않는다면, 공의는 영혼을 쇠사슬에 묶어 둘 것입니다! 금으로 된 족쇄로 묶어 둘 수 없다면 강철로 된 족쇄로 묶어 둘 것입니다! 요나가 짜증 내고 초조해하며 날뛰었기 때문에 공의가 요나를 배 밖으로 집어던져 고래 뱃속에 집어넣었고, 고래가 요나를 토해 낼 때까지 요나가 그 안에서 진정되고 마음이 가라앉을 때까지 죄수처럼 지켰던 것입니다. 그래서 그의 영혼은 주님 앞에서 잠잠하게 되었습니다. 이미 엎질러진 물인데 눈을 치켜뜨거나 울 수는 있어도 논쟁하고 투덜댄다고 해서 무엇을 얻을 수 있습니까? "여호와의 말씀이니라 그들이 나를 격노하게 함이냐 자기 얼굴에 부끄러움을 자취함이 아니냐 그러므로 주 여호와께서 이와 같이 말씀하시니라 보라 나의 진노와 분노를 이곳과 사람과 짐승과 들나무와 땅의 소산에 부으리니 불같이 살라지고 꺼지지 아니하리라 하시니라"(렘 7:19-20). "그러면 우리가 주를 노여워하시게 하겠느냐 우리가 주보다 강한 자냐"(고전 10:22). 자카리우스(Zacharias)[40]는 이 말씀에서 두 가지 사실에 주목했습니다.

1. 하나님의 진노를 자극하는 것은 어리석은 짓입니다. 그 이유는 하나님께서 우리보다 강하신 분이기 때문입니다.

2. 하나님께서 우리보다 강하신 분인데도 하나님의 진노를 자극하는 자들이 엄연히 있다는 사실입니다. 확실히, 하나님의 손이 치실 때 화를 내고 안달하는 자들보다 하나님을 더 심하게 자극하는 자도 없습니다!

쓴 잔이라 할지라도 성부 하나님께서 여러분의 손에 쥐어 주신 것입니다! 여러분이 어깨에 진 십자가가 무겁더라도 앞으로 가장 무거운 십자가를 끝도 없이 지게 될 것입니다! 그렇다면 왜 잠잠해야 합니까? 곰이나 사자가 자신의 사육사를 치거나 넘어뜨릴 수 있겠습니까? 여러분이 이스라엘을 지키시는 분에게 몇 대라도 타격을 입히고 넘어뜨릴 수 있겠습니까? 왜 토기가 토기장이와 겨루려 하고, 피조물이 창조주와, 종이 주인과, 약한 자가 강한 자와, 아무것도 아닌 불쌍한 피조물에 불과한 자가 전능하신 하나님과 겨루려 합니까? 불 앞에서 그루터기가 버틸 수 있겠습니까? 겨가 회오리바람 앞에서 자리를 지킬 수 있겠습니까? 벌레가 전능하신 분의 일격을 피할 수 있겠습니까?

하나님의 손 아래서 완고하고 조급한 영혼은 계속해서 사슬 위에 다른 사슬을, 십자가 위에 다른 십자가를, 멍에 위에 다른 멍에를, 짐 위에 다른 짐을 더할 뿐입니다. 흥분한 마음으로 날뛰고 몸부림칠수록 상태는 더욱 악화될 뿐입니다. 그런 상태가 오래 지속될수록 치유되는 데도 영향을 미칠 것입니다. 가장 쉽고 확실히 치유하는 길은 독기가 다 빠져나갈 때까지 잠잠하고 입을 다무는 것입니다. 온전히 인내로 일관할 때 치유도 확실히, 쉽게 될 것입니다. 양다리가 모두 부러지면 가만히 조용히 있을수록 쉽고 빨리 나을 것입니다. 하지만 말이 다리가 부러졌을 때 안달하고 날뛰고 몸부림치고 계속 움직이면 접합부위가 계속해서 붙지 않고 치료는 더 어렵고 치료 기간도 길어질 것입니다. 하나님의 손 아래서 말이나 노새같이 안달하고 몸부림치는 그리스도인은 슬픔과 고난이 더 가중되고 고난에서 벗어나는 날은 점점 멀어질 것입니다.

그리스도인이 고난 중에서 잠잠하고 침묵해야 할 일곱째 이유는, 그렇게 잠잠함으로써 사탄의 야심찬 의도와 기대를 방해하고 좌절시킬 수 있기 때문입니다. 욥에게 모든 고난이 닥쳤을 때 사탄이 노린 것은 욥을 신성모독자로 만들어 완전히 파멸시키는 것이었지만 뜻대로 되지 않았습니다. 사탄은 욥이 하나님의 의로우신 손을 대적하여 불평하고 투덜거리도록 해서 외관상 불행해지는 것으로 그치지 않고 욥의 내면도 불행해지기를 바랐던 것입니다. 그래서 주님께 욥에 대해 고소하려고 했습니다. 사탄은 우리 형제들을 참소하는 자입니다. "우리 형제들을 참소하던 자 곧 우리 하나님 앞에서 밤낮 참소하던 자가 쫓겨났고"(계 12:10). 사탄은 하나님의 자녀를 크게 유혹하고 하나님께 그분의 자녀를 고소하는 자입니다. 사탄은 끊임없이 지옥으로 보낼 수 있는 향내 나는 미끼를 갖고 있습니다. 포기를 모르는 유혹자로, 지옥에서 쉬지 않고 성도들을 대적하며 그들을 고소하려고 조작하고 방안을 강구해 내고 있습니다. 첫째, 사탄은 영혼이 죄 짓도록 유혹하고 미혹합니다. 그래서 죄 짓도록 유혹한 죄를 그 영혼이 범하면, 사탄은 바로 그 죄를 가지고 고소하며, 그 영혼을 하나님 앞에서 수치스럽게 만듭니다. 또 가능하면 그 영혼이 하나님의 호의를 잃도록 유도합니다. 사탄은 이미 그 영혼이 언약의 띠로 맺어진 하나님의 자녀요, 아무도 끊을 수 없는 구속자의 피로 구속자와 하나가 되었음을 알고 격분하고 분노하며 시기와 악의로 그 영혼이 그런 사실에 영향 받지 못하도록 애를 쓰는 것입니다!

하나님의 매 때문에 욥이 완고해지거나 거칠어졌다면 사탄은 즉시 그것을 천국에 알리면서 과연 이것이 하나님께서 그렇게 칭찬하시던 성품을 지닌 자의 태도냐고 대담하게 따질 것입니다! 사탄은 한 사람에게 타격을 입힐 수 있는 모든 고난 속에 있는 것보다 가장 작은 죄 안에 더 큰 악이 있다는 것을 알고 있습니다. 그래서 욥의 인내를 꺾을 수만 있었다면, 아, 얼마나 기고만장하게 하나님을 모욕했을까요! 욥을 항의하는 자로 만들 수만 있었다면 그 즉시 전쟁 법에 호소해 욥을 처형하라고 졸랐을 것입니다. 하지만 욥은 모든 시련 가운데서 잠잠하고 침묵을 유지함으로써 사탄의 모든 계획을 일격에 망쳤을 뿐만 아니라 사탄을 부끄럽게 만들었습니다. 사탄을 약 올리는 최고의 방법은 하나님의 손 아래서 침묵하는 것입니다. 불평하는 자는 좌절할 것이요, 잠잠한 자는 이길 것입니다. 또한 마귀를 이기는 것은 세상을 정복한 자보다 더 위대한 것입니다.

그리스도인이 가장 아픈 시련 중에서 침묵하고 잠잠해야 할 여덟째이자 마지막 이유는, 앞서 하나님께서 치시는 매 아래서 인내와 침묵으로 일관했던 다른 성도들의 고귀한 귀감을 닮도록 하기 위해서입니다. 아론처럼(레 10:3), 엘리처럼(삼상 3:18), 다윗처럼(삼하 16:7-13), 욥처럼(욥 1:21-22), 엘리야김, 셉나, 요압처럼(사 36:11-12), 사도행전 21장 12-15절에 나오는 다른 성도들처럼, 그리고 히브리서 12장에서 언급한 구름 같이 많은 증인처럼 말입니다. 영광스러운 귀감이 된 이들은 어떤 교훈들보다 우리를 더 깨어 있게 하고, 더 큰 확신을 갖게 하고, 더 각성시키며, 더 고무시키고, 더 큰 용기를 갖게 할 것입니다. 왜냐하면 그들의 실례들을 보면서 어려운 와중에도 은혜와 경건을 실천하는 것이 가능하다는 사실을 알게 되기 때문입니다.

우리처럼 허약함에 둘러싸였던 그리스도인들이 고난을 주시는 하나님의 손 아래서 잠잠하고 침묵했던 것을 보면서, 우리도 하나님께서 치시는 매 아래서 혀를 놀리지 않고 그들같이 고귀한 성품으로 바뀔 수 있다는 것을 알게 됩니다.

확실히, 이 세상에서 가장 귀하고 가치 있는 귀감들을 눈으로 보고 닮아 간다는 것은 가장 큰 명예이자 영광입니다. 플루타르코스(Plutarchos)[41]는 데모스테네스(Demosthenes)[42]에 대해 말하길, 데모스테네스는 선조들의 빛나는 업적을 찬양하는 데 탁월했지만, 정작 선조들을 본받는 데는 실패했다고 했습니다. 이런 실례를 오늘날까지 많은 사람이 언급하고 있습니다. 오! 성도들이 욥의 인내를 극찬할지라도 정작 욥을 본받지 않고 있습니다. 아론의 침묵을 극찬하면서도 본받지 않고, 다윗의 침묵과 엘리의 잠잠함을 극찬하면서도 본받지 않습니다. 카이사르가 알렉산더(Alexander)가 남긴 발자취를 따른 것이 최고의 영광으로 손꼽힙니다. 또한 터키의 왕 셀무스(Selymus)가 카이사르가 남긴 발자취를 따른 것과 데미스토클레스(Themistocles)[43]가 힐티아데스(Hiltiades)[44]가 남긴 발자취를 따른 것을 각각 최고의 영광으로 손꼽습니다. 오, 그런 세상 인물의 가치보다 더 큰 가치를 지닌 위대한 성경의 인물들을 우리가 본받을 때 그것이 우리에게는 얼마나 더 큰 영광으로 손꼽히겠습니까! 가장 이상적인 귀감들을 본받으려고 애쓸수록 그 자체로 하나님에 대해 많은 것을 전하게 되는 것입니다. 여기까지 핵심과 관련된 이유들을 충분히 설명한 것 같으니, 다음 내용으로 넘어가겠습니다.

5장

이 진리를 하찮게 여기는 다양한 부류의 사람들

사랑하는 여러분, 이 세상에서 마주하게 되는 가장 큰 고난과 슬픈 섭리와 혹독한 시련 속에서 그리스도인이 가장 힘써 실천할 의무와 관심사가 잠잠하고 침묵하는 것임을 보았습니다. 사실이 그렇다면 이제 이 진리를 다양한 부류의 사람들이 얼마나 하찮고 우습게 생각하는지 살펴보겠습니다.

첫째, 고난을 주시는 하나님의 손 아래서 불평하고 투덜대는 것밖에는 아무것도 안 하는 불평하는 자들이 이 진리를 하찮게 여깁니다. 그것은 바로 과거 이스라엘의 죄였고, 오늘날 영국이 짓는 죄입니다. 아! 하나님과 하나님의 수단들과 하나님의 섭리에 불평하는 모습을 우리 가운데서 보게 됩니다! 어떤 사람들은 그들이 잃은 것에 불평하고, 어떤 사람들은 그들이 앞으로 잃게 될 것을 걱정하며 불평합니다! 어떤 사람들은 어느 정당의 규례들 때문에 불평하고 다른 사람들은 그 정당에 들어가지 못한 것 때문에 불평합니다! 그런가 하면 어떤 사람들은 자신의 자비로움이 다른 사람들보다 크지 않은 것 때문에 불평합니다! 어떤 사람들은 고난 때문에 불평하고 다른 사람들은 그들 같은 고난을 겪지 못한 것이 불만입니다. 아, 영국이여, 영국이여! 네가 더는 죄를 짓지 않는다면, 불평도 그 정도로 하고 그친다면, 하나님께서 너에게 더 많은 구덩이를 마련하시거나 자극받지 않으실 텐데! 하지만 갈수록 심해지니, 현재 이 정도 고난으로 그친 것에 만족할 수밖에.

둘째, 고난을 주시는 하나님의 손 아래서 안달하고 신경질을 내고 짜증을 내는 자들이 이 진리를 우습게 여깁니다. 많은 사람이 매를 맞는다고 느낄 때 아, 얼마나 안달하고 흥분하는지요! "이 땅으로 헤매며 곤고하며 굶주릴 것이라 그가 굶주릴 때에 격분하여 자기의 왕과 자기의 하나님을 저주할 것이며 위를 쳐다보거나"(사 8:21). "사람이 미련하므로 자기 길을 굽게 하고 마음으로 여호와를 원망하느니라"(잠 19:3). 입으로 신성모독 발언만 안 할 뿐, 마음은 온통 불쾌하고 뒤틀린 것입니다. 어리석은 자는 자신을 불행에 빠뜨리고, 불행은 어리석은 자를 거칠게 만듭니다. 불행에 처한 사람은 으레 고난을 초래한 자신의 죄보다 주님을 향해 더 흥분하고 화를 냅니다(왕하 6:33; 시 37:1, 7-8).

흥분한 영혼은 감히 하나님께 돌진하려고 합니다! 바로가 초조해하며 괴로워할 때 그는 겁도 없이 하나님의 면전에서 하나님을 경멸했습니다. "바로가 이르되 여호와가 누구이기에 내가 그의 목소리를 듣고 이스라엘을 보내겠느냐"(출 5:2). 요나가 화를 내며 투덜거릴 때, 그는 감히 하나님 앞에서 "매우 싫어하고 성"냈습니다(욘 4:1). 요나가 자신의 죄 때문에 화가 났다면 잘한 것이겠지만, 그는 바로 하나님한테 화가 나 심사가 뒤틀린 것입니다! 하나님께서는 흥분하고 안달하는 사람을 다루시기 전에 그의 마음의 심사가 뒤틀리도록 내버려 두실 것입니다. 왜냐하면 그는 자신을 묶고 있는 실을 하나씩 풀려고 하지 않기 때문입니다(겔 16:43). 때로 선한 사람들도 초조함으로 병이 납니다. 그런 상태에 있는 사람에게는 욥과 요나가 경험으로 알게 된 것을 대가로 치르게 하십니다. 더 강한 타격을 입었거나 더 무거운 사슬에 매인 경우 외에는 아무도 안달하거나 거칠게 행동한다고 해서 얻을 수 있는 것은 아무것도 없습니다. 그러므로 하나님께서 치실 때 안달하지 마십시오!

셋째, 하나님을 대적하면서 오히려 어리석게 하나님께 책임을 묻는 자들이 이 진리를 하찮게 여깁니다. "살아 있는 사람은 자기 죄들 때문에 벌을 받나니 어찌 원망하랴"(애 3:39). 교수형을 받을 만한 사람은 판사한테 채찍질하고 놔줄 수 있는데 왜 이리 잔인하냐고 따질 만한 권한이 없습니다! 저주 받아 마땅한 우리도 하나님께 아버지의 심정으로 우리를 매로 치시고 놔두시지, 너무 가혹하신 것 아니냐고 항변할 권한이 없는 것입니다! 비난보다 자신의 어리석음으로 말미암은 수치를 잠잠히 인정하십시오. 어리석은 자는 하나님께 책임을 전가합니다(창 3:12). 우리가 하나님은 비난하면서 자기 자신에 대해서는 변명하고 아무 책임이 없다고 말하는 것은 정말 악한 짓입니다. 우리가 하나님을 비난한다면 우리의 마음과 우리가 추구하는 길이 무엇이든 간에 결함이 있는 것입니다. 욥은 참으로 고귀한 영을 지닌 사람이었습니다. "이 모든 일에 욥이 범죄 하지 아니하고 하나님을 향하여 원망하지 아니하니라"(욥 1:22). 현재도 어리석게 하나님께 책임을 묻는 사람들이 있습니다. 그들은 모든 일에 대해 하나님을 비난하는 무례한 짓을 서슴지 않습니다. 마침내 그 결과는 비극으로 마무리될 것입니다. 여러분이 고난 가운데서 하나님의 손이 무겁게 느껴진다고 겸손하게 말할 수는 있습니다. 하지만 하나님의 손이 무겁다는 이유 하나 때문에 하나님을 비난해서는 안 됩니다. 세상 어디에도 하나님께 책임을 물을 정도로 선한 사람은 없습니다. 여러분은 가능하다고 보십니까? 절대로 아닙니다! 여러분이 맞은 재앙 때문에 어리석게 하나님께 책임을 묻는 것은 되레 주님께서 여러분에게 불행을 새롭게 추가하시게 만들고, 가장 치명적인 화살로 겨누시면서 더 맹렬하신 진노와 격노하신 모습으로 속속들이 여러분의 책임을 물으시도록 주님을 격동시킬 뿐입니다! 여러분 자신의 죄를 비난하는 것이 가장 위대한 지혜입니다. 그러므로 손을 입에 대십시오. 어리석게 굴면서 왜 자신은 죄 없다고 따지십니까? 하나님의 손 아래서 전혀 잠잠하거나 침묵하지 않는 사람은 오히려 하나님을 향해 손가락질하면서 이런 식으로 감히 하나님께 책임을 묻는 자입니다!

넷째, 주님께서 왜 손을 대셨는지 특별히 그 이유를 말씀해 주신 경우 외에 고난을 주시는 하나님의 손 아래서 침묵하거나 만족하지 않는 자들이 이 진리를 하찮고 우습게 여깁니다. 때로 선한 자들도 "부딪칠 돌"[45]을 발로 찹니다. "나의 고통이 계속하며 상처가 중하여 낫지 아니함은 어찌 됨이니이까 주께서는 내게 대하여 물이 말라서 속이는 시내 같으시리이까"(렘 15:18). 하나님께서는 늘상 왜 그렇게 하셨는지 그 이유를 알려 주시지만, 우리에게 그렇게 하신 이유를 꼭 설명하실 의무는 없으십니다. 예레미야는 마음이 격앙되고 피가 들끓게 되자 어떤 것으로도 그를 잠잠하게 하거나 진정시킬 수 없었습니다. 그가 받는 고통이 끊임없고 상처가 치유될 기미가 보이지 않았기 때문입니다. 욥도 그랬습니다. "사람을 감찰하시는 이여 내가 범죄하였던들 주께 무슨 해가 되오리이까 어찌하여 나를 당신의 과녁으로 삼으셔서 내게 무거운 짐이 되게 하셨나이까"(욥 7:20). 모든 만물을 주관하시고 모든 것을 기쁘신 뜻대로 움직이시는 하나님께서 하시는 일에 트집 잡거나 의문을 제기하는 것은 악하고 위험한 짓입니다(롬 9:20; 단 4:3, 36). 하나님은 기묘자이시며 무엇에도 얽매이지 않으시는 분입니다. 그러므로 누가 하나님께 "왜 그렇게 하십니까?"라고 물을 수 있단 말입니까? 고난을 주시는 하나님의 권리와 그분의 의에 아무도 의문을 제기할 수 없듯이 하나님께서 왜 고난을 주시는지 그 이유에 대해 물을 자도 없는 것입니다. 어느 누구도 그렇게 하시는 이유를 설명해 달라고 하나님께 강요할 수 없듯이 아무도 그렇게 하시는 특별한 이유라도 알려 달라고 감히 물을 수 없는 것입니다.

 왕들은 자신들의 주권으로 일을 처리하는 이유를 꼭 말해 줄 필요가 없습니다. 마찬가지로 하나님께서도 우리에게 그렇게 하시는 이유를 꼭 알려 주실 필요가 없으십니다. 하나님께서는 왕 중 왕이시요, 주의 주시며, 그분의 뜻이 곧 진리요 유일한 공의의 기준이 아닙니까(전 8:4; 계 1:5)?

하나님께서 왜 자신의 백성에게 고난을 주시는지에 대한 일반적인 기초와 이유들은 성경에 나와 있습니다. 그것은 히브리서 12장 10절에서 볼 수 있듯이 바로 그들의 유익을 위해서입니다. 또한 이사야 1장 25절에 나오듯이 죄를 정결하게 하시려는 것입니다. 그리고 시편 119편 67절과 71절이 말씀하는 것처럼 백성의 삶을 개혁하고, 고린도후서 11장 32절에서 보듯이 그들의 영혼을 구원하시기 위함입니다. 설령 하나님께서 오류가 없으신 의지로 자신의 영원하신 지혜의 심연 속에 우리가 고난 받는 더 큰 원인을 비밀히 감추심으로 우리가 궁금해하는 이유를 알려 주지 않으신다 해도 우리는 고난 중에서 침묵하며 만족해야 할 것입니다.

호기심이 발동했다는 것은 영혼이 영적으로 취한 상태라는 것입니다. 술에 취하면 결코 만족을 모릅니다. 그래서 술잔이 아무리 깊어도 바닥을 볼 줄 모릅니다. 마찬가지로 일부 호기심이 강한 그리스도인들의 영혼은 온통 호기심으로 전체가 마비되어 하나님께서 다루시는 모든 일의 가장 은밀한 이유들과 그 바닥을 알 때까지 만족을 모릅니다. 하지만 그들은 정말로 어리석습니다. 어떻게 하나님께서 다루시는 일을 꿰뚫어 볼 수 있단 말입니까? 아담의 호기심으로 촉발된 어리석음이 자손 대대로 전해지고 있지 않습니까? 어리석은 우리 자신을 매일같이 들여다보며 무슨 즐거움을 얻을 수 있단 말입니까? 사람의 눈은 태양을 보고 나면 사물이 어둡고 침침해 보이고, 능히 볼 수 있는 것도 얼마간 볼 수 없게 됩니다. 이처럼 많은 사람이 호기심으로 하나님께서 사람들을 다루시는 숨겨진 이유들을 캐려고 하다가 점점 어둡고 희미해져서 하나님께서 왜 자신의 자녀들에게 고난과 시련을 주시는지 성경에 분명히 그 이유들을 말씀해 놓으셨는데도 그것조차 볼 수 없게 되는 것입니다!

윌리엄 챔프니 경(Sir William Champney)에 대한 이야기가 생각납니다. 그는 자신의 집 꼭대기에 처음으로 작은 탑을 세운 사람입니다. 주변의 모든 이웃을 더 잘 내다보기 위함이었습니다. 하지만 일이 터지고 말았습니다. 얼마가지 않아 앞을 볼 수 없게 된 것입니다. 다른 사람들과 똑같이 보는 것으로는 성이 차지 않아 남들보다 더 잘 보려고 했던 것인데 이제 아무것도 볼 수 없게 된 것입니다. 하나님께서 그를 심판하신 것은 아니었을까요? 이처럼 하나님께서 왜 고난을 주시는지 그 이유들이 분명히 성경에 나와 있는데도 그것으로 만족할 줄 모르는 영적 소경을 하나님께서 치시는 것은 정당하시고 옳으신 일입니다. 하지만 그런 자들은 하나님께서 그러실지라도 기어코 호기심으로 하나님께서 사람들을 엄정하게 다루시는 더 비밀하고 숨겨진 이유들을 캐내고 살펴야지만 속이 후련한 것입니다.

아, 그리스도인들이여! 하나님께서 고난을 주실 때 쓸데없는 호기심으로 하나님의 품속에 있는 금으로 된 사물함 속에 들어있는 더 비밀한 이유들을 알려고 하는 것보다 이미 계시된 이유들로 만족하고 침묵하며 잠잠히 있는 것이 지혜요 우리의 의무입니다! "감추어진 일은 우리 하나님 여호와께 속하였거니와"(신 29:29).

다섯째, 고난 가운데서 침묵하고 잠잠히 있기보다 괴로움에서 빨리 벗어나고자 죄악 된 모든 술책과 방법을 동원하는 자들이 이 진리를 하찮고 우습게 여깁니다. 이런 자들은 하나님과의 관계나 사람들과의 관계나 심지어 자신들의 양심이 깨지든 말든 개의치 않습니다. 그들이 자신들을 감고 있는 사슬을 부수려 하고 수단에 개의치 않고 감옥 문을 열려고 하는 한, 그리고 단지 벗어나려 애쓰고 자유롭게 되려고 애쓰는 한, 어떤 도구를 사용한다 해도 나사는 풀리지 않을 것입니다. "삼가 악으로 치우치지 말라 그대가 환난보다 이것을 택하였느니라"(욥 36:21). 고난보다 죄를 선택한 자는 최악의 선택을 한 것입니다! 때로 선한 사람들도 괴로움에 압도당하면 그런 최악의 선택을 합니다. 양심이 속에서 사자처럼 울부짖지 않아 가만히 괴로움에서 벗어나려고 하는 자들은 다시 내면에 그런 울부짖는 사자를 들여놓아야 할 것입니다! 어떤 사람들은 외적인 고통에서 벗어나려다 내적인 고난을 초래합니다. 헐값에 자유를 사 고난에서 벗어나려는 자는 좋은 평판과 선한 양심을 저버리고 자유를 사는 것입니다.

심지어 선한 사람들도 때로 고난 중에 잠잠하고 침묵을 지키다가도 고난에서 벗어나고자 죄와 술책으로 마음이 기울곤 하기 때문에 다음 여섯 가지 대비책을 말할 여지를 허용해 주시기 바랍니다.

(1) 여러분에게 임할 수 있는 가장 큰 불행이나 고난 속에 있는 것보다 오히려 가장 작은 죄 속에 더 무한한 악이 있다는 것을 생각하십시오! 그렇습니다. 이 세상에서 맞이할지 모르는 모든 괴로움 속에 있는 것보다 가장 작은 죄 안에 더 큰 악이 있습니다. 그렇습니다. 그 악은 지옥에서 겪게 되는 모든 불행과 고통 속에 있는 것보다 더 큰 악입니

다. 가장 작은 죄 하나가 위대하신 하나님을 모욕합니다. 이것이야말로 불멸의 영혼의 실수입니다. 작은 죄 하나가 하나님의 의로우신 율법을 파기합니다. 작은 죄 하나라도 예수님의 피가 아니고는 절대로 씻을 수가 없습니다. 작은 죄 하나 때문에 천국 문이 닫혀 영혼이 들어가지 못하게 되며, 그 작은 죄 하나가 오히려 지옥의 죄수로 만들어 영원히 지옥 속에 갇히게 합니다! 가장 극심한 고난보다 가장 작은 죄를 피하고 방지하도록 하십시오. 독사가 아직 알에 있을 때 부수지 않으면 어느새 독사가 나올 것입니다! 죄를 생각하고 품고 있으면 행동으로 옮겨지게 마련이고, 행동은 습관을 낳고 습관은 기질이 됩니다. 그렇게 되면 결국, 몸과 영혼을 영원히 잃게 되고 그때는 돌이킬 수 없게 됩니다. 가장 작은 죄라도 아주 위험합니다. 카이사르는 작은 바늘에 찔려 죽었습니다. 헤롯은 작은 벌레들에게 먹혀 죽었습니다. 아드리아누스(Adrianus) 교황은 각다귀 때문에 질식사했습니다. 쥐는 작지만 코끼리의 코 속으로 들어가 코끼리를 죽입니다. 전갈은 작지만 침 한 방으로 사자도 죽입니다. 표범이 강해도 마늘에 중독될 수 있습니다. 작은 불씨가 아주 큰 집을 화재로 소멸시킵니다. 배에 아주 작은 구멍 하나만 생겨도 가라앉을 수 있습니다. 새끼손가락에 난 괴저병이 팔 전체로 퍼질 수 있습니다. 아주 작은 문이 배신의 통로가 되어 가장 큰 도시를 전복시킵니다. 한 방울의 독을 삼키자 이 독이 온 몸을 타고 흘러 가장 중요한 영혼을 질식시키고 그 결과가 몸에게까지 나타났습니다. 뱀이 꼬리를 흔들며 악한 생각을 주입할 수 있게 되자 순식간에 영혼이 깜짝 놀라게 되는 일이 발생한 것입니다. 이에 대한 비극적인 예가 바로 아담과 하와입니다. 다음은 하나의 비유입니다.

숲의 나무에는 근엄한 의회가 있어 그동안 도끼가 행한 수많은 잘못을 보고했습니다. 그래서 결의하기를, 어느 나무도 이후로 도끼머리에게 나뭇가지를 빌려주지 말 것을 당부했습니다. 그러자 도끼머리는 삼림 전체를 돌아다니며 삼나무, 떡갈나무, 물푸레나무, 느릅나무, 심지어 포플러 나무에게까지 나뭇가지 좀 달라고 애걸했습니다. 하지만 어느 나무도 부스러기조차 내주려 하지 않았습니다. 마침내 도끼머리는 각 나무의 작은 가지에게 부탁했습니다. 나무를 내줘야 성장을 저해하고 아름답고 좋은 나무의 영광을 가려 흐릿하게 만든 찔레와 덤불을 제거할 수 있게 되고, 그 결과 관목들도 땅에서 달콤한 음료를 빨아먹을 수 있게 되지 않느냐고 강조했습니다. 그 말을 듣고 모든 나무는 나무를 내주기로 합의했습니다. 도끼머리는 개혁을 단행할 것처럼 보이다가 슬프게도 숲을 모두 망쳐놓았습니다. 왜냐하면 도끼머리가 가지를 손에 넣게 되자 그가 가는 길에 서 있는 삼나무, 떡갈나무, 물푸레나무, 느릅나무는 물론이고 모든 나무를 베어 버렸기 때문입니다!

이것이 바로 죄가 교활하게 일을 꾸미는 모습입니다. 처음에는 다른 상황이라면 충분히 누렸을 만한 힘 있고 상쾌하고 편안하고 즐겁고 만족한 심령을 방해하는 온갖 고난과 괴로움의 찔레들을 제거해 주겠다고 약속합니다. 오, 하지만 작은 죄에게 틈을 내주게 되자 여러분의 괴로움을 제거해 주기는커녕, 오히려 여러분이 가진 평안, 소망, 위안 등을 모두 잘라 내고, 그렇습니다, 여러분의 소중한 영혼까지 잘라 낸 것입니다! 그 손으로 어떤 상처를 낸 것입니까? 바로 영혼을 찌른 것이 아닙니까? 가장 작은 죄만큼 가장 큰 재앙을 초래하는 것도 없습니다! 그러므로 그리스도인 여러분, 괴로움에서 빨리 벗어나고자 죄악 된 술책들을 사용하지 마십시오. 오히려 괴로워도 주님께서 구원해 주실 때까지 잠잠하고 침묵하십시오.

(2) 아무도 죄악 된 술책을 통해 괴로움에서 벗어날 수 없다는 것을 명심하십시오. 그것은 불가능한 일입니다. 아브라함과 욥과 요나가 그렇게 시도했지만 효과를 얻지 못했습니다. 귀신들은 거의 육천 년 동안 그것을 경험해 오고 있습니다. 그들은 사슬을 풀고자 다른 죄를 꾸밀 수도 있었겠지만 이제 사슬에 매여 있지 않습니다. 지옥에 있는 저주받은 자들이 다른 죄를 모의함으로 영원히 타는 불에서 벗어날 수 있다면 결코 꺼지지 않는 불이 계속해서 집어삼키는 와중에 더는 울부짖는 소리는 들을 수 없을 것입니다(사 33:14). 저주받은 자들이 다른 술책을 써서 지옥에서 나갈 수만 있다면 지옥에는 더는 거주자가 없게 될 것입니다! 아, 그리스도인 여러분, 마귀와 저주받은 영혼들은 지옥에서 나와도 곧바로 죄를 지을 것입니다. 마찬가지로 여러분도 고난에서 벗어나도 죄를 자초할지 모릅니다! 그리스도인 여러분, 여러분은 마치 당장이라도 해가 뜨는 경로를 막을 수 있는 것처럼, 아주 손쉽게 파도를 일으킬 수 있는 것처럼, 지구를 한걸음에 가로지를 수 있는 것처럼, 원하면 죽은 자도 일으킬 수 있는 것처럼, 죄악 된 술책을 통해 고난에서 벗어나려고 하고 있습니다! 그러므로 되지도 않는 일을 시도하기보다 고난

중에서 침묵하고 잠잠히 있는 편이 더 나은 것입니다. 더 나아가 이 둘째 대처 방안은 셋째 대처 방안의 내용을 확증해 줄 것입니다.

(3) 그런 시도가 불가능하듯이 괴로움에서 벗어나고자 다른 죄를 강구하는 시도는 큰 고통을 초래하고 매우 위험하다는 것입니다. 요나와 야곱이 한 것처럼 괴로움에서 벗어나고자 자진해서 죄를 실천에 옮기는 짓과 괴로움을 조금이라도 덜어보겠다고 자진해서 죄에 몰두하는 짓 모두 더 큰 괴로움을 야기하는 죄가 될 뿐입니다. 사울이 그랬습니다. 외적인 괴로움에서 벗어나려고 스스로 죄에 몰두하게 되면 내적인 문제와 괴로움까지 얻게 되는 것입니다. 내적인 문제와 괴로움이야말로 모든 괴로움 중에서도 가장 아프고 슬픈 것입니다. 현재 겪는 고난에서 벗어나려고 죄에 몰두하는 사람들은 양심에 공포와 두려움을 느끼면서도 죄를 짓는 것입니다. 그렇게 되면 결국, 먹지도 마시지도 잠자지도 못하는 상태가 되고, 그것은 다름 아닌 스스로 파멸하기 직전의 상태인 것입니다.

키프리아누스(Cyprianus)[46]는 고난을 피하려고 믿음을 저버리고 악한 영이 지배하도록 자신을 내주어 무서운 최후를 맞이한 자들을 언급했습니다. 오, 인간이란! 여러분은 죽음에 이르는 죄가 무엇인지, 또한 죽음에 이르는 유혹과 심판과 하나님의 일격(一擊)이 무엇인지 모릅니다. 여러분은 괴로움에서 벗어나려고 죄를 짓다 이런 상태에 떨어질 수 있습니다. 베니스 문 앞에서 교수형에 처해진다면 베니스를 손에 넣는 것이 다 무슨 소용입니까? 그러므로 죄악 된 술책들을 사용해 죄를 지음으로 더 큰 고통을 초래하기보다 고난 중에서 침묵하고 잠잠하는 편이 더 나은 것입니다.

(4) 괴로움과 궁지에서 벗어나고자 자진해서 죄를 향해 달려가는 것은 아주 우매한 짓이고 가치가 없다는 것을 명심하십시오. 불쌍하고 천하고 약하고 비열하고 떳떳하지 못한 영혼들이 천한 수단을 사용해 괴로움에서 슬그머니 빠져나오려 한다는 것을 논하고자 합니다. 여러분도 보실 수 있듯이, 히브리서 11장에 나오는 히브리 자녀인 다윗과 다른 가치 있는 자들은 "세상이 감당하지 못"할 자라고 했습니다. 히에로니무스는 한 용감한 여인에 대한 글을 썼습니다. 그녀는 고문대에서 박해자가 심히 괴롭히면서 진실을 왜곡할 것을 요구하자 죽음으로 날조의 강요를 해결했습니다. 콩데(Conde) 왕자는 프랑스의 아홉 번째 왕 찰스에게 붙잡혀 감옥에 갇혔습니다. 왕자는 가톨릭교도가 될 것인지 아니면 사형을 당하거나 감옥에서 종신형을 살 것인지 선택하라는 압력을 받았습니다. 왕자의 대답은 참으로 고귀했습니다. 하나님의 도우심을 힘입어 전자를 택하지 않고 후자를 택함으로 왕의 뜻을 저버리고 하나님의 섭리로 감옥에서 나올 수 있었습니다.

참으로 고귀한 영혼은 모든 것을 소유하기보다 선한 양심의 평안을 택합니다. 따라서 복된 후퍼(Hooper)[47]도 자신의 교회 직무를 지속하기보다 확실히 비성경적인 의식들을 포기하기에 이른 것입니다.

마르쿠스 아레투소스(Marcus Arethusus)에 대한 글이 생각납니다. 그는 콘스탄티노플 시대에 복음 사역을 감당한 주님의 뛰어난 종이었습니다. 그를 통해 우상 신전이 전복되었습니다. 하지만 황제 줄리아누스가 성전 잔해를 모아 다시 복구할 것을 명하자 모두 즉시 그 일을 수행

했습니다. 오직 마르쿠스만 거부했습니다. 그는 자신의 설교를 들었던 사람들 앞에서 나체가 되어 그의 벗은 몸을 모욕하는 수모를 겪어야 했습니다. 게다가 아이들과 학교에 다니는 어린 남자 아이들이 작은 칼로 그의 몸을 찌르며 즐기는 치욕도 감수해야 했습니다. 온갖 시도로도 그의 마음을 돌리지 못하자, 사람들은 그를 묶고 벗은 몸에 온통 꿀을 부어 뜨거운 햇빛 아래 파리와 말벌이 죽을 때까지 물고 쏘게 했습니다! 이런 온갖 잔인한 고문을 다 해도 우상 신전을 복구하는 데 추호도 동의하지 않았습니다! 사람들은 할 수 있는 데까지 하다가 이제 신전 복구를 위해 동전 한 닢이라도 던지면 풀어 주겠다고까지 말했습니다. 하지만 동전 한 닢으로 목숨을 부지하느니 고귀한 그리스도인으로 경멸을 감당하는 쪽을 택하며 거부했습니다. 그렇게 함으로써 마르쿠스는 가장 크게 강조하지만 실천하는 사람은 극히 드문 고귀한 원칙을 따라 생을 마감했습니다. 이처럼 그리스도인이라면 하나님의 명예를 실추시키고 그분의 이름을 욕되게 하며, 참된 종교가 비난을 당하고 신앙고백이 조롱당하며 성도들의 사기를 떨어뜨리고 사람들의 양심에 상처를 주며 영혼을 위험에 빠뜨리게 할 수 있는 가장 작은 죄를 짓기보다 최악의 고통을 감내하는 쪽을 택해야 합니다.

이제, 그리스도인 여러분, 저에게 한번 말해 보십시오. 어느 것이 더 낫습니까? 가장 쓰라린 시련과 괴로움 속에서 침묵하고 잠잠한 것이 낫습니까, 아니면 고난에서 벗어나고자 스스로 술책을 사용함으로 세상에 "나는 매우 천한 백성이요, 무지한 영혼이다"라고 선포하게 되는 것이 낫습니까?

(5) 죄악 된 술책과 수단은 하나님께서 언제나 저주하시고 심판하신다는 것을 명심하십시오. 아간이 훔친 금덩이는 아간과 금덩이가 하나가 된 것을 보여 줍니다. 그가 취한 외투도 마찬가지입니다. 아합이 피를 대가로 나봇의 포도밭을 매입하게 되었을 때도 오늘날까지 그 결과가 보여 주는 것은, 주님의 말씀에 따르면, 자신의 피로 그 밭을 도로 채웠다는 것입니다. 게하시는 거짓말로 은과 옷 두 벌을 취했습니다. 거짓말이 수단이었습니다. 자, 그것을 소유한 결과가 무엇이었을까요? 게하시는 자신뿐만 아니라 자손 대대로 영원히 나병 환자가 끊이지 않게 되었습니다(왕하 5:22-27). 스승을 배신한 대가로 돈을 챙긴 유다의 손은 자신의 목을 매다는 데 적합한 끈을 만드는 손으로 바뀌게 되었습니다. 부유하지만 비열하고 탐욕 많은 부자는 매일 매일을 화려하고 사치스럽게 보냈지만 다음에 들려온 소식은 그가 현재 지옥에 있으며, 이 땅에 있을 때는 과자 부스러기 한 번 준 적이 없던 그가 지옥에서 물 한 방울을 간절히 구하고 있다는 것이었습니다.

독수리가 제단에서 숯 하나를 가져다 자신의 둥지에 갖다 놓는다면 모두 불에 탈 것입니다. 크라수스(Crassus)[48]가 탐욕으로 얻은 열매를 즐길 시간은 길지 않았습니다. 그 이유는 파르티아인들이 그를 생포해 그의 목에 녹인 금을 부었기 때문입니다. 아! 그리스도인 여러분, 그리스도인 여러분, 하나님께서 확실히 심판하시고 저주하시는 그런 죄악 된 술책들과 수단들을 사용하기보다 고난 가운데서 입을 다물고 침묵하는 것이 훨씬 낫지 않습니까?

(6) 마지막으로, 골칫거리와 고난에서 벗어나고자 자진해서 죄와 술

책을 시도한다면 반드시 그에 상응하는 큰 대가를 치르게 된다는 것을 명심하십시오. 그 대가로 말미암아 여러분은 어쩔 수 없이 더 많이 울부짖고 눈물을 흘리게 되고 더 많은 한숨과 신음, 괴로움, 무서움과 공포와 마주하게 될 것입니다. 베드로는 곤경에서 벗어나고자 자신이 죄악 된 기교를 부리다가 오히려 그 죄가 베드로를 슬픔의 바다에 집어던지게 되었습니다. "이에 베드로가 예수의 말씀에 닭 울기 전에 네가 세 번 나를 부인하리라 하심이 생각나서 밖에 나가서 심히 통곡하니라"(마 26:75).

클레멘스(Clemens)[49]는 매시간 수탉이 우는 소리를 들을 때마다 무릎을 꿇고 비통하게 우는 습관을 유지했습니다. 다른 사람들이 목격한 바에 따르면 클레멘스의 얼굴에 끊이지 않는 눈물로 고랑 같은 것이 생겼다고 했습니다. 만일 아브라함, 다윗, 야곱, 요나가 지금까지 살아 있다면 여러분에게 자신들도 이와 같은 체험을 했다고 말해 주었을 것입니다. 아! 그리스도인 여러분, 고난에서 벗어나려고 자진해서 죄와 술책을 시도하다 그에 상응하는 대가를 치르기보다 고난 속에서 조용하고 잠잠히 있는 것이 훨씬 낫습니다. 사람은 무리하면서까지 금을 사려고 하지 않습니다. 그런데 왜 괴로움에서 벗어나고자 자신을 담보 삼는 대가를 치르려고 합니까?

6장

고난 가운데 잠잠할 수 있게 해주는 열두 가지 권고

이제, 제가 가장 의중에 두고 있었던 것으로, 지금까지의 내용을 실천하는 방법에 이르게 되었습니다. 한마디로, '권고'의 형식을 따른 방법이라 할 수 있겠습니다. 이 세상에서 마주할 수 있는 가장 극심한 고난과 슬픈 섭리와 쓰라린 시련 속에서 그리스도인들이 실천해야 할 큰 의무와 관심사는 바로 잠잠하고 침묵하는 것임을 알았으니, 오, 그리스도인 여러분, 이제 소개할 필수 진리가 여러분이 실천해야 할 큰 의무요 또한 이 진리를 따라 살고 죽어야 한다는 것을 늘 유념하시라고 강조하고 싶습니다. 이제 가장 큰 난관과 가장 슬픈 시련 속에서 여러분의 영혼이 잠잠하고 침묵할 수 있게 해주는 열두 가지 권고를 제시하겠습니다.

1. 먼저, 하나님의 위대하심과 주권, 위엄, 존엄을 숙고하십시오. 이런 내용이 여러분의 마음을 움직여 침묵하게 하십시오(렘 5:22; 10:7). "와서 여호와의 행적을 볼지어다 그가 땅을 황무지로 만드셨도다 그가 땅끝까지 전쟁을 쉬게 하심이여 활을 꺾고 창을 끊으며 수레를 불사르시

는도다 이르시기를 너희는 가만히 있어 내가 하나님 됨을 알지어다 내가 뭇 나라 중에서 높임을 받으리라 내가 세계 중에서 높임을 받으리라 하시도다"(시 46:8-10). 하나님의 위대하심을 두 눈으로 똑똑히 보고 그분 앞에서 잠잠하지 않을 사람이 어디 있습니까? "주 여호와 앞에서 잠잠할지어다 이는 여호와의 날이 가까웠으므로 여호와께서 희생을 준비하고 그가 청할 자들을 구별하셨음이니라"(습 1:7). 오, 재잘대지 마십시오. 불평하지도 말고 초조해하지도 마십시오. 오히려 하나님 앞에서 잠잠하십시오! 자녀가 아버지 앞에서, 종이 주인 앞에서, 신하들이 왕자 앞에서, 죄인이 판사 앞에서 황급히 고개를 숙이게 될 때는 높은 자나 판사가 위엄 있는 모습으로 심판석이나 책망하는 자리에 앉아 두려움과 무거운 분위기로 낯빛을 바꾸고 그의 얼굴이 평소보다 더 두려운 모습으로 아랫사람이나 죄인을 내려다볼 때가 아닙니까? 양 떼도 늑대가 감지되면 황급히 움직이고 새들도 매를 발견하면 급히 달아나고 들판의 모든 짐승도 사자를 보면 서둘러 달아나는 것이 아닙니까? 우리도 마찬가지로 유다 지파의 사자이신 주님 앞에서 황급히 고개를 숙이고 침묵하게 되는 것이 아닙니까(계 5:5)? 하나님께서는 권능으로 보나, 모략으로 보나, 역사하시는 것으로 보나, 심판하시는 것으로 보나 전능하십니다. 그러므로 하나님 앞에서 잠잠하십시오.

하나님께서는 '엘'이란 표현을 더하심으로 전능하신 하나님으로 나타나셨습니다. 전능하심이 먼저 강조되었다는 점은 중요합니다. 다니엘서에서 하나님은 엘 엘림으로 불리셨습니다. 전능자 중 최고 전능자란 뜻입니다. 모세는 하나님의 전능하심을 확장해서 말했습니다. "여호와여 신 중에 주와 같은 자가 누구니이까"(출 15:11). 이제, 확실히 이 호칭은 영혼으로 하여금 하박국이 제시한 것처럼 따르게 할 강력한 동기부여가 되어야 할 것입니다. "오직 여호와는 그 성전에 계시니 온 땅은 그 앞에서 잠잠할지니라 하시니라"(합 2:20). 모세가 이스라엘에게 권고한 것(출 14:13-14)을 따를 때 평안한 마음을 유지할 수 있을 것입니다.

황제 아우구스투스(Augustus)[50]에 대한 이야기가 생각납니다. 티무리드(Timurids)[51]처럼 호전적인 스키타이인들이 보기에도 황제에게는 범상치 않은 위엄이 있었습니다. 마침내 많은 얘기가 오가고, 그를 보면 볼수록 잠잠하게 되었습니다. 오, 나의 형제 여러분, 위대하신 하나님에게서 나오는 밝은 빛과 광채는 천사들도 눈이 부실 정도인데, 온 전체에 퍼지는 하나님의 영광과 웅장하신 광채는 영광스러운 지상의 왕자들이라 할지라도 하나님 앞에서 입을 다물고 서 있게 만들 것입니다. 그러므로 이런 것을 생각함으로 여러분의 마음을 움직여 더욱더 잠잠해지며, 그럼으로써 여러분의 평안이 유지되게 하시고, 손을 들어 입에 대십시오. 확실히 그렇게 하십시오!

2. 여러분이 겪는 모든 고난, 괴로움, 시련이 여러분에게 유익이 된다는 것을 숙고하십시오. "우리가 알거니와 하나님을 사랑하는 자 곧 그의 뜻대로 부르심을 입은 자들에게는 모든 것이 합력하여 선을 이루느니라"(롬 8:28). 하나님께서 모든 것이 협력하여 선을 이루게 하신다고 하셨는데 왜 그렇게 초조해하고 거칠어지고 흥분합니까? 벌은 가장 쓴 허브에서 달콤한 꿀을 빨아냅니다. 이처럼 하나님께서도 자신의 자녀

들에게 주신 모든 비통한 고난과 시련 속에서 달콤한 지식, 달콤한 순종, 달콤한 여러 체험, 달콤한 겸손을 빨아내는 법을 고난을 통해 가르치십니다. 다른 사람 같았으면 안달 나게 할, 영혼을 문지르고 닦아 내는 과정을 통해 하나님의 자녀들은 더 밝게 빛을 내게 됩니다. 또한 다른 사람들에게는 밟히면 완전히 부서질 고난의 무게가 하나님의 자녀들에게 임하면 그들을 야자나무같이 더 튼튼하고 더 높이 자라게 합니다. 다른 사람들을 쳐서 산산조각 낼 망치도 하나님의 자녀를 치면 그들이 모퉁잇돌이신 그리스도를 더 가까이 하게 만듭니다.

별들은 가장 어두운 밤에 가장 밝게 빛납니다. 햇불도 두드릴 때 가장 보기 좋은 빛을 내고, 포도도 가장 세게 밟아야 포도즙을 냅니다. 향신료도 두드릴 때 가장 좋은 향을 내며, 포도나무는 포도즙을 낼 때가 더 좋은 법입니다. 금은 문지를 때 더 광채가 나고, 향나무는 불 속에서 가장 달콤한 향을 냅니다. 카모마일은 밟을수록 더 널리 퍼집니다. 샐러맨더(salamander)[52]는 불 속에서 사는 것을 가장 좋아하고 유대인들은 가장 극심한 고난을 맞았을 때 가장 좋은 모습이 되었습니다. 아테네 사람들은 애도 기간에는 절대 보수하지 않았습니다. 루터는 그리스도의 십자가는 글 없는 책으로서 글로 쓰인 책들보다 더 많은 것을 자신에게 가르쳐 주었다고 말했습니다. 고난은 성도들에게 하늘의 정서를 갖게 하는 최고의 후원자입니다. 고난이 가장 극대화될수록 부패는 가장 크게 허물어집니다. 본성 안에 감춰진 은혜는 장미 잎의 달콤한 물 같아서 고난의 불이 완전히 성도의 잎을 증류시킬 때 최상의 향기를 뿜어냅니다. 은혜는 고난으로 문지를수록 더 밝게 빛을 내며, 먹구름이 가장 어둡게 끼었을 때 가장 크게 영광을 드러냅니다.

플리니는 그의 책 『자연사』에서 홍해에서 자라는 어떤 나무를 언급했습니다. 그 나무는 거친 파도를 맞을수록 그 자리에서 전혀 요동하지 않는 바위같이 되어 간다고 했습니다. 고난의 바다에서 하나님께서는 자신의 백성을 바위처럼 우뚝 서게 하십니다. 그들은 요동하지 않고 무적이 될 것입니다. 고난의 파도가 그들을 더 강타할수록 그들은 더 좋은 모습이 될 것이고, 은혜와 경건으로 더 크게 번성할 것입니다.

이렇듯 그리스도인들이 모든 것이 합력하여 선을 이루는 것을 숙고하고 이 사실에 매혹되면 세상의 모든 문제와 시련 속에서 얼마나 더 잠잠하고 침묵을 지키게 되겠습니까! 하나님께서는 우리의 죽은 상태를 징벌하셔서 양심을 고치시고, 우리의 육신에 고통을 주셔서 영혼이 구원받게 하십니다. 지금도 우리에게 쓴 쓸개즙과 쓴 쑥을 주셔서 내세에 하나님의 우편에서 더 달콤한 즐거움을 누리게 하십니다. 또한 가시나무 침대 위에 우리를 누이시고 이후에 천국에서 그분의 품속이라는 편안한 침대에서 지금보다 더 오래 누울 것을 내다보게 하십니다.

하나님께서 악인들에게 주신 최고의 것들 속에 저주가 감싸고 있듯이 하나님께서 가져오신 최악의 것들 속에 복이 감싸고 있습니다(신 26:16; 시 25:10). 악한 자의 건강 속에 저주가 감싸고 있듯이 경건한 자의 연약함 속에 복이 감싸고 있고, 악한 자의 힘에 저주가 감싸고 있듯이 경건한 자의 연약함 속에 복이 감싸고 있습니다. 악한 자의 부유함 속에 저주가 감싸고 있듯이 경건한 자의 궁핍 속에 복이 감싸고 있으며, 악한 자의 명예 속에 저주가 감싸고 있듯이 경건한 자가 받는 질책 속에 복이 감싸고 있고, 악한 자의 자비 속에 저주가 감싸고 있듯이 경건한 자가 진 십자가 속에 복이 감싸고 있는 것입니다! 이런데도 주님 앞에서 잠잠하고 침묵하지 않을 이유가 어디 있습니까?

3. 모든 은혜를 제공하는 탁월하고 귀한 은혜 속에 다름 아닌 거룩한 침묵이 있음을 숙고하십시오(롬 15:4). 침묵은 과연 다른 모든 덕을 돕는 손입니다. 침묵은 믿음과 소망과 사랑과 겸손과 자기 부인 등에 도움을 줍니다. 거룩한 침묵은 영혼 속에 있는 다른 모든 은혜에 영향을 미칩니다. 침묵은 은혜의 장미꽃 봉오리가 밖으로 보이게 꽃을 피우고 싹이 나도록 합니다. 모든 상황에서 은혜를 유지하게 합니다. 모든 여건 속에서 침묵은 바로 그리스도인의 오른손입니다. 번영의 시기에 침묵은 영혼으로 하여금 세상의 모든 시기, 미움, 악의, 중상모략을 견디게 해주고, 불행의 시기에 침묵은 영혼으로 하여금 이 세상에서 그리스도인이라면 마주할 모든 무시와 경멸과 멸시를 견디게 해줍니다. 그리고 모든 비통함을 달콤함으로 바꾸고 모든 짐을 가볍게 하며 모든 멍에를 쉽게 해줍니다. 바로 이런 자세를 이교도들도 실천했습니다. 그들은 입을 굳게 다문 앤게로니아(Angeronia)[53]의 모습을 따르는 데 익숙했습니다. 볼루피아(Volupia)의 제단 위에서 고난 속에서 침묵하는 것이 곧 참된 평안을 얻고 모든 비통한 것을 달콤한 것으로 바꾸는 차선책임을 보여주었던 것입니다. 어느 누구도 가장 좋을 때는 하나님을 영예롭게 하지도 않고 하나님께서 정당하시다고 하지 않습니다. 사람이 손으로 입을 막는 때는 하나님의 매가 그의 등을 치실 때입니다.

4. 가장 쓰라리고 가장 예리한 시련 속에서 여러분의 마음을 움직여 침묵하게 하려면, 여러분이 바로 지금 맞고 있는 고난보다 더 크고 무거운 고난을 받을 만한 사람이라는 것을 숙고하십시오(렘 3:39; 미 7:7-9). 하나님께서 자비를 거두신 것입니까? 여러분은 채찍질을 맞아 마땅한 사람들입니다. 하나님께서 여러분의 눈에서 기쁨을 빼버리신 것입니까? 하나님께서는 여러분의 영혼에서 기쁨을 거두어 가실 수 있으십니다. 현재 물질적으로 궁핍합니까? 여러분은 외적, 내적 궁핍을 모두 겪어 마땅합니다. 현재 임종의 침상에 있습니까? 여러분은 지옥의 침상에 있어야 마땅합니다. 현재 쑤시고 아픕니까? 여러분은 쑤시고 아픈 것을 동시에 겪어 마땅합니다. 하나님께서 회초리로 징벌하셨습니까? 여러분은 사실 전갈 채찍에 맞아야 했습니다(왕상 12:14). 여러분은 명예의 최고 꼭대기에서 추락해 사람들의 멸시와 조소를 받게 되었습니까? 원래 여러분은 하나님과 천사들의 멸시와 저주를 받아 마땅한 자들이었습니다. 현재 엄중한 채찍질을 당하고 있습니까? 여러분은 완전히 파멸 받아 마땅합니다. 아, 그리스도인 여러분! 여러분의 과실에 눈을 고정하십시오. 그래서 재빨리 손이 입을 막게 하십시오. 마지막에 여러분으로 하여금 하나님에게서 분리되는 것을 가까스로 피하게 하고 지옥에서 가까스로 벗어나게 하는 것은 무엇이 됐든지 간에 모두 하나님의 자비입니다. 그러므로 이런 것이 하나님께서 여러분을 가장 뼈아프게 다루실 때 침묵하도록 만드는 것이 되어야 할 것입니다.

5. 조용하고 침묵하는 영은 바로 하나님을 크게 존중하는 영이라는

것을 숙고하십시오. 하나님께서는 조용한 영을 최고의 덕으로 설정해 놓으셨습니다. "오직 마음에 숨은 사람을 온유하고 안정한 심령의 썩지 아니할 것으로 하라 이는 하나님 앞에 값진 것이니라"(벧전 3:4). 조용한 영은 신성한 본성을 점화하는 불꽃, 영광의 광선이자 빛줄기며, 하늘이 낳은 영입니다. 마음속에 거룩한 침묵을 달고 태어나는 사람은 아무도 없습니다. 다만 입에 혀를 달고 태어날 뿐입니다. 조용한 영은 낙원의 꽃, 하나님께서 매우 존귀한 자산으로 만드신 귀한 보석입니다. 조용한 영은 사람에게 마치 하나님처럼 말합니다. 조용한 영은 사람으로 하여금 하나님과의 친교를 용이하게 만듭니다. 또한 하나님을 가장 잘 섬기게 만듭니다. 게다가 한 치도 틀림없이 하나님과 동행하도록 소임을 다합니다. 온유하고 조용한 영은 결코 부식되지 않을 장식, 금보다 훨씬 귀한 것입니다.

(1) 좋은 성향과 타고난 기질 모두에서 비롯된 상호적인 조용함이 있습니다.

(2) 좋은 교육과 좋은 권고, 지도, 귀감에서 비롯되어 이제 막 발현하기 시작한 도덕적 조용함이 있습니다.

(3) 억지로 꾸민 조용함이 있습니다. 어떤 사람에게는 자신의 감정을 억제하는 기술이 있어, 그것이 화와 분노가 내면에서 활활 타오를 때 억제하는 법으로 작용합니다. 이런 예를 가인과 에서와 압살롬, 요압에게서 볼 수 있습니다. 그들 모두 마음이 지옥의 불로 점화되었을 때 한동안 자신들의 악의를 두꺼운 가면으로 가렸던 것입니다. 도미티아누

스(Domitianus)⁵⁴도 마찬가지로 최소한 자신의 목숨을 부지하기 위해 사람들을 최고로 사랑하는 것처럼 꾸몄습니다.

(4) 성령님께서 주입하신 은혜로운 조용함이 있습니다(갈 5장). 이제 이 조용한 영, 마음의 영적인 틀이 된 이 영은 하나님께서 보시기에 놀라운 가치를 지녔습니다. 하나님께서 세상보다 이 영에 덕을 부여하셨으니 누군들 세상보다 이것을 탐하지 않겠습니까? 그렇습니다. 생명보다 탐할 만한 것입니다. 확실히 하나님께서는 가치가 변함없는 것에 큰 가치를 두십니다. 세상에서도 위대한 자들이 크게 가치를 둔 것들을 얻기 위해 손을 뻗고 몸부림치고 분투하는 것 아니겠습니까! 아, 오늘날에는 정의가 버린 것을 붙잡고 유지하려고 기지를 발휘하고 그것에 관심과 마음을 둡니다! 그것보다 모든 사람이 유익 때문에, 심지어 생명 때문에 열심히 몸부림치고 애쓰는 것처럼 위대하시고 영광스러우신 하나님께서 그렇게 놀라운 가치를 두신 조용하고 침묵하는 영을 추구하는 것이 얼마나 더 낫습니까! 이것이야말로 최고의 가치를 지닌 진주입니다. 행복한 자는 어떤 손실을 입더라도 이 진주를 구입한 자입니다.

6. 여섯째로 숙고할 사항은, 여러분이 가장 큰 문제와 쓰라린 시련 속에서 침묵하고 조용하지 않는다면 자신의 기도를 대적하는 자가 바로 여러분 자신임을 알게 될 것이라는 사실입니다. 여러분은 얼마나 자주 하나님의 뜻이 이루어지길 기도하십니까? 그렇습니다. 하늘의 궁정을 출입하는 빛나는 천사들과 영광의 왕자들이 지금도 천국에서 하는 것처럼 이 땅에서도 하나님의 뜻이 이루어지도록 기도해야 할 것입니

다(마 6:10)! 여러분에게 문제와 고난이 올 때 하나님의 뜻이 이루어지는 것이고, 그분의 뜻이 완성되는 것입니다. 사실이 이렇다면 왜 그렇게 초조해하고 거칠어지고 흥분하고 하나님의 뜻에 조용히 엎드리지 않습니까? 하나님의 뜻은 완전하신 뜻, 정당하시고 옳으시고 현명하시고 다스리시고 무한하시고 주권적이시고 거룩하시고 불변하시고 억제될 수 없고 전능하시고 영원하신 뜻이 아닙니까? 하나님의 뜻이 이루어지고 있는 마당에 짜증을 내고 안달을 내면 확실히 고난에 고난을 더하고 자신의 기도를 스스로 대항해 싸우는 꼴이 될 것입니다.

　자신의 친구와 싸우는 사람을 보는 것은 슬픈 일입니다. 자신의 친족과 싸우는 사람을 보는 것은 더 슬픈 일입니다. 그래도 가장 슬픈 일은 자신의 기도를 대적하는 자를 보는 것입니다. 그런데 모든 그리스도인이 바로 이 같은 가장 슬픈 짓을 하고 있습니다. 하나님께서 매로 치실 때 투덜대고 불평하는 것입니다. 어떤 사람은 아우구스티누스처럼 자신의 기도를 스스로 대적합니다. 아우구스티누스는 인내를 달라는 기도에 다음 같은 조건을 내건 적이 있습니다. "주님! 제게 인내를 주시되 지금 당장은 주지 마십시오!" 그런가 하면, 어떤 사람은 기껏 하나님의 뜻이 이루어지길 기도하고 나서 하나님의 뜻이 아직 이루어지지 않으면 도저히 억제할 수 없을 정도로 성난 바다같이 흥분하고 계속 주님 앞에서 초조해하는 자같이 되어 자신의 기도를 스스로 대적합니다. 아, 그리스도인 여러분! 죄와 유혹과 마귀와 온 세상을 대항해 싸울 수는 없는 것입니까? 어째서 스스로 자신의 기도를 대적하는 모습을 발견해야 한단 말입니까?

7. 가장 무거운 짐을 지거나 가장 큰 고난 속에서 거룩한 침묵은 그리스도인으로 하여금 가장 슬픈 섭리와 변화를 참을 만하고 용이하게 해준다는 것을 숙고하십시오. 침묵하는 영혼은 짐이 없어도 짐이 하는 소리를 들을 수 있습니다. 고집 센 사람의 등을 때릴 짐과 문제는 침묵하는 사람이 잠들면 그 정도로 세게 때리지 못할 것입니다. 투덜대는 자에게는 그렇게 무거운 고통이 잠잠한 그리스도인에게는 깃털처럼 가벼울 것입니다(시 92:1, 6; 미 7:7-10). 슬픔의 침대는 안달하는 영혼에게는 가시나무 침대 같겠지만 침묵하는 영혼에게는 편안할 것입니다. 거룩한 침묵은 모든 고난에 유연합니다. 모든 짐의 무게를 덜어 냅니다. 모든 것이 이전보다 더 쓰라릴지라도 그 위에 달콤함을 더합니다. 어두운 밤을 눈부신 날로 바꾸며 무서운 폭풍을 쾌적한 고요함으로 바꿉니다. 아주 작은 고난으로도 불안한 영을 쉽게 날려 버릴 수 있습니다. 하지만 조용한 영은 가장 큰 고난을 쉽게 정복할 것입니다. 작은 자비를 베풀어도 그것은 큰 자비와 다름없듯이, 침묵하는 영혼의 눈에는 큰 고난이 작은 고난으로 보입니다. 침묵하는 영혼은 자신의 고통이 심히 중해도, 자신의 짐이 너무 무거워도, 자신의 십자가가 너무 엄중해도, 자신의 고난이 너무 많아도 절대로 불평하지 않습니다. 침묵은 모든 것을 승리로 이끕니다. 그러므로 무거운 고난을 가볍게 하고, 짐이 있어도 없는 것처럼 하려면 일평생 이 거룩한 침묵을 추구하도록 힘쓰십시오!

8. 고난 속에서 거룩한 침묵은 여러분을 발가벗기려는 유혹이나 고난에 대비시키는 최고의 갑옷이라는 것을 숙고하십시오. 종종 고난의

시기는 거대한 유혹의 시기임을 입증해 왔습니다. 그래서 고난을 유혹으로도 부르는 것입니다. "시험[55]을 참는 자는 복이 있나니 이는 시련을 견디어 낸 자가 주께서 자기를 사랑하는 자들에게 약속하신 생명의 면류관을 얻을 것이기 때문이라"(약 1:12). 헬라어 단어 '페이라스몬'은 시련으로 말미암은 유혹, 고난으로 말미암은 유혹, 그리고 미혹과 유혹으로 분류할 수 없는 것을 분별해야 한다는 뜻입니다. 왜냐하면 이런 것들은 견디어야 할 성질의 것이 아니라 대적하고 혐오해야 할 것들이기 때문입니다(약 4:7; 벧전 5:9).

이제 고난을 시험으로 부르기도 한다는 것을 알았습니다.

(1) 유혹을 통해 그리스도인이 어떤 금속으로 지어졌는지 시험해 볼 수 있기 때문입니다.[56]

(2) 사탄은 대개 우리에게 오는 모든 유혹에 자신의 손을 크게 펼치는 것처럼 우리에게 임하는 모든 고난에서도 손을 크게 펼칠 것이기 때문입니다. 이것에 대한 위대한 예가 바로 욥입니다.

(3) 유혹이 사람을 하나님께 이끌듯이(고후 12:7-8) 고난도 그렇게 하기 때문입니다(사 26:16; 호 5:15).

(4) 하지만 주로 사탄이 유혹할 최적의 시기로 고난의 시기를 꼽기 때문입니다. 욥의 재산과 자녀와 아내와 자신의 생명에 극심한 고난이 임했을 때 사탄은 즉시 그에게 날아가 가장 맹렬한 공격을 감행했습니다. 그런 뒤 사탄은 욥이 하나님에 대해 나쁜 생각을 하게끔 유혹했습니다. 하나님을 도저히 신뢰할 수 없게 하고 인내를 잃고 투덜대고 불평하게

유도했습니다. 이스라엘이 약해지고 기가 죽고 지쳤을 때 아말렉 사람이 공격해서 칠 수 있었습니다(신 25:17-18). 이처럼 그리스도인에게는 가장 극심한 고난을 맞았을 때 대개 가장 큰 유혹이 옵니다.

   루터는 이것을 경험을 통해 알게 되었습니다. 그는 온 세상에 자신은 온데간데없고 온통 마귀와 귀신들로 가득한 것 같다고 말했습니다. 비겁한 사탄은 우리에게 고난이 오면 우리를 쓰러뜨리고 짓밟고 싶어 합니다. 마을과 도시와 성이 모두 포위된 상태에서 가장 큰 곤경과 문제에 봉착하면 포위한 자들은 가장 맹렬한 공격을 퍼붓습니다. 이처럼 그리스도인들도 가장 극심한 곤경과 시련에 처하면 사탄은 포효하는 사자처럼 가장 맹렬한 공격을 해옵니다. 고난을 통해 온 모든 유혹이 우리를 발가벗기려 할 때 이에 대한 최고의 해독제이자 예방책은 고난 속에서 침묵하는 것입니다. 고난 속의 침묵은 그리스도인에게 난공불락의 갑옷입니다. 이 갑옷만 입고 있으면 어떤 유혹의 창이나 화살도 막을 수 있습니다. 하나님의 매 아래서 그리스도인이 침묵을 지키고 있으면 안전합니다. 사탄이 그를 유혹할 수는 있으나 함락시키진 못합니다. 사탄이 공격할 수는 있지만 패배시킬 순 없습니다. 사탄이 곤경에서 벗어나게 하려고 그리스도인으로 하여금 자진해서 죄악 된 술책을 사용하게끔 꾈 수는 있지만 그리스도인은 오히려 죽음을 택할 것입니다. 그렇습니다. 사탄의 술책에 노출되느니 고난 중에 죽는 것을 택하는 것입니다.

9. 고난 속의 거룩한 침묵은 조용하고 평화로운 영혼을 얻게 해준다

는 것을 숙고하십시오. "너희의 인내로 너희 영혼을 얻으리라"(눅 21:19). 하나님을 얻는 것 다음으로 자신의 영혼을 얻는 것은 이 세상에서 가장 큰 자비입니다. 사람은 시련 속에서도 명예와 부와 사랑하는 친척과 호의와 친구의 도움을 얻을 수 있습니다. 그래도 곤란을 당했을 때 침묵하고 손을 입에 댈 때까지 결코 자신의 영혼을 얻진 못할 것입니다. 이제 세상 모든 것을 얻었어도 자신의 영혼을 얻지 못했다면 무슨 소용이 있습니까? 자신을 얻은 사람은 모든 것을 얻은 것이고, 자신을 얻지 못한 사람은 아무것도 얻지 못한 것입니다. 자신에게 만족하지 못하는 사람은 달콤하고 편안하고 좋은 것과 복된 것을 소유했어도 제대로 사용하지 못합니다. 자신을 지배하지 못한 사람은 아무것도 지배하지 못한 것입니다. 거룩한 침묵은 자신의 영을 완전히 다스리게 해줍니다. 그리고 자신의 영을 다스리는 자가 세상을 완전히 다스리는 자입니다(잠 16:32).

이집트인들이 바다 한가운데 서 있는 바위 하나에 이집트 여신을 그려 놓았습니다. 파도가 거세게 휘몰아치며 이 여신을 향해 부딪쳐 올 때 다음 같은 좌우명을 내걸었습니다. "폭풍이 온다 해도 나는 요동하지 않으리."

거룩한 침묵이 바로 그런 조용한 영을 얻게 해줍니다. 그래서 고난의 모든 폭풍우가 몰아쳐도 흔들리지 않게 됩니다. 괴로움의 바다에서 바위같이 우뚝 설 수 있게 해줍니다. 우리 모두 조용한 영을 소유하여 괴로움이 더는 괴로움이 되지 못하게 합시다.

10. 여러분에게 임했거나 앞으로 임할 모든 문제와 시련과 변화 속에서 잠잠하고 조용해야 할 것을 성경에서 먼저, 하나님께서 계명과 교훈을 통해 침묵하도록 지시하셨다는 것을 숙고하십시오. "모든 육체가 여호와 앞에서 잠잠할 것은 여호와께서 그의 거룩한 처소에서 일어나심이니라 하라 하더라"(슥 2:13). "섬들아 내 앞에 잠잠하라 민족들아 힘을 새롭게 하라 가까이 나아오라 그리고 말하라 우리가 서로 재판 자리에 가까이 나아가자"(사 41:1). "오직 여호와는 그 성전에 계시니 온 땅은 그 앞에서 잠잠할지니라 하시니라"(합 2:20). "그러므로 이런 때에 지혜자가 잠잠하나니 이는 악한 때임이니라"(암 5:13). "이르시기를 너희는 가만히 있어 내가 하나님 됨을 알지어다 내가 뭇 나라 중에서 높임을 받으리라 내가 세계 중에서 높임을 받으리라 하시도다"(시 46:10). "모세가 백성에게 이르되 너희는 두려워하지 말고 가만히 서서 여호와께서 오늘 너희를 위하여 행하시는 구원을 보라 너희가 오늘 본 애굽 사람을 영원히 다시 보지 아니하리라"(출 14:13). "욥이여 이것을 듣고 가만히 서서 하나님의 오묘한 일을 깨달으라"(욥 37:14).

하나님의 계명 가운데 하나라도 무시하는 것은 위험한 짓입니다. 하나님께서는 또 다른 것으로도 우리를 죽이시거나, 임의로 우리를 지옥에 보내실 수 있습니다. 아무리 하나님의 계시인 것처럼 보일지라도 하나님께서 직접 명령하신 것에 야살스러운 짓을 하거나 반대로 행동하는 것은 한 사람의 생명을 그 대가로 치를 정도로 중대한 가치를 지닌 문제인 것입니다. 이에 대한 슬픈 예를 열왕기상 13장 24절에서 볼 수 있습니다. 하나님께서 명하신 것이라면 거부하거나 지체하지 않고, 또한 우리와 맞물린 어려움에 대해 다투거나 논박하지 말고 재빨리 이행해야 합니다. 하나님의 계명은 영적이고 거룩하고 옳으며 선한 것이므로 투덜대거나 불평하지 말고 순종해야 합니다. 하나님께서 가장 타당한 이유가 있어서 명하시는 것이고, 또한 하나님께서 명하시는 것을 통해 가장 큰 격려를 받게 됩니다.

종이라면 주인이 명하는 것에 즉시 순종해야 하고, 신하는 왕자가 명하는 것에, 군사는 대장이 명하는 것에, 자녀는 아버지가 명하시는 것에, 아내는 남편이 명하는 것에 즉시 순종해야 하는 것이라면, 그리스도인이 그리스도께서 명하시는 것에 즉시 순종해야 하는 것이 마땅하지 않습니까? 그렇습니다. 어리석은 자들도 죄악 되고 분별없는 사람들의 지시에 기꺼이 즉시 순종하려 들거늘, 우리는 더욱 하나님의 명령에 기꺼이 순종해야 하지 않겠습니까? "압살롬이 이미 그의 종들에게 명령하여 이르기를 너희는 이제 암논의 마음이 술로 즐거워할 때를 자세히 보다가 내가 너희에게 암논을 치라 하거든 그를 죽이라 두려워하지 말라 내가 너희에게 명령한 것이 아니냐 너희는 담대히 용기를 내라 한지라 압살롬의 종들이 압살롬의 명령대로 암논에게 행하매 왕의 모든 아들들이 일어나 각기 노새를 타고 도망하니라"(삼하 13:28-29). 압살롬의 종들은 피가 흐르는 압살롬의 명령이 모든 법과 이유와 종교와 배치된다 해도 어떤 토도 달지 않고 그대로 이행했습니다.

요하네스 아바스(Johannes Abbas)[57]에 대한 글을 읽은 적이 있습니다. 그는 제사장이 무심코 말한 지시에 기꺼이 순종하여 일 년 동안 매일 약 3.2킬로미터나 떨어진 곳에서 물을 길러 와 제사장의 마른 지팡이를 축여 주었습니다.

또 페루의 연로한 왕들에 대한 글도 생각납니다. 그들은 빨간 양모로 장식한 술을 머리에 쓰곤 했는데, 여러 총독 중 한 명을 어느 지방을 다스리는 부왕(副王)으로 파견할 때면 왕들은 술의 털 한 자락을 그 총독에게 보냈습니다. 부왕이 될 총독은 단순히 털 한 자락에 불과한 것을 받을 때 그것을 왕으로 생각하고 부복했습니다. 그런 털 한 자락이 모든 황금 계율이나 유언보다 더 막강한 권세가 있어 이 이교도 총독을 순종하게 했는데, 세상에서 마주할 문제와 변화 속에서 조용하고 침묵하라는 하나님의 명령이 여러분에게 이보다 더 큰 권세로 다가와야 하지 않겠습니까? 누구도 아닌 바로 주님께서 그렇게 하라고 명하셨습니다!

세속적이고 악한 사람들도 자신들보다 더 힘을 가진 사람들의 폭력적이고 무분별하고 미신적인 명령에 기꺼이 언제라도 응하려고 하지 않습니까? 하물며 하나님의 계명은 모두 옳고 공평하고 하나님의 뜻은 의로 통치하시기에 완전하신데 그리스도인이라면 더욱더 이 위대하신 하나님의 명령에 기꺼이 언제라도 응해야 하지 않겠습니까? 우리가 순종하는 주된 이유는 우리가 종으로서 쓰임 받기 위해서라기보다 바로 주님의 권위 때문입니다. 아, 그리스도인 여러분! 고난 속에서 여러분의 마음이 초조해지고 흥분하기 시작할 때 결국 여러 계명 가운데 한 계명이 여러분의 마음에 대해 책임을 물을 것입니다. 또한 불평하면 또 다른 계명이 여러분의 마음에 대해 책임을 물을 것이고, 계속해서 짜증 내고 투덜대면 다른 어떤 계명 역시 여러분의 마음에 대해 책임을 물을 것입니다. 가장 큰 곤경과 쓰라린 시련 가운데 주님 앞에서 손으로 입을 막고 침묵하게 되기까지 꼬리에 꼬리를 물고 이어지는 계명들이 여러분의 마음을 계속 찔러 대고 책임을 묻는 일이 결코 그치지 않을 것입니다.

11. 가장 심한 곤경과 쓰라린 시련 속에서 계속 조용하고 침묵할 때 자비가 가장 가까이 근접하고, 모든 것에서 벗어나고 구원받는 일이 코앞에 있게 된다는 점을 숙고하십시오. 출애굽기 14장을 보면, 이스라엘은 매우 큰 곤경에 처했습니다. 바로가 막강한 군대를 이끌고 그들 뒤를 바짝 추격하고 홍해가 바로 앞에 있었습니다. 그때 홍해가 양 사면으로 산같이 갈라지고 보이지 않는 수단을 통해 구원받았습니다. 그들은 계속해서 주님의 구원을 보았습니다(13절). 그리고 몇 시간 지나지 않아 대적들은 멸망했고, 이스라엘은 영광의 구원을 받았습니다(24절 이하).

시편 39편 9절에서 다윗은 예리한 고난 속에서 잠잠하고 입을 열지 않았습니다. 여러분이 시편 40편 2절과 3절을 보시면 다윗을 위해 자비와 구원의 역사가 가장 가까이 임한 것을 알 수 있습니다. "내가 여호와를 기다리고 기다렸더니 귀를 기울이사 나의 부르짖음을 들으셨도다 나를 기가 막힐 웅덩이와 수렁에서 끌어올리시고 내 발을 반석 위에 두사 내 걸음을 견고하게 하셨도다 새 노래 곧 우리 하나님께 올릴 찬송을 내 입에 두셨으니 많은 사람이 보고 두려워하여 여호와를 의지하리로다"(시 40:1-3).

또한 압살롬이 다윗을 대적해 큰 음모를 꾸며서 신하들이 자신을 떠나고 마침내 생명을 부지하기 위해 어쩔 수 없이 도망쳐야 했을 때도 다윗의 영은 조용하고 잠잠했습니다. "왕이 사독에게 이르되 보라 하나님의 궤를 성읍으로 도로 메어 가라 만일 내가 여호와 앞에서 은혜를 입으면 도로 나를 인도하사 내게 그 궤와 그 계신 데를 보이시리라 그러나 그가 이와 같이 말씀하시기를 내가 너를 기뻐하지 아니한다 하시면 종이 여기 있사오니 선히 여기시는 대로 내게 행하시옵소서 하리라"(삼하 15:25-26).

또한 시므이가 다윗을 잔인하게 저주하고 대적할 때도 다윗의 영은 잠잠하고 조용했습니다(삼하 16:5-14). 여러분이 이어지는 두 장을 연속해서 보시면 음모자들은 실패하고 다윗의 왕좌가 더욱 확고하게 세워지는 것을 보실 수 있습니다. 자비는 조용함으로 자신의 영혼을 얻을 수 있는 사람에게 늘 항상 가장 가까이 있습니다. 구원은 자기 손을 입에 대는 그리스도인 가까이 있습니다. 사람이 슬프고 고통스러운 날 속에서 침묵을 지키면 하나님의 사랑과 선하심은 자비를 날개 삼고 그 위에 재빨리 올라 타 그 사람의 괴로운 날 속으로 파고들 것입니다. 아, 그리스도인 여러분! 여러분에게 자비가 임박하면 고통의 끝을 보게 될 것이고, 모든 곤경에서 잠잠하고 침묵하고 있을 때 구원이 바람의 날개처럼 하늘을 가르고 내려올 것입니다. 물 항아리 아귀까지 물을 가득 채운 뒤에야 포도주로 변할 수 있었던 것처럼[58] 마음이 침묵과 잠잠함으로 충만할 때 자비의 포도주, 구원의 포도주로 바뀔 것입니다.

12. 가장 극심한 시련 속에서 침묵하도록 여러분의 마음을 움직여 줄 열두째이자 마지막 동기부여는, 불평의 본질이 얼마나 악하고 위험한지 심각하게 숙고하라는 것입니다. 이제 여러분이 가장 진지하게 숙

고할 수 있게 다음 같은 특별한 사항들을 제안하고자 합니다.

(1) 말 많은 불평은 영혼 안에 강력히 뿌리 내린 쓴 뿌리에서 나온다는 것을 숙고하십시오(히 3:12). 쓴 뿌리의 권세에서 올라오는 죄가 바로 불평이며, 쓴 뿌리의 왕좌는 온통 부패해 있습니다(히 12:15). 거룩한 침묵은 참된 은혜를 많이 말합니다. 그렇습니다. 생생한 힘과 활력으로 은혜를 내세웁니다. 이렇듯 하나님의 손 아래서 불평하고 투덜대는 것은 죄만 쌓을 뿐입니다. 그렇습니다. 마음이 죄로 가득하기 때문입니다. 불평은 자기 사랑에서 나오고(출 15:24; 16:7-8), 두려워하는 종의 영으로 가득하고(민 13:32-33; 14:1-3), 무지로 가득하며(요 6:41-42), 교만과 불신앙으로 가득합니다. "그들이 그 기쁨의 땅을 멸시하며—이 정도로 교만한 것입니다—그 말씀을 믿지 아니하고—불신앙으로 가득한 마음을 보여 줍니다"(시 106:24). 그리고 무엇이 따라왔습니까? 각자의 장막에서 불평했으며 하나님의 음성을 경청하지 않았습니다. 그들은 온통 심기가 나빴으며 가나안을 목전에 두고 애굽을 그리워했고 낙원을 앞두고 광야생활을 불평했습니다. 최초의 혼돈 속에서 모든 피조물의 씨가 창조되었듯이 불평하는 자의 마음에서 모든 죄의 씨만 나는 것이 아니라 모든 죄가 생기를 띠고 활동하게 됩니다. 죄는 불평하는 자의 마음속에서 막강해집니다. 그래서 전능하신 하나님 외에 아무도 죄의 쓴 뿌리를 뽑을 수 없습니다. 쓴 뿌리는 불평하는 자의 마음속에 매우 편만해 있고 강한 힘을 지니고 있어 영원하신 능력이 개입하셔야 영원히 입을 다물 것입니다(사 26:4).

(2) 성령님께서 불평하는 자에게 오명의 낙인을 찍으신다는 것을 숙고하십시오. 불평하는 사람은 경건하지 않은 백성이라는 오명을 쓰게 됩니다. "이는 뭇 사람을 심판하사 모든 경건하지 않은 자가 경건하지 않게 행한 모든 경건하지 않은 일과 또 경건하지 않은 죄인들이 주를 거슬러 한 모든 완악한 말로 말미암아 그들을 정죄하려 하심이라 하였느니라"(유 1:15). 하지만 이 경건하지 않은 죄인들은 누구입니까? "이 사람들은 원망하는 자며 불만을 토하는 자며 그 정욕대로 행하는 자라…"(16절). 그리스도께서 다시 오셔서 경건하지 않은 자들을 심판하실 때 불평한 자들은 그리스도 앞에서 그리스도의 맹렬하고 무서운 진노를 받을 것입니다. 여러분도 아시다시피 맨 앞줄에 선 자들이 제일 먼저 공격을 받고 가장 처참하게 무너지는 법입니다. 그리스도께서는 불평한 자들에게 모든 권세와 능력을 쏟으실 것입니다. 그리스도의 새끼손가락이 그들에게 무겁기가 그분의 허리가 그들보다 굵은 것보다 더 크게 와 닿을 것입니다(왕상 12:11, 14). 다른 죄인은 채찍으로 벌을 받겠지만 경건하지 않고 불평하는 자들은 전갈채찍으로 벌을 받을 것입니다. 여러분이 생각하기에 경건하지 않은 죄인의 검은 속내가 마음의 응어리를 해소하는 데 도움이 될 것 같다면 계속해서 불평하는 자로 살아가시고, 그런 자가 되기 싫으면 불평을 그치십시오.

온통 불평으로 가득한 곳에서 여러분은 경건하지 않은 사람의 전형을 볼 수 있습니다. 또한 그런 곳에 있는 사람을 묘사할 수도 있습니다. 불평하는 자들이 경건하지 않은 말을 해도 어쩔 수 없습니다. 불평이 마음의 왕좌를 장악하고 있기 때문입니다. 마침내 그리스도께서 경건하지 않은 죄인들을 다루시는 날이 올 것입니다. 사람이 죄의 지배 아래 살면 술에 취하고 맹세를 남발하고 몸 파는 여자와 자버릇하고 거짓말하고 훔치게 되듯이 삶이 경건하지 않으면 당연히 불평이 나오게 되어 있습니다. 불평하는 사람은 경건하지 않은 사람이요, 무신론자입니다. 불평하는 자처럼 하나님을 그렇게 증오하는 자는 세상에 없습니다. 그러므로 그리스도께서 심판하실 때 불평한 자를 엄중하고 무섭게 다루시는 것은 놀랄 일이 아닙니다.

티무르[59]가 전쟁 중에 있을 때 한 사람이 땅 속에 묻힌 거대한 금 항아리를 발견하고 그것을 티무르에게 가져와 금 항아리에 찍힌 인장이 혹시 티무르의 부친의 것이 아니냐고 물어봤습니다. 티무르는 한 번 보더니 아니라고 했습니다. 그리고 그것이 로마의 인장임을 알고 소장하려 하기보다 밖에 내다 버렸습니다. 주 예수님께서 모든 성도와 함께 심판하러 이 땅에 다시 오실 때 오! 불평한 자들은 받아 주지 않으실 것입니다. 그렇습니다. 그분은 오히려 그들을 영원히 버리실 것입니다. 왜냐하면 그들에겐 성부 하나님의 인장이 찍혀 있지 않기 때문입니다. 아, 영혼들이여! 이 세상에서 경건하지 않다는 오명이 오르내리지 않게 하려면 불평하지 않도록 각별히 조심하십시오.

(3) 불평은 죄를 양산한다는 것을 숙고하십시오. 불평은 창녀의 어미이자 모든 혐오스러운 것의 어미입니다. 마치 죄가 다른 수많은 죄를 양산하는 것과 같습니다. 불순종, 경멸, 배은망덕, 조바심, 불신, 반역, 저주, 세속주의 등. 그렇습니다. 불평하는 자는 어리석게도 신성모독하며 하나님께 책임을 전가합니다(민 16:41; 17:10; 삿 17:2). 불평하는 말과

투덜대는 영혼은 하나님께서 확실히 더 빨리, 더 현명하게 다루실 것입니다. 오히려 다른 죄는 이보다 나을 것입니다. 나일 강이 수많은 악어를 몰아오고 전갈이 수많은 새끼를 한 번에 낳듯이 불평도 한 번에 수많은 죄를 낳습니다. 불평은 괴물 히드라 같아서 머리 하나를 자르면 그 자리에 수많은 머리가 생겨나므로 이 죄의 어미에 대항하도록 모든 힘을 기울이십시오.

아람 왕이 지휘관들에게 "너희는 작은 자나 큰 자와 더불어 싸우지 말고 오직 이스라엘 왕과 싸우라"고 명령했습니다(왕상 22:31). 저도 이런저런 죄와 싸우지 말고 오직 죄의 어미인 불평하려는 것과 싸우라고 말하겠습니다. 그리스도인의 전신갑주와 하늘의 모든 무기로 이 어미를 멸하고, 이 어미를 멸함으로써 자식들까지 낳지 못하게 하십시오(엡 6:10-11)! 골리앗이 죽자 블레셋인들은 도망쳤습니다. 군대의 최고 사령관이 죽으면 일개 군사들은 쉽고 빠르게 쫓아가 섬멸할 수 있습니다. 이렇듯, 불평을 죽이고 나면 불순종, 배은망덕, 조급함, 불신 등의 죄를 빨리 제거할 수 있습니다. 오, 이 죄의 어미를 죽여 자신의 영혼이 죽는 일이 없게 하십시오.

한 천사가 군대를 섬멸하자 본국으로 돌아간 산헤립 왕(사 37장)의 이야기가 생각납니다. 산헤립 왕은 본국으로 돌아와 어떤 이에게 하나님께서 왜 유대인을 사랑하시는지 물어보았답니다. 그러자 그 사람이 산헤립 왕에게 대답하기를, 바로 유대인의 조상 아브라함 때문이라고 했습니다. 아브라함은 하나뿐인 아들을 죽여 제물로 바치라는 하나님의 명령에 기꺼이 순종했기 때문에 그 이후로 하나님께서 유대 백성을 사랑하시게 되었다는 것이었습니다. 산헤립 왕은 다음같이 말했습니다. "흠, 그랬단 말이지. 나는 아들이 두 명이나 있으니 두 명 모두 제물로 바쳐야겠군. 그러면 하나님께서 나를 사랑하시게 될 거야." 그런데 이 말을 두 아들이 엿듣고는 자신들이 죽기 전에 차라리 아버지를 죽이는 것이 낫겠다 싶어 성경이 말씀하는 것처럼 아버지를 살해했다고 합니다(사 37:38). 이처럼 여러분도 자신이 죽게 되거나 다른 여러 독사 새끼가 나오는 것을 보기 전에 이 죄의 어미를 죽이는 것을 선택하십시오.

(4) 불평은 하나님의 진노를 유발하는 죄라는 것을 숙고하십시오. 불평은 과거에 하나님을 격분시켜 고난뿐만 아니라 백성의 멸망을 초래한 죄였습니다. "나를 원망하는 이 악한 회중에게 내가 어느 때까지 참으랴 이스라엘 자손이 나를 향하여 원망하는 바 그 원망하는 말을 내가 들었노라 그들에게 이르기를 여호와의 말씀에 내 삶을 두고 맹세하노라 너희 말이 내 귀에 들린 대로 내가 너희에게 행하리니 너희 시체가 이 광야에 엎드러질 것이라 너희 중에서 이십 세 이상으로서 계수된 자 곧 나를 원망한 자 전부가"(민 14:27-29). "그들 가운데 어떤 사람들이 원망하다가 멸망시키는 자에게 멸망하였나니 너희는 그들과 같이 원망하지 말라"(고전 10:10). 우리가 하는 모든 불평이 주님을 격분시켜 우리를 치시고 멸하시는 결과를 초래할 수 있습니다.

카이사르에 대한 이야기가 생각납니다. 그가 자신의 귀족들과 친구들을 위해 거대한 연회를 마련하라고 지시했습니다. 하지만 연회를 연 날에 날씨가 사납게 변해 분위기가 엉망이 되었습니다. 이에 기분이 상하고 격분하게 된 카이사르는 모든 자에게 활을 들고 로마 최고의 신인 주피터를 향해 화살을 쏘라고 명령했습니다. 비를 내린 주피터에 대한 도전이었습니다. 하늘을 향해 쏜 화살이 더는 올라가지 못하자 그만 활 쏜 자들의 머리를 향해 떨어졌습니다. 그래서 많은 사람이 큰 부상을 입었습니다. 이처럼 우리가 쏘아 내는 모든 불평과 불만은 하나님을 향해 쏜 수많은 화살 같아서 우리의 머리와 심령으로 다시 쏟아져 내릴 것입니다. 불평의 화살이 하나님께 이르기는커녕 우리를 맞출 것이고, 하나님을 맞추기는커녕 우리가 부상을 입을 것입니다. 그러므로 불평하기보다 입을 다무는 편이 낫습니다. 소멸하는 불이신 분을(히 12:29) 격분시키는 것은 위험한 짓입니다.

(5) 불평은 마귀의 형상이요, 죄와 형벌로 이어진다는 것을 숙고하십시오. 사탄이야말로 끊임없이 불평합니다. 사탄은 하나님께서 주신 모든 자비, 떨어지는 은혜의 모든 방울방울에도 불평합니다(욥 1:8-9). 사탄은 하나님께서 이미 용서하신 모든 죄와 구원하신 모든 영혼에 대해 불평합니다. 사탄이 하나하나에 모두 불평을 해대면 영혼은 하늘의 좋은 전망도 가질 수 없고, 하늘의 좋은 소식도 듣지 못하고, 하늘에서 온 사랑의 편지도 받기 어려워집니다! 사탄은 하나님께서 불쌍한 영혼을 위해 은혜로 동정하시고 보존하시고 제공하시고 힘을 주시는 모든 역사에 대해 불평합니다. 또한 자비가 한 모금씩 떨어지거나 방울방울 떨어지거나 부스러기같이 떨어져도 그 하나하나에 모두 불평을 해댑니다.

키프리아누스(Cyprianus)와 아퀴나스(Aquinas)와 그 밖에 여러 사람은 사탄이 추방된 원인이 하나님의 형상으로 지어진 인간의 존엄성을 보면서 초조해지고 불평을 일삼게 된 그의 성향에 기인한다고 보았습니다. 그것이 어느 정도였냐면, 자신의 영광을 포기하고 완벽한 피조물로 창조된 자신의 고귀함마저 박탈당할지언정 낙원에 놓인 그런 아담을 보느니 차라리 스스로 지옥에 있는 편을 택할 정도였다는 것입니다. 하지만 확실한 것은, 인간의 순결함과 그가 누리는 지복에 시기하고 불평했던 사탄은 타락 이후에도 인간을 끝도 없는 죄와 불행의 나락으로 추락시키려고 계속 시도해 오고 있다는 것입니다. 자신이 저주받아 영원히 잃은 자가 된 것을 알고 있는 사탄은 사람을 불행하게 만들기 위해 필요한 온갖 수단을 항상 강구하는 것입니다.

하웰(Howell) 씨는 죽은 영국인의 가슴에서 뱀이 발견된 것이 정말 이상한 일이 아니냐고 말했습니다. 하지만 비극입니다! 한때 영광과 탁월함이 최고조에 이르렀던 때의 기억이 가슴 아프게 남아 있는 이 옛 뱀이 다름 아닌 아담의 후손의 심장부에서 가장 막강한 힘을 가진 것으로 발견되다니 말입니다. 불평은 마귀에게서 처음 나온 것입니다. 그러므로 불평하는 것보다 사람을 마귀와 닮아 가게 하는 것도 없습니다. 불평하는 자가 사탄을 닮은 것에 비하면 콘스탄티누스의 아들은 아버지를 닮았다고 할 수 없고 아리스토텔레스 학자들도 스승을 조금도 닮지 않은 것이며, 알렉산더의 병사들도 자신의 대장을 닮았다고 할 수 없습니다.

또한 불평이 바로 사탄이 지은 죄였으므로 사탄이 받은 벌도 함께 받아야 할 것입니다. 하나님께서는 불평하는 사탄을 포기하셨습니다. 불평한다고 전혀 득 될 게 없으며, 그것은 오히려 모든 힘을 다해 하나님을 대적하는 것이나 다름없습니다. 사탄은 영원히 사람과 사물에 대해 불평하고 투덜댈 것입니다. 오, 우리 위에 사탄의 형상을 찍고 사탄이 받은 형벌에 노출되는 것만큼 두려운 일이 어디 있단 말입니까! 그렇게 자신을 방임하느니 태어나지 않은 편이 더 좋았을 것입니다! 그러므로 가장 쓰라린 시련 속에서 불평을 그치고 잠잠하십시오!

(6) 가장 달콤한 재료도 시큼한 냄새가 밴 용기에 넣으면 시큼한 맛이 나고 쓴맛이 밴 용기에 넣으면 쓴맛을 내는 것처럼 불평은 자비를 비통하고 쓰디 쓴 죄로 바꾸는 것임을 숙고하십시오. 불평은 하나님께서 우리 손에 쥐어 주시는 모든 자비의 컵에 쓸개와 쓴 쑥을 집어넣는 행위입니다. 거룩한 침묵이 사람이 지닌 모든 자비에 달콤하고 개운한 맛을 더하듯이 불평은 모든 것에 쓴맛이 나게 합니다. 불평하는 자의 입은 세상에서 가장 달콤한 음식이 들어가도 아무 맛도 느끼지 못합니다. 그에게는 모든 자비와 모든 음식이 하얀 흰자 맛에 불과합니다(욥 6:6). 불평하는 자는 이 자비는 전혀 맛이 없다고 하거나 아무리 봐도 자비는 찾아볼 수 없다고 말합니다. 여기에선 자비에 소금이 안 들어갔다 하고 저기에선 자비에게 소스가 필요하다고 말합니다. 불평하는 자는 달콤한 맛을 전혀 알 수 없고 안락함도 느끼지 못하고 어떤 자비를 받아 누린다 한들 기쁨이 없습니다. 불평하는 자는 모든 자비 위에 마라라고 쓰고 비통하다고 읽습니다. 불평하는 모든 사람이 갖고 있는 포도는 전부 쓸개와 다를 게 없어 포도송이마다 쓴맛만 낼 뿐입니다(신 32:23). "배부른 자는 꿀이라도 싫어하고 주린 자에게는 쓴 것이라도 다니라"(잠 27:7). 이처럼 불평하는 영혼에겐 달콤한 것도 모두 쓴 것입니다. 잠잠한 그리스도인만이 자비의 모든 가슴에서 달콤한 젖을 빨아낼 수 있

습니다. 하지만 불평하는 자들은 다음같이 소리칩니다. "오, 더 쓰구나! 오, 이 말라비틀어진 자비의 가슴이란!"

(7) 불평은 자비를 파멸시키는 죄요, 살인죄로 바꾼다는 것을 숙고하십시오. 불평은 자비의 목을 잘라 냅니다. 불평은 모든 자비의 심장을 찌릅니다. 불평은 단번에 자비에 피가 흐르도록 모든 것을 설정합니다. "여분네의 아들 갈렙과 눈의 아들 여호수아 외에는 내가 맹세하여 너희에게 살게 하리라 한 땅에 결단코 들어가지 못하리라"(민 14:30). 하나님께서는 이스라엘이 거룩한 땅을 차지하는 데 순종을 조건으로 세우셨습니다. 하지만 그들은 조건대로 이행하지 않았습니다. 그래서 신실하신 하나님께서는 이행하지 않은 자들을 광야에서 끊어 버리시고 가나안으로 들어가지 못하게 하셨습니다(신 31:16-17). 하지만 과연 어떤 죄가 주님을 격분시켜 이스라엘이 약속의 땅에 들어가지 못하게 막으시고 거룩한 땅에 들어가 누릴 모든 자비를 그들에게서 거두게 하셨을까요? 무엇 때문이겠습니까? 민수기 14장 1-3절, 26-29절에서 볼 수 있듯이 바로 그들의 불평 때문이 아니었습니까! 여러분이 자비를 원하고 자비에서 나오는 달콤함을 맛보기 바라고 자비의 삶을 누리고 싶다면 불평하지 않게끔 주의를 기울이십시오!

불평은 여러분의 자비를 소멸시킬 것입니다. 불평은 여러분이 지닌 모든 자비를 시들게 하는 벌레입니다. 간혹 자비를 무덤으로 바꿔 버리는 자들이 있습니다. 현재 여러분에게 있는 자비가 항상 신선하고 초록빛깔을 띠고 미소 짓고 번성하며 침대까지 따라가고 여러분과 함께 일어나고 눕는다면 그 모든 상태를 유지하기 위해 필요한 것은 바로 불평하지 말라는 것입니다. 불평하지 마십시오! 잠잠한 그리스도인의 자비가 내는 향은 가장 강해 가장 오래 갑니다. 불평하는 자는 자비를 받아도 요나의 박 넝쿨 같아서 금세 시듭니다. 불평은 국가의 자비, 가정의 자비, 개인의 자비의 목을 잘라 냅니다. 오, 그러므로 독사를 보면 황급히 도망치듯이 불평 앞에서 얼마나 더 급히 달아나야겠습니까! 그렇습니다. 피의 복수 자에게서 달아나듯이, 지옥에서 벗어나려고 하듯이 불평하는 것에서 달아나십시오!

(8) 불평은 영혼이 해야 할 의무와 완전히 배치(背馳)된다는 것을 숙고하십시오(출 6:7-10). 불평해서는 아무리 듣고 기도하고 읽고 묵상해도 전혀 도움이 되지 않습니다. 불평하는 자는 선을 행하거나 선한 대우를 받는 데 적절하지 않습니다. 영혼이 의무를 실천하면서 불평하는 게 어울리지 않고 불평해서는 의무를 기쁨으로 실천할 수도 없습니다. 또한 하나님과 교제하는 의무와도 배치됩니다. 불평은 영혼을 집착, 두려움, 산만, 짜증으로 가득 채웁니다. 그리스도인이 응당 해야 할 의무와 모두 배치됩니다(고전 7:33-35). 영이 거룩하게 잠잠해지고 조용해지면 의무를 이행하도록 자극하게 됩니다. 왜냐하면 그런 상태가 모든 의무를 용이하고 즐겁게 실천하게끔 해주기 때문입니다(잠 3:17). 반대로 불평은 영혼을 의무에서 분리시키고 마음 내켜 하지 않게 합니다. 마치 영혼의 병거에서 바퀴가 이탈하게 해 하나님을 바라보지 못하게 하고, 하나님을 위해 행하지도, 하나님에게서 받지도, 하나님을 기다리지도, 하나님과 동행하지도, 하나님을 믿지도 못하게 합니다(시 90:12). 오! 그러므로 항상 의무를 시작하고 실천하는 것이 복이 되려면 고난을 주시는

하나님의 손 아래서 불평하지 않게끔 주의하고 잠잠하고 침묵하십시오(사 26:9-11).

(9) 불평은 사람을 사람답지 못하게 만든다는 것을 숙고하십시오. 불평은 이유와 이해를 앞세워 사람을 발가벗기며 악을 선이라 말하게 만듭니다. 또한 빛을 어둠으로, 어둠을 빛으로, 비통함을 달콤함으로, 달콤함을 비통함으로, 심지어 구세주를 파괴자로, 구원자를 살인자라 말하게 만듭니다(사 5:18-20). 이스라엘의 불평에서 볼 수 있듯이 불평은 사람의 왕좌를 빼앗습니다. 그래서 불평하는 자들은 "우리의 머리에서는 면류관이 떨어졌사오니"라고 말할 것입니다(애 5:16). 불평은 사람에게서 그의 모든 영광을 다 벗겨 내고 사람이 가진 모든 탁월함을 망치며 사람에게 있는 고귀함을 파괴시켜 천하고 무지한 피조물 소리를 듣게 만듭니다. 또한 사람의 이해력에 먹구름을 드리워 판단력을 굽게 하고 이성의 눈을 뽑아내고 양심을 마비시킵니다. 게다가 마음을 낙담시키고 의지를 혼란에 빠뜨리고 정서를 병들게 합니다. 불평은 짐승과 다를 바 없는 사람으로 만듭니다. 그렇습니다. 되레 짐승보다 못한 인간이 되는 것입니다. 왜냐하면 짐승 같은 인간이 되느니 그냥 짐승이 더 낫기 때문입니다.

불평하는 자들은 한마디로 도저히 이해 불가능한 어리석은 자들입니다. 허영심으로 가득 차 있습니다. 사람이면서 사람이라 할 수 없습니다. 머리가 텅 비어 있고 몰상식합니다. 하나님은 물론이고 자기 자신에 대해, 당연한 것도 이해 못합니다. 불평하는 자들은 사람이지만 들의 짐승이나 공중의 새나 땅을 기어 다니는 것에게 보내 그들에게 배우도록 해야 할 참입니다. 도무지 불평을 그치고 잠잠할 줄 모르기 때문입니다(사 3:8; 렘 7:6). 아! 선생님들! 여러분이 정말 사람이 맞긴 맞습니까? 여러분이 사람다운 명예와 평판을 지니고 있는 분들이라면 제발 간청하건대, 주님 앞에서 침묵하시고 불평하지 않게 주의하십시오!

(10) 불평은 시간을 죽이는 죄입니다. 아! 불평의 무덤에 묻어 버린 그 고귀한 시간들이 아깝지도 않습니까? 불평하는 자가 기도한다 한들 그의 불평이 기도하면서 하나님을 대적하는 꼴이 됩니다. 불평이 하나님의 섭리를 듣지 못하게 방해하고, 불평하느라 하나님께서 사용하시는 수단들을 보지 못해 하나님의 뜻을 파악할 수 없게 됩니다. 불평하는 자들은 어떻게 하면 이 괴로움에서 벗어날까, 어떻게 하면 이 멍에를 벗어 버리고 이 짐을 치울 수 있을까, 어떻게 하면 나에게 잘못한 사람에게 보복하고 어떤 수단으로 그 사람을 매장할 수 있을까, 그리고 어떤 식으로 그 사람의 윗사람에게 그를 해코지하고 그 사람의 부하들에게 그를 헐뜯게 할 수 있을까 궁리하며 아까운 시간들을 다 버립니다. 불평하는 자들은 이런 식으로 오만가지 방법을 구상하느라 그 귀한 시간을 다 허비합니다. 그런 식이라면 능히 세상이라도 구할 판입니다. 그런 모습을 보노라면 엘리자베스 여왕이 임종 전에 다음같이 울부짖은 것이 생각납니다. "아아, 시간아, 시간아, 아무라도 나의 생명을 한 치라도 연장해 준다면 온 재산을 다 주겠노라!"

불평하는 자는 별 중요하지도 않은 시시한 일에 귀한 시간을 아끼지 않고 모두 허비합니다. 그런 시시한 일이 이 세상에서 만회할 수 있는 가장 좋은 기회로 생각되기 때문입니다(엡 5:16). 하나님께서 우리에게 매일 매시간을 주시면서 기대하시는 것은 우리가 시간을 잘 활용해 향상되어 가는 것이건만, 어떤 진보도 이루지 못하면 마지막 날에 추궁을 당할 것입니다(벧전 4:2; 계 2:21, 25). 카이사르가 로마의 여인들이 수많은 시간을 온통 그들이 키우는 작은 개와 원숭이를 치장하는 데 들이는 것을 보면서 그 여인들에게 다음같이 물었답니다. "그런 일에 그 많은 시간을 버리다니, 당신네들은 애들이 없소?" 아! 불평하는 자들이여, 불평하는 자들이여, 불평으로 그렇게 신성한 시간과 자비의 때를 그냥 날려 버리다니, 당신네들에게는 영광을 돌릴 하나님이 안 계시는 것이오? 당신네들이 믿을 그리스도는 안 계시오? 당신네들에게는 변화시킬 마음도 없고, 용서받을 죄도 없고, 빠져나와야 할 지옥도, 힘써 구할 천국도 없는 것이오? 오! 당신네들이 하는 일이란 고작 하나님과 여러 사람을 원망하고 이런저런 일로 불평하는 데 그 귀한 시간을 허비하는 게 전부란 말이오? 영원이 시간의 등에 업혀 가고 있지 않습니까? 여러분이 향상될 때가, 영원을 대비할 때가 바로 지금입니다! 이때를 놓치면 영원히 파멸할 것입니다.

라케다이모니아인(Lacedaemonian)[60]이었던 아르키아스(Archias)[61]의 일화가 생각납니다. 그가 컵을 젓고 막 들이키려고 할 때 편지 한 통이 배달되었습니다. 편지의 의도는 어떤 자들이 그의 목숨을 노리고 있다는 것을 경고해 주는 것으로, 하루빨리 이 편지를 읽기 바란다는 것이었습니다. 왜냐하면 이것만큼 당장 그에게 위중하고 만사를 제칠 일도 없기 때문입니다. 그는 이렇게 말했다고 합니다. "오, 이렇게 중대한 일을 내일로 미룬다면 나는 야밤에 살해당하겠지!"

아! 불평하는 자들은 오늘 당장 불평을 멈춰야 합니다. 그렇지 않고 내일까지 불평한다면 영원히 파멸할지도 모릅니다. 속담에 "지금 아니면 끝"이라고 했습니다. 저도 다음같이 말하렵니다. "지금 아니면 끝, 지금 아니면 불평을 멈출 수 없으니 불평을 멈추고 앞으로 그 귀한 시간들을 통째로 날리는 일이 없기를!" 그렇습니다. 불평하는 자가 이미 다 지나가 버린 일이 안 풀리는 날이나, 일이 잘 안 풀리는 시간에 대해 불평하는 일로 얼마나 많이 시간을 낭비합니까!

랍비들은 비유를 들어 말하곤 했습니다. 십계명 안에 많은 문자가 있는 것처럼 사람 안에는 많은 뼈가 있고, 일 년 안에 많은 날이 있는 것처럼 우리 안에는 많은 관절과 기관이 있다고 말입니다. 이 비유는 뼈나 관절, 기관과 같은 우리의 힘과 시간은 하나님을 섬기기 위해 쓰여야 한다는 것을 보여 줍니다. 아, 불평하는 자들이여, 하나님께 그렇게 불평하는 시간을 단 하루만이라도 하나님께 신실하게 헌신하는 시간으로 바꾼다면 더 많은 것을 얻을 것입니다.

(11) 그리스도인 여러분, 세상의 모든 사람은 이 세상에서 어떤 섭리를 만나도 불평하거나 투덜댈 이유가 조금도 없다는 것을 숙고하십시오. 하나님께서 바로 여러분의 기업 아니십니까? 크리소스토무스는 "욥은 과연 하나님께서 주신 모든 것을 잃은 비참한 자였을까요?"라는 질문에 다음같이 대답했습니다. "아닙니다. 욥은 자신에게 모든 것을 주신 하나님을 잃지 않았습니다. 그리스도가 바로 여러분의 것이 아닙니까? 여러분은 천국을 상속받지 않았습니까? 그런데 계속 불평하실 겁니까? 여러분은 이미 많은 것을 손에 넣지 않았습니까? 게다가 아

직도 더 많은 소망이 있지 않습니까? 이미 많은 것을 소유하게 되었지만 하늘에는 아직도 여러분이 받아야 할 것이 훨씬 많이 보관되어 있지 않습니까? 그런데 계속 불평하실 겁니까? 하나님께서 여러분의 마음을 변화시켜 주지 않으셨습니까? 새로운 본성을 주시고 영혼을 성화시켜 주지 않으셨습니까? 그런데 계속 불평하실 겁니까? 하나님께서 자신을 주심으로 여러분을 만족시켰고, 그분의 아들을 주셔서 여러분을 구원하셨으며, 그분의 성령님을 통해 여러분을 인도하시고, 그분의 은혜로 여러분을 꾸미시고, 그분의 언약으로 여러분에게 확신을 주시고, 그분의 자비로 죄 사함 받았으며, 그분의 의로 옷 입게 된 것 아닙니까? 그런데 계속 불평하실 겁니까? 하나님께서 여러분을 그분의 친구이자 아들, 형제, 신부, 상속자로 만드셨는데도 계속 불평하실 겁니까? 하나님께서 자주 여러분의 물을 포도주로 바꾸시고, 여러분의 놋을 은으로 바꾸시고, 여러분의 은을 금으로 바꾸시지 않았던가요? 그런데 계속 불평하실 겁니까? 여러분이 죽어 있을 때 여러분을 각성시키신 분이 하나님이 아니셨습니까? 여러분이 잃은 자였을 때 여러분을 찾아다니신 분이 하나님 아니셨습니까? 여러분이 상처 입었을 때 고쳐 주시고, 쓰러졌을 때 일으켜 주시고, 낙심했을 때 고개를 들어주시고, 비틀거렸을 때 세워 주시고, 엇나갔을 때 바로 잡아주시고, 유혹이 올 때 도움을 주시고, 위험한 길로 갔을 때 그 길에서 건져 주신 분이 하나님 아니셨습니까? 그런데 계속 불평하실 겁니까? 그런데 뭐라고요? 이 세상 누구보다 그렇게 나아지고 높아진 사람이 바로 여러분인데 불평이 웬 말입니까? 불평은 곧 상복이요, 그 상복만큼 모든 성도에게 그렇게 안 어울리는 옷도 없습니다."

(12) 불평은 사람의 일생을 눈에 띄지 않게 불행으로 이끈다는 것을 숙고하십시오. 모든 불평은 자신을 처단하는 집행관입니다. 불평은 마음의 짜증을 유발하며, 마음을 수척하게 하고 눈물을 흘리게 만듭니다. 게다가 마음을 격노하게 하고 격앙시키며 상처를 입히고 찌릅니다. 모든 불평으로 목숨을 잃습니다. 모든 불평은 곧 살인자입니다. 불평은 단번에 기쁨, 안락, 평안, 안도, 영혼을 모두 죽입니다. 불평하는 사람처럼 그 내면이 그 정도로 비참한 자도 없습니다. 불평하는 사람처럼 그 내면이 그렇게 괴롭고 근심스러운 자도 없습니다. 그의 내면은 온통 비통함과 무거움, 논쟁과 심한 동요 그 자체입니다. 모든 불평은 자신을 고문하는 자입니다. 불평은 모든 것을 태우며 치솟는 내면의 불, 모든 것을 전복시키는 내면의 지진, 모든 것을 전염시키는 내면의 질병, 모든 것을 표적으로 삼는 내면의 독입니다.

이로써 지금까지 여러분이 이 세상에서 만나는 가장 큰 고난과 슬픈 섭리와 예리한 시련 속에서 불평하거나 투덜대지 말고 잠잠하고 침묵하도록 많은 동기부여를 제시한 셈입니다.

이의에 대한 답변과 도움과 지침　**3부**

7장

열 가지 이의에 대한 답변

이제 여러 이의에 직접 답변하면서 불쌍한 영혼이 고난을 주시는 하나님의 손 아래서 침묵하고 잠잠하려는 것을 훼방 놓는 장애물들을 치워 버리겠습니다.

이의 1 하지만 선생님, 제가 받는 고난이 과연 하나님의 사랑에서 비롯된 것인지 알 수 있을까요? 만약 그렇다면 고난 중에도 평안을 추구하고 주님 앞에서 잠잠하고자 합니다. 오! 하지만 제가 받은 이 일격(一擊)이 하나님의 사랑에서 나온 것인지, 또한 제가 받은 이 상처가 하나님의 호의의 결과인지 어떻게 알 수 있을까요?

저의 답변은 아래와 같습니다.

1. 여러분의 마음이 고난을 통해 주님께로 더 끌리고 있다면 그 고난은 확실히 하나님의 사랑에서 비롯된 것입니다. 또한 여러분의 영혼이

주님을 더 사랑하게 되고, 더 경외하게 되고, 주님 때문에 더 기쁘고, 주님을 더 붙잡고, 주님을 더 기다리고, 이전보다 주님과 더 많이 동행할 정도로 성화되었다면 이 모든 고난은 하나님의 사랑에서 비롯된 것입니다. 오, 그렇다면 참으로 여러분이 받은 상처는 하나님의 호의의 결과입니다! 암사자에 대한 글이 생각납니다. 암사자는 새끼들이 죽을 정도로 울부짖고 소리 지를 때까지 홀로 내버려둔다고 합니다. 그렇게 울부짖다 지쳐 숨을 헐떡거릴 지경에 이르면 그제야 암사자는 새끼들을 안심시키고, 계속 이런 방법을 통해 새끼들은 점점 용감해진다고 합니다. 마찬가지로 우리에게 임한 고난이 우리의 용기를 크게 하고 우리의 인내를 강하게 하고 우리 믿음을 끌어올리며 우리의 사랑에 불을 붙이고 우리의 소망이 활기를 띠게 하면 확실히 고난은 하나님의 사랑에서 나온 것이요, 우리가 입은 모든 상처는 하나님의 호의의 결과입니다.

2. 여러분이 어떻게 하면 고난에서 벗어날 수 있을까 궁리하기보다 고난의 와중에서도 어떻게 하면 하나님께 영광을 돌리고 죄를 짓지 않을 수 있을지 더 주의를 기울이고 연구한다면 확실히 여러분의 고난은 하나님의 사랑에서 비롯된 것입니다(단 3장; 5:16-17; 히 11장). 하나님께서 사랑으로 치실 때 거기에는 영혼이 하나님께 영광을 돌리고 하나님을 높여 드리고 영화롭게 해드리고 자신이 하나님의 빛이 되는 방도를 연구하는 모습이 나오게 되어 있습니다. 하나님의 매를 맞고 있는 영혼이 날마다 하는 말은 다음과 같습니다. "주님! 늘 제 곁에 계셔서 제가 죄 짓지 않게 하소서. 늘 저를 붙잡아 주셔서 제가 죄 짓지 않게 하소

서. 늘 힘을 주셔서 제가 죄 짓지 않게 하소서"(요 7:7-10). 그는 잃은 것을 모두 만회할 수 있는 죄가 무엇인지 정확히 알고 있으나 그 죄로 잃은 것을 보상받거나 만회하는 것을 단념함으로써 그의 고난이 하나님의 사랑에서 나온 것임을 스스로 입증합니다.

어떤 귀족에 대한 일화가 생각납니다. 그는 자신의 아들을 위해 아들과 후계자를 어떤 마법사에게 데려가 마법을 통해 조언을 얻게 하려고 했습니다. 그러다 마음을 바꿔 마법의 힘을 빌리지 않기로 결심하면서 다음같이 말했습니다. "오, 절대로 마귀도 아닌 마법사가 내 아들을 소유하도록 하지 않겠다. 고통에서 벗어나게 하려고 아들이 죄 짓게 하느니 이 고통을 그냥 감당하게 할 것이다." 잘못된 방법으로 무거운 고통에서 벗어나는 것을 피하고 공명한 계명의 울타리를 깨지 않으려는 사람은 당연히 그의 고난이 하나님의 사랑에서 비롯된 것으로 결론지어야 할 것입니다. 그리스도인 여러분, 여러분은 이 고난의 산에서 어떻게 말하겠습니까? 다음같이 주님께 부탁드려야 하지 않겠습니까? "주님! 주님의 영광만 생각하시고, 제가 고난 속에서 죄를 지을 바에야 차라리 고난 속에 잠기게 하소서." 이것이 바로 여러분의 각오이자 마음의 틀이라면 여러분이 당하는 고난은 하나님의 사랑에서 나온 것입니다. 고대에는 이런 각오를 지닌 용감한 영혼이 많았지만 오늘날에는 찾아보기 어렵습니다.

3. 고난 중에도 여러분의 영혼이 하나님의 특별한 임재를 누리고 있다면 여러분의 고난은 하나님의 사랑에서 비롯된 것입니다(시 23:4-6).

"네가 물 가운데로 지날 때에 내가 너와 함께 할 것이라 강을 건널 때에 물이 너를 침몰하지 못할 것이며 네가 불 가운데로 지날 때에 타지도 아니할 것이요 불꽃이 너를 사르지도 못하리니"(사 43:2). 여러분의 영혼에 하나님의 특별한 임재가 있어 힘이 나고 조용하고 잠잠하게 되고 만족하며 용기와 위로를 얻습니까? "내 속에 근심이 많을 때에 주의 위안이 내 영혼을 즐겁게 하시나이다"(시 94:19). 영혼에 깃든 하나님의 임재로 위로와 기쁨이 영혼에 이르고, 그 임재는 영혼에게 힘을 주는 강장제입니다.

콘스탄티노플의 옛 황제였던 안드로니쿠스(Andronicus)가 십자가로 가득한 일을 헤쳐 나갈 때 늘 손에 쥐고 다니며 펼쳐보곤 했던 성경 말씀은 시편 68편 14절이었습니다. "전능하신 이가 왕들을 그중에서 흩으실 때에는 살몬에 눈이 날림 같도다." 이 구절이 그의 앞길을 비쳐 주고 그의 영혼에 큰 위로와 회복이 되었습니다. 여기서 여러분이 한 가지 기억하면 좋은 것은, 살몬이란 그늘과 어둠을 의미하는 말입니다. 하지만 살몬 근처에 높이 우뚝 선 나무가 많은 관계로 눈이 오면 모든 나무 위에 내려 온통 하얗게 보였습니다. 이렇게 어두운 살몬이 눈으로 모두 하얗게 되는 것처럼 고난 중에도 기뻐하고 어둔 시련 가운데서도 빛을 보고 불행 중에도 자비를 받게 되는 것입니다. 하얗게 된 살몬처럼 고난 속에서 시편 기자의 마음을 밝게 해주신 분은 바로 하나님이셨습니다. 바울이 사랑하는 아들 디모데가 세상에서 최고의 자비, 최상의 자비, 가장 뚜렷이 감지할 수 있는 자비, 덕에 덕을 더하고 모든 자비가 지닌 달콤함을 모두 갖기 바랄 때 그가 구한 것은 디모데의 영혼이 하나님의 임재를 누리는 것이었습니다. 명예와 유익과 즐거움과 안전과 보호와 위로와 기쁨을 누리도록 "주께서 심령에 함께 계시기를 바"란 것입니다(딤후 4:22). 특별히 시련의 때에 우리 영혼이 하나님의 임재를 누린다면 그것은 세상에서 가장 복되고 행복한 것입니다. "그러므로 우리가 낙심하지 아니하노니 우리의 겉 사람은 낡아지나 우리의 속사람은 날로 새로워지도다"(고후 4:16). 겉 사람이 단순히 우리의 육신만을 의미하지 않는 것은 여러분도 아실 것입니다. 겉 사람은 이 세상을 살아가는 우리의 인격, 자산, 외적 상태입니다. 하지만 속사람은 우리의 영혼과 영적 자산으로 이해해야 합니다. 이제 이 속사람은 날마다 새로운 문제를 겪으면서 새 힘을 얻습니다. 문제와 압박과 고통과 시련이 커질수록 그리스도인의 내면이 계속해서 강해진다면 그의 고난은 하나님의 사랑에서 비롯된 것입니다. 하나님의 임재로 우리의 속사람이 힘을 얻고 평안하며 용기와 힘을 얻고 새롭게 된다면 모든 시련이 여전히 예리하고 날카롭기가 심할지라도 여러분은 하나님의 사랑 안에 있다고 결론지을 수 있습니다.

언젠가 외진 곳에서 쓸쓸히 생을 마친 일단의 가엾은 그리스도인들에 대한 글이 생각납니다. 그들 곁에 있던 어떤 사람이 그들 모두 세상을 떠나는 것을 지켜보면서 어쩌다 인간 세상에서 추방당해 이렇게 들의 짐승처럼 한 무리를 이루게 되었는지 생각만 해도 너무 슬프다고 말했습니다. 그러자 옆에 있던 다른 사람이 다음같이 말했습니다. "맞는 말입니다. 하지만 이 사람들이 하나님을 발견할 수 없는 곳으로 추방되었더라면 그것이야말로 정말 슬픈 일이었을 것입니다. 하지만 보십시오. 이들이 저렇게 힘을 얻고 하나님께서 함께 하시면서 이들이 어디로 가든지 그분의 임재에서 나온 위로를 드러내 주시지 않았습니까. 하나님 백성의 영혼에 하나님의 임재는 결코 마를 수 없는 위로의 젖, 결코 바닥을 드러내지 않을 영원한 샘입니다(히 13:5-6)." 자, 그리스도인 여러분, 여러분은 현재 셀 수 없는 거대한 문제, 쓰라린 시련 속에 있습니다. 하지만 저에게 말해 보십시오. 하나님께서 세상이 알 수 없는 이런 애정이 가득하신 사랑, 이런 도우심, 이런 위로, 이런 회복을 주시고 계십니까? 오, 그렇다고 하신다면 여러분의 고난은 하나님의 사랑에서 비롯된 것입니다.

4. 고난을 통해 그리스도의 덕을 더욱 닮아 간다면 확실히 여러분의 고난은 하나님의 사랑에서 비롯된 것입니다. 고난을 통해 많은 사람이 그리스도를 닮아 갑니다. 고난이 아니었다면 많은 사람이 그리스도의 덕을 닮아 가며 예수님처럼 가난과 멸시와 부끄러움과 경멸과 비난을 감수하는 일은 결코 없었을 것입니다. 또한 고난이 아니었다면 예수님 같은 온유함, 겸손함, 천상의 마음, 거룩함, 의로운 마음, 신실함, 열매 맺는 마음, 선함, 만족, 인내, 복종, 순종을 더 많이 이루지 못했을 것입니다. 오! 고난을 통해 더욱 그리스도같이 되어 간다면 의심의 여지 없이 여러분의 고난은 하나님의 사랑에서 비롯된 것입니다. 고난이 영혼으로 하여금 그리스도의 덕을 드러내도록 이끈다면 고난은 하나님의 사랑에서 비롯된 것입니다. 왜냐하면 하나님의 사랑의 손길이 그렇게 되도록 작정하신 것이 아니라면 결코 그런 일은 일어날 수 없기 때문입

니다.

하나님께서 대적을 치시듯이 하는 경우는 바로의 경우를 보면 알 수 있듯이 사람이 하나님을 갈수록 대적할 때뿐입니다. 하지만 하나님께서 사랑으로 치시는 경우가 있습니다. 오! 그럴 때면 영혼은 그리스도께로 더욱 이끌리고 그리스도를 크게 닮아 갑니다(사 26:8-10; 렘 6:3; 암 6:1). 고난을 통해 더 거룩해지고 겸손해지고 천상의 마음을 품게 된다면 여러분의 고난은 하나님의 사랑에서 비롯된 것입니다. 고난 속에 있는 모든 그리스도인은 하나님에게서 살비아누스의 찬사(한 스승 밑에서 나온 가장 탁월한 제자) 같은 명예를 얻도록 분투해야 합니다.

5. 외적 고난으로 여러분의 영혼 속에서 하나님의 가르치심이 더 커졌다면 의심의 여지 없이 여러분의 고난은 사랑에서 비롯된 것입니다(욥 34:31-32). "여호와여 주로부터 징벌을 받으며 주의 법으로 교훈하심을 받는 자가 복이 있나니"(시 94:12). 세상에서 하나님의 지도 없이 받는 모든 징벌은 사람을 복되게 하지 못합니다. 지도를 받으며 교정되고 징벌을 통해 교훈을 얻는 사람은 복이 있습니다. 여러분에게 임한 고난으로 이전보다 죄를 더 싫어하고 세상을 더 멀리하며 하나님과 더 가까이 동행하는 법을 배우고 있다면 여러분의 고난은 사랑에서 비롯된 것입니다. 하나님께서 고난을 통해 죄와 여러분이 집착하고 있는 것과 자아에만 관심 두는 것을 더 크게 죽이는 법을 가르쳐 주시고 있다면 여러분의 고난은 사랑에서 비롯된 것입니다. 하나님께서 고난을 통해 그리스도 안에서 더 살아가고 그리스도를 더 높여 드리며 그리스도를 더 갈

망하는 법을 가르쳐 주시고 있다면 여러분의 고난은 사랑에서 비롯된 것입니다. 하나님께서 고난을 통해 더 나은 삶이 있음을 확신시켜 주시고 언제라도 이 세상을 떠날 수 있게 은혜로 준비하는 법을 가르쳐 주시고 있다면 여러분의 고난은 사랑에서 비롯된 것입니다. 하나님께서 고난을 통해 천국에 마음을 더 두고 천국에서 사는 법과 천국에 더 합당한 자가 되는 법을 가르쳐 주시고 있다면 여러분의 고난은 사랑에서 비롯된 것입니다. 하나님께서 고난을 통해 갈수록 교만한 마음이 낮아지고 완고한 마음이 부드러워지고 정죄를 일삼는 마음이 자비롭게 되고 세속적인 마음이 영적인 마음이 되고 고집 센 마음이 온화한 마음이 되도록 지도하고 계시다면 여러분의 고난은 사랑에서 비롯된 것입니다. 하나님께서 여러분의 사고뿐만 아니라 생각까지 가르치시고 머리뿐만 아니라 마음까지 가르치실 때 어떤 것이든 무엇인가 교훈을 얻고 있다면 여러분의 고난은 사랑에서 비롯된 것입니다.

팜보(Pambo)[62]라는 자에게 역사학자들이 붙여 준 명칭은 '멍청한 문맹자'였습니다. 그는 "혀로 죄 짓지 않도록 앞으로 조심해야 한다"는 한 가지 교훈을 배웠지만 십구 년이 지나도록 실천에 옮기지 못했던 것입니다. 아! 고난의 학교에서 십구 년이 넘도록 그 기간에 어떤 귀한 교훈도 받지 못한 자들이 많다는 것은 참으로 두려운 일이 아닐 수 없습니다. 확실한 것은 하나님의 사랑에서 비롯된 고난이 아니라면 하나님의 진노에서 비롯된 것입니다. 하나님의 사랑이 있으면 고난이 유익이 됩니다. 하나님의 사랑에서 비롯된 고난이라면 이르든지 늦든지 영혼을 가르치는 교훈이 생겨 그로 하여금 영원을 향해 선행을 하게끔 만듭니다.

6. 하나님께서 고린도전서 10장 13절의 황금 약속을 전제로 여러분의 등에 적당한 짐을 지워 주시고 시련도 여러분이 감당할 수 있을 만한 것을 허락하신 것이라면 여러분의 고난은 사랑에서 비롯된 것입니다. "사람이 감당할 시험밖에는 너희가 당한 것이 없나니 오직 하나님은 미쁘사 너희가 감당하지 못할 시험 당함을 허락하지 아니하시고 시험 당할 즈음에 또한 피할 길을 내사 너희로 능히 감당하게 하시느니라"(고전 10:13). 하나님의 일격과 그리스도인의 능력이 서로 조화를 이룬다면 이 모든 고난이 하나님의 사랑에서 비롯된 것입니다(사 27:8; 렘 30:11; 46:28). 하나님의 영원하신 팔이 여러분의 고난을 통제하니 고난의 짐이 너무 무겁다 할지라도 걱정하지 마십시오(창 49:23-24). 이집트에 독으로 죽이는 생명체가 많을지라도 해독제 역시 그 개체 수에 따라 그만큼 많이 고안된 것이 아니겠습니까. 하나님께서 그리스도인이 당하는 모든 고난의 종류에 맞춰 처방하신다면 그 고난은 모두 하나님의 사랑에서 비롯된 것입니다. 하나님께서 그 모든 고난을 감당할 어깨를 대주신다면 고난의 짐이 얼마나 무겁든지 상관없습니다. 그 모든 것이 하나님의 사랑에서 비롯된 것이기 때문입니다. 또한 하나님께서 내주신 용기의 잔을 마시게 된다면 현재 쥐고 있는 고난의 컵이 주는 맛이 얼마나 쓴지도 문제 되지 않을 것입니다. 그리고 하나님께서 정면 돌파할 힘을 주신다면 고난의 용광로의 불이 얼마나 맹렬한지 문제 되지 않을 것입니다. 모두 하나님의 사랑에서 비롯된 것이기 때문입니다.

7. 자신의 불순물이 제거되도록 고난의 용광로 속으로 기꺼이 뛰어

들게 되고 아무리 쑤시고 아파도 치유되도록 기꺼이 고난의 석고를 바르게 되고 온통 아파도 더러운 것이 나가도록 기꺼이 고난의 약을 들이키게 된다면 고난은 모두 하나님의 사랑에서 비롯된 것입니다(욥 23:10; 미 7:9). 가인, 사울 왕, 바로 모두 하나님의 일격과 하나님의 고난을 외면했습니다. 이들 모두 "내 죄가 지기가 너무 무거우니이다"라고 부르짖지 않고 "내 죄벌이 지기가 너무 무거우니이다"[63]라고 외쳤습니다. 또한 이들 모두 "주님, 나의 죄를 없애 주소서"라고 부르짖기보다 "주님, 저를 치시는 주님의 손을 거두소서"라고 외쳤습니다. 오! 하지만 사랑에서 비롯된 고난이 영혼에게 임하면 언어부터 달라집니다. "주님, 죄의 능력보다 죄의 근원을 없애 주소서. 주님의 형벌보다 저의 죄를, 저의 고통보다 저의 부패를 없애 주소서! 주님! 제 안에 아직도 부패함이 남아 있는데 쓰라린 피부가 나은들 그것이 저에게 무슨 유익이란 말입니까? 주님, 죄를 촉발시키는 악만큼 악한 것도 없습니다. 그러므로 죄로 고통 받는 것에서보다 악한 죄에서 건져 주소서. 주님, 저도 압니다. 저의 죄가 주님의 명예를 가리고 기쁘시게 하지 못하는데 감히 제가 어떻게 고난을 못마땅하게 여길 수 있단 말입니까. 그러므로 주님, 제가 이 세상에서 저의 슬픔의 끝을 보지 못할지라도 저의 죄가 끝장나는 것은 보게 하소서. 제가 영영 저 자신이 교정되는 것은 못 볼지라도 저의 부패함의 끝은 보게 하소서. 주님, 저의 생각이 고침 받기보다 저의 마음이 고침 받기 원합니다. 겉이 아닌 속이 모두 온전해지고 건전해지고 싶습니다. 건강한 몸이 아닌 건강한 영혼을 갖고 싶습니다. 외관의 아름다움이 아닌 내면의 순수함을 갖고 싶습니다." 여러분 마음의 틀과 기질이 현재 이렇게 형성된 상태라면 확실히 여러분의 고난은 하나님의 사랑에서 비롯된 것입니다.

갖가지 중한 질병으로 육신이 극도로 아프고 고통스러워도 다음같이 부르짖은 사람이 있었습니다. "세상을 다 가진다 해도 쉽게 내줄 수 있다. 하지만 치유될 때까지 세상에 쉽게 굴복하지 않겠다." 이 사람의 고난은 확실히 사랑에서 비롯된 것입니다. 고난이 사랑에서 비롯될 때 영혼의 요청은 다음같이 첫째도 마지막도 모두 위대한 것입니다. "주님, 치유해 주소서! 주님, 치유해 주소서! 이 비열한 마음을, 이 죄악 된 삶을! 그렇게만 된다면 모든 것이 평안할 것입니다. 정말 모든 것이!"

8. 마지막으로, 고난 중에 믿음으로 살고 있다면 여러분의 고난은 하나님의 사랑에서 비롯된 것입니다. 그렇다면 고난 중에 믿음으로 산다는 게 대체 무엇일까요? 그것은 다름 아닌 고난의 상황을 위해 하나님께서 주신 귀한 약속들을 붙잡고 믿음을 실천하며 사는 것 아니겠습니까? 하나님께서 고난 중에 있는 자신의 백성에게 약속해 주신 말씀이 있습니다(사 43:2-3). 고난 중에서 그들을 돕겠다고 약속하셨습니다(사 41:10). 그들에게 고난에서 구해 주겠다고 약속하셨습니다(시 50:15). 고난을 통해 그들의 죄를 정결하게 하겠다고 약속하셨습니다(사 1:25). 고난을 통해 그들을 더욱더 거룩함에 참여한 자로 만들겠다고 약속하셨습니다(히 12:10). 고난을 통해 완전하고 달콤한 기쁨을 우리 속에 더 깊이 넣어 주겠다고 약속하셨습니다(호 2:14). 고난 중에 있는 백성을 결코 떠나거나 버리지 않겠다고 약속하셨습니다(히 13:5-6). 모든 고난이 유

익이 되게 하겠다고 약속하셨습니다(슥 13:9; 롬 8:28). 여러분에게 임한 모든 시련과 문제 속에서 여러분의 믿음이 이런 약속들을 섭취한데서 나온 것이고 이런 약속들이 여러분의 믿음에 하늘의 만나가 되었고 여러분의 영혼이 이런 약속들을 발판 삼아 살아 가고 있으며 이런 약속들에서 힘과 달콤함을 빨아내고 있다면 여러분의 고난은 하나님의 사랑에서 비롯된 것입니다.

벌은 날지도 못하는 꽃에서 꿀을 빨아낼 수 있습니다. 여러분의 믿음이 곤궁함이나 귀한 약속들에서 위로와 달콤함을 뽑아낼 수 있고 다른 이면에서 이 둘을 한데 모으고 있거나 바위에서 꿀을 채취할 수 있다면(신 32:13) 여러분의 고난은 하나님의 사랑에서 비롯된 것입니다. 약속의 가슴은 젖으로 가득 차 있고 하나님께서는 믿음이 이 약속들에 이끌리는 것을 기뻐하십니다. 이 약속들은 믿음의 음식이자 바로 믿음의 영혼입니다. 또한 마르지 않을 영원한 샘, 고갈을 모르는 무한한 보물, 낙원의 정원, 시들 줄 모르는 영원한 생기와 달콤함과 푸른 빛깔을 지니고 양분을 내는 최상의 꽃입니다. 고난의 날에 여러분의 영혼이 이런 모습을 입증하고 있다면 여러분의 고난은 하나님의 사랑에서 비롯된 것입니다.

세르토리우스(Sertorius)[64]는 자신이 약속한 것을 지키겠다고 말만 앞세웠습니다. 하지만 하나님께서는 그렇게 하지 않으십니다. 사람들은 수시로 말장난을 늘어놓지만 하나님께서는 절대로 그렇게 하지 않으십니다. 그리스도 안에서 하신 모든 하나님의 약속은 예와 아멘이 됩니다(고전 1:20). 하나님께서 말씀하신 것인데 과연 그렇게 안 될 일이 일어나겠습니까? 모든 문제 가운데서 여러분의 마음이 약속에 의거하여 믿음의 역사를 나타내고 있다면 여러분의 곤경은 하나님의 사랑에서 나온 것입니다. 이로써 첫 번째 이의에 대해 충분히 설명했다고 봅니다.

이의 2 오, 하지만 선생님! 주님께서 제가 가장 아끼고 사랑하는 자들을 치셔서 위로와 만족이 사라졌는데 어떻게 평안을 추구할 수 있단 말입니까? 하나님께서 남편을, 아내를, 자녀들 중 하나를, 하나밖에 없는 자식을, 가장 사랑하는 친구를 데려가셨는데 제가 어찌 잠잠할 수 있단 말입니까? 이 물음에 답변해 주십시오.

1. 하나님께서 여러분이 가까이서 늘 누리고 있는 평온함을 치지 않으셨다면 그것은 고난이라 할 수 없을 것입니다. 사랑하는 대상이 타격을 받지 않았다면 그것은 고난이라는 이름에 걸맞지 않을 것입니다. 현재 가장 만족을 누리는 것이 흔들리지 않는 이상 그것을 문제라고 볼 수 없을 것입니다. 폭풍이라 하면서 열매는 전혀 해를 입지 않고 잎만 떨어졌다면 폭풍이라 할 수 없습니다. 피부에는 닿지도 않고 옷만 건드렸다면 칼에 찔렸다고 할 수 없습니다. 머리는 건들지 않고 모자만 베었다면 머리를 벤 것이 아닙니다. 고난이라 하면서도 그것이 단지 기쁨만 거두어 갔을 뿐, 요셉이나 베냐민이 당했던 것에는 조금도 미치지 못했다면 고난이라 할 수 없습니다.

2. 최고의 자비라도 모든 자비의 근원이신 하나님에 비하면 보잘것

없고, 가장 선한 것이라도 선하심 자체이신 하나님에 비하면 어림도 없는 것입니다. 여러분의 왕관에 박힌 최고의 자녀, 최고의 친구, 최고의 보석은 언제라도 최고이신 하나님께 양도할 수 있어야 합니다. 하나님께서 적당한 자비와 기쁨과 만족을 주신다는 말은 어울리지 않습니다. 항상 최고의 것만 주시기 때문입니다. 사람들이 자비의 젖을 먹지만 자비의 크림을 내시는 분은 바로 하나님이십니다. 하나님의 품에 있는 꽃이 가장 품질이 좋고 아름다우며 향긋합니다. 하나님께서는 모든 정원에 최상의 꽃을 가져오셔도 더 좋은 토양에 심으십니다. 그렇게 하시겠다는데 어떤 불만을 제기할 수 있습니까? 주님 앞에서 잠잠하지 않을 수 있겠습니까(말 1:13-14)?

3. 여러분이 가까이하고 사랑하는 자들은 여러분의 것이기 이전에 먼저 하나님의 것입니다. 여러분의 것이기 이전에 하나님의 것이라는 사실은 변함이 없습니다. 하나님께서 자비를 베푸실 때 자비의 소유권까지 양도하시지 않습니다. "나와 내 백성이 무엇이기에 이처럼 즐거운 마음으로 드릴 힘이 있었나이까 모든 것이 주께로 말미암았사오니 우리가 주의 손에서 받은 것으로 주께 드렸을 뿐이니이다"(대상 29:14). 자비의 향을 여러분이 누릴 수 있지만 여러분의 자비는 원래 하나님께서 주권적인 권한으로 주님의 것으로 설정해 놓으신 것입니다. 여러분이 누구이든 간에 여러분은 여러분을 지으신 분의 것입니다. 또한 여러분의 소유가 무엇이든 그것은 여러분을 구속해 주신 하나님의 것입니다. 여러분은 사람이 자기 즐거운 대로 행하는 것은 정당하고 이해할 만한

일이라고 말하면서 최고의 주이신 하나님께서 기쁘신 뜻대로 마음대로 하시는 것은 정당하지 않고 납득이 가지 않는다고 말하시겠습니까? 여러분은 과연 하나님께서 하늘에서 기뻐하시는 일을 하실 것으로 믿으십니까? 바다와 세상 나라와 왕국에서 기뻐하시는 일을 하실 것으로 믿으십니까? 여러분의 마음속에서도 기뻐하시는 일을 하실 것으로 믿으십니까? 그렇다면 하나님께서 여러분의 가정에서 기뻐하시는 일을 하실 것도 믿으십니까? 여러분이 사랑하는 사람에게 하나님께서 기뻐하시는 일을 하실 것도 믿으십니까?

"하나님이 빼앗으시면 누가 막을 수 있으며 무엇을 하시나이까 하고 누가 물을 수 있으랴"(욥 9:12). 누가 감히 하나님에게 트집 잡을 수 있단 말입니까? 누가 감히 완전하시고 무엇에도 구애받지 않으시는 주권적이신 주님께, 그리고 무엇이든 기쁘신 뜻대로 행하시는 하나님께 의문을 제기할 수 있단 말입니까? "땅의 모든 사람들을 없는 것같이 여기시며 하늘의 군대에게든지 땅의 사람에게든지 그는 자기 뜻대로 행하시나니 그의 손을 금하든지 혹시 이르기를 네가 무엇을 하느냐고 할 자가 아무도 없도다"(단 4:35). 감히 하나님의 손을 제지하며 "당신이 무엇을 하느냐?"고 말할 수 있는 자는 아무도 없습니다. 왕자, 소작인, 주인, 종, 남편, 아내, 아버지, 자식 할 것 없이 누구도 감히 하나님께 "당신이 무엇을 하느냐?"고 말할 수 없습니다(사 14:9-10).

산술적인 문제로 예를 들어 봅시다. 하나를 열 개 옆에 두고 열을 백 개 옆에 두고 백을 천 개 옆에 두고 천을 만 개 옆에 둔다고 했을 때 크게 부족한 수가 대번에 보여 주는 것은 이 양쪽의 수들이 당연히 비교가 된다는 것입니다. 하지만 사람이 무한한 수를 설정할 수 있다 해도 그것과 비교할 만한 존재는 없습니다. 왜냐하면 하나님께서 바로 무한하신 분이고 그 외의 것은 모두 유한하기 때문입니다. 지상의 모든 왕자와 권력을 한데 모아 하나님을 반대한다 해도 하나님을 물러나시게 할 수 없습니다. 옛날 폼페이의 속담에 폼페이가 한 번 발로 짓밟으면 팔로 이탈리아 전부를 들어 안아 올릴 수 있다고 했습니다. 하지만 하나님께서 발로 짓밟으시고 팔로 모든 세상을 들어 안아 올리시며 자신의 소유라고 하시고 자기 것이라 주장하시고 어떤 식으로든 자신을 우습게 보며 모욕한 자들에게 복수하신다 해도 누가 감히 "당신이 무엇을 하느냐?"고 말할 수 있습니까?

물은 흙보다 강하고 불은 물보다 강하고 천사는 사람보다 강하고 하나님께서는 이 모든 것보다 강하십니다. 그러므로 하나님께서 여러분이 가장 가까이하고 좋아하는 자들을 데려가실 때 누가 감히 "당신이 무엇을 하느냐?"고 말할 수 있습니까?

4. 여러분이 가까이하고 좋아하는 은총들을 계속 향유하고 있는 한 더 나아지지 못할 수 있기 때문입니다. 여러분이 차지한 은총들이 여러분의 마음이 진보하는 데 전혀 도움이 되지 못할 수 있습니다. 은총을 많이 받았어도 그것들로 말미암아 양심이 조금도 개선되지 않은 자들이 많이 있습니다. 여러분의 경우 그렇게 가까이하고 사랑하는 은총들이 여러분을 그리스도께로 인도하는 별이 되고 있습니까? 그 은총들이 낮에는 구름기둥이요 밤에는 불기둥이 되어 여러분을 천상의 가나안으

로 인도하고 있습니까? 그 은총들이 여러분의 영혼에 야곱의 사다리같이 되었습니까? 그 은총들이 여러분 자신을 하나님께 산 제물로 드리도록 고무시키고 있습니까(롬 12:1)? 여러분이 가까이하고 좋아하는 은총들을 향상시켜 하나님을 향한 사랑에 더 불을 붙이고 하나님을 확신하는 데 힘을 주며 하나님과의 친교를 일으키고 주님 앞에서 마음을 더 모으고 신중하게 처신하게끔 이끌고 있습니까? 은총들을 향상시키지 못하면 오히려 그것들이 잠잠하기보다 불평하게 하고 침묵하기보다 조급하게 하고 여러분 자신에게 화나기보다 하나님한테 화를 내게 할 수 있습니다.

아이들과 바보들은 많은 것을 활용한다지만 조금도 나아질 수 없습니다. 사람들 대부분이 아이 같고 바보 같습니다. 사람들은 그렇게 많은 은총을 입었어도 그 은총을 조금도 향상시키지 못합니다. 그러므로 하나님께서 그들의 은총에 채찍을 휘두르시는 것은 이상한 일이 아닙니다. 은총의 초는 관상용이 아니라 사용하라고 주신 것입니다.

플리니가 크레시누스(Cressinus)[65]에 대해 적은 글이 생각납니다. 그녀는 조그만 땅을 활용해 큰 땅을 소유한 이웃도 이룰 수 없는 어마어마한 이득을 창출했습니다. 그러자 크레시누스는 곧바로 마녀로 오인 받아 기소됐습니다. 그녀는 스스로 자신을 변호하기 위해 법원에 자신의 농기구를 제출하면서 다음같이 말했습니다. "오, 로마 시민 여러분, 이것들이 바로 저의 마법기구들입니다. 제가 알고 있는 것이라곤 이것들 외에 없습니다!" 사람들이 그녀의 호소를 듣자 한목소리로 그녀를 사면해 달라고 했고 다시 그녀에게 죄를 묻지 않았습니다. 그리고 그녀의 작은 땅도 보호받게 되었습니다.

향상시키는 것 외에 여러분이 받은 은총을 지킬 방법은 없습니다. 받은 은총을 향상시키지 않고 내버려 두는 것만큼 그 은총에 채찍질하시도록 하나님을 격동시키는 것도 없습니다.

"그에게서 그 한 달란트를 빼앗아 열 달란트 가진 자에게 주라"(마 25:28). 하나님께서 치시지 않으면 다른 수단으로 여러분이 내버려 둔 은총들을 거두어 가실 것입니다. 여러분의 나태함이 여러분이 가장 애지중지하는 자들에게 사형 선고를 내리도록 하나님을 압박한다면—여러분이 나중에 감사하게 되겠지만—그 일로 말미암아 주님 앞에서 잠잠하게 될 것입니다!

5. 하나님께서는 경건이 탁월한 자라 할지라도 사랑의 은총을 거두실 수 있다는 증거를 많이 주셨습니다. 그렇다면 여러분은 얼마나 더 잠잠해야겠습니까! 여러분에게 이토록 많은 예를 제시하시는데 말입니다! 하나님께서는 아론이 가장 사랑하고 아끼는 기쁨의 대상을 치시지 않으셨습니까(레 10:1-2)? 그때 아론이 침묵하지 않았습니까? 하나님께서 다윗이 사랑하던 압살롬을, 아브라함이 사랑하던 사라를, 욥이 사랑하던 아들과 딸과 재산과 육신을, 요나가 아끼던 박 넝쿨을 치신 것이 아닙니까? 여러분이 이렇게 경건한 자들보다 더 뛰어나단 말입니까? 아닙니다! 여러분이 이들보다 더 은혜를 받았습니까? 아닙니다! 여러분이 이들보다 하나님의 영광을 더 드러냈습니까? 아닙니다! 여러분이 이들보다 영적 경험이 많습니까? 아닙니다! 여러분이 이들보다 더 고

상한 기쁨을 가졌습니까? 아닙니다! 여러분이 이들보다 현세대에서 더 열심히 헌신하고 있습니까? 아닙니다! 여러분이 이들보다 여러분의 삶과 대화에서 더 모범을 보이고 있습니까? 아닙니다! 그렇다면 가장 사랑받는 성도들에게 공통적으로 찾아오는 불행에 왜 그리 불평하고 거칠어집니까?

하나님께서 여러분이 이런저런 모양으로 가까이하고 사랑하는 즐거움의 대상을 치셨다 해도 주님 앞에서 입을 다물고 있는 것이 지혜로운 것입니다. 왜냐하면 하나를 거둬 가신 하나님께서 전부를 거둬 가실 수 있기 때문입니다. 하나님의 공의는 단번에 욥이 가진 모든 은총에 사형 언도를 내렸습니다. 하지만 욥은 평안을 지켰습니다. 여러분도 하나님께서 여러분의 정원에 있는 최상급의 꽃들을 모두 잘라 내신다 해도 평안을 지켜야 하지 않겠습니까?

이처럼 하나님께서 사랑스럽고 친근한 은총과 즐거움의 대상을 치심으로 마음이 울렁이고 불평이 몰려올 때 오! 침묵의 법을 마음 위에 두십시오! 스스로 자신의 영혼에게 가만 있으라고 호통치십시오! 왜냐하면 아이 한 명을 데려가신 하나님께서 모든 자녀를, 친구 하나를 데려가신 하나님께서 모든 친구를, 여러분 재산의 일부분을 거둬 가신 하나님께서 모든 재산을 거둬 가실 수 있기 때문입니다. 그러므로 주님 앞에서 침묵을 지키시고 누가 불평할지라도 여러분은 잠잠하십시오.

6. 여러분이 사랑하고 가까이하는 기쁨의 대상에 지나치게 집착할 때 그것이 죄가 될 수 있습니다. 사랑하는 대상을 지나치게 사랑하거나

애지중지하거나 기뻐할 수 있습니다. 대상을 수중에 꼭 쥐고 있어도 계속 그것만 생각할 정도로 지나칠 수 있습니다. 그 대상에 지나친 걱정과 관심과 확신과 기쁨을 둔 나머지 그 대상을 거의 신격화할 수 있으며 결국 여러분 자신에게까지 그 영향이 파급될 수 있습니다. 오, 그리스도인 여러분! 그리스도를 위한 침실은 없으면서도 그 대상들을 재울 방은 많을 수 있습니다. 그리스도께서는 집 밖에 서 계신데 말입니다(눅 2:7)! 그 대상들을 위한 침실은 있어도 그리스도를 위해서는 아무 조치도 취하지 않는 것입니다! 그 대상들은 최상의 것을 즐기게 해주면서도 그리스도를 위해서는 최악의 것이라도 어디냐고 하면서 그것을 드리는 것입니다!

르우벤은 아버지의 침상에 올라 더럽혔습니다(창 49:4). 아! 피조물은 안락을 누리면서도 때로 또 다른 것을 찾느라 그리스도와 자신의 영혼 사이에서 얼마나 자주 갈등합니까! 또 여러분에게 사랑하는 대상이 얼마나 자주 그리스도의 침상에 올라갑니까!

"바벨론 사람이 나아와" 오홀라와 오홀리바의 "연애하는 침상에 올"랐다고 했습니다(겔 23:17). 이 말씀은 다름 아닌 여러분이 가까이하고 사랑하는 대상들이 바로 그리스도와 연애하는 침상인 여러분의 영혼에 오르내리는 것을 일컫는 것이 아닙니까? 그리스도께서 친히 쉬시고 누우실 침상에 이것들이 올라와 있는 것이 아닙니까(아 3:7)? 이제 여러분이 오직 하나님께만 속한 여러분의 영혼의 방에 남편이며 자식이며 친구를 들여놓는다면 하나님께서 비통함을 맛보게 하시거나 그들을 치우시고 심지어 그들이 죽음에 이르게 하실 수도 있습니다. 일단 아내의 사랑이 남편을 떠나 종에게 더 급히 날아가면 남편은 종이 정금같이 귀할지라도 그를 쫓아낼 것입니다.

세상에서 가장 달콤한 위로는 마치 눈 곳간⁶⁶과 같습니다. 이제 눈을 한 움큼 잡아 잡은 손으로 눈을 더 힘껏 움켜 보십시오. 곧 녹아 사라질 것입니다. 하지만 여러분이 손으로 잡은 눈을 땅에 놓는다면 어느 정도 유지될 것입니다. 세상에서 느끼는 만족이 이와 같습니다. 손으로 움켜지고 마음 가까이 두려 하자마자 곧 녹아 사라집니다. 하지만 너무 빨리 손으로 움켜 쥐려 하지 않고 또한 마음에 너무 가까이 두려 하지 않으면 오랫동안 지속될 것입니다.

사랑하는 대상을 무덤까지 가져가려는 자들이 있습니다. 죽는 순간까지 그 대상을 품고 그 대상이 자신을 죽일 때까지 입을 맞추는 것입니다! 많은 사람이 기뻐하는 대상물 때문에 죽습니다. 그것에 너무 지나친 가치를 부여했기 때문입니다! 많은 사람이 은총의 배와 함께 침몰합니다. 너무 많은 은총을 실으려 했기 때문입니다. 대상을 지나치게 사랑하면 오래가지 못하는 법입니다. "너는 이스라엘 족속에게 이르기를 주 여호와의 말씀에 내 성소는 너희 세력의 영광이요 너희 눈의 기쁨이요 너희 마음에 아낌이 되거니와 내가 더럽힐 것이며 너희의 버려 둔 자녀를 칼에 엎드러지게 할지라"(겔 24:21). 여러분이 가진 은총들을 잃는 길은 그것들에 집착하는 것입니다. 은총들을 파괴하는 길은 여러분의 생각과 마음을 그것들에 고정하는 것입니다. 그러면 여러분은 여러분의 마음을 하나님에게서 가장 먼저 돌이키게 만든 첫 번째 은총 위에 비통함과 죽음을 새기게 될 것입니다. 이제 하나님께서 종종 영적 간음과 우상 숭배의 죄를 짓게 만든 바로 그 은총에 채찍을 휘두르시는 판인데 이 밖에 다른 불평거리가 있습니까? 주님 앞에서 침묵을 유지하거나 잠잠하지 못할 이유라도 있습니까? 그리스도인 여러분! 여러분의 마음은 그리스도의 고귀한 왕좌요 바로 그 왕좌에 그리스도께서 왕으로 앉아 계십니다. 바로가 요셉에게 말했던 모습처럼 말입니다(창 41:41). 그리스도께서는 경쟁자를 용납하지 않으십니다. 여러분이 가까이하고 사랑하는 피조물들에게 왕좌를 넘기려 한다면 그리스도께서 그것들을 권좌에서 몰아내시고 멸하실 것입니다! 그리고 순식간에 그리스도의 고귀한 왕좌를 갈망한 그 피조물들을 잿더미 위에 던지실 것입니다!

7. 앞으로 여러분이 누릴 더 큰 영적 은총과 호의와 더 귀한 것을 생각하면 여러분이 그렇게 가까이하고 사랑하는 대상을 잃었다고 불평할 이유가 없습니다. 처음에 요셉도 베냐민도 모두 잃었다고 하지 않았습니까(창 42:36). 하지만 그리스도는 잃지 않은 것 아닙니까! 그리스도께서는 어제나 오늘이나 영원토록 변함이 없으십니다(히 13:8). 여러분은 여전히 그리스도와 연합과 친교를 맺고 있습니다. 여러분 안에 심긴 불멸의 씨가 그대로 남아 있고(요일 3:9), 의의 태양이 여전히 여러분을 비추고 있고, 하나님께서 여러분에게 계속 호의를 베푸시며, 여러분은 여전히 성령의 여러 기름 부으심과 하늘의 영향력 아래 있습니다. 그런데 주님 앞에서 침묵하지 못하고 왜 불평해야 한단 말입니까?

앞을 보지 못했지만 경건한 설교자였던 디두무스(Didymus)[67]에 대한 글을 읽은 적이 있습니다. 또 다른 경건한 자 알렉산더가 디두무스에게 앞을 볼 수 없어 무척 힘들거나 답답하지 않은지 물어보았습니다. 디두무스는 "오, 그럼요. 무척 괴롭고 답답하죠!"라고 말했습니다. 그러자 알렉산더가 그에게 다음같이 주의를 주었다고 합니다. "하나님께서 당신에게 천사보다 탁월한 능력을 주시지 않았습니까? 그에 비하면 당신의 문제는 조그만 쥐같이 작은 것 아닙니까?" 아! 그리스도인 여러분, 하나님께서 하늘에 속한 모든 신령한 복을 우리에게 주신 것이 아닙니까(엡 1:3-4)? 주님께서 여러분에게 자신을 기업으로 주신 것 아닙니까? 또 하나님께서 여러분을 구속하시려고 하나님의 아들을 주시고 여러분을 인도하시려고 성령님을 주시지 않았습니까? 그런데 불평하실 겁니까? 게다가 하나님께서 여러분을 은혜로 단장하셨으며 평온함을 주시겠다고 약속하셨고 여러분이 더 나은 자가 되도록 규례들을 주셨으며 용기를 주고자 하늘의 소망을 주시지 않았습니까? 그런데 불평하실 겁니까?

파울리누스 놀라누스(Paulinus Nolanus)[68]는 자신이 살던 도시가 점령당하자 다음같이 기도했습니다. "주님! 제가 금과 은과 명예를 잃어 힘들어하지 않게 하소서. 왜냐하면 주님이야말로 저의 모든 것 되시며 제가 가진 모든 것보다 더 많은 것을 주시는 분이기 때문입니다!" 여러분이 최고로 좋아하는 것을 잃어도 그리스도께서 여러분에게 "만유"가 되실 것입니다(골 3:11). 포키온(Phocion)[69]의 아내는 자신의 보석이 남편이라고 말했습니다. 그라쿠스(Gracchus)[70]의 어머니는 자신의 장식은 두 아들이라고 말했습니다. 콘스탄티누스는 자신의 보물이 친구들이라고 말했습니다. 이처럼 그리스도인이라면 가장 귀한 것을 잃어도 그리스도께서 나의 최고의 보석과 보물, 최고의 장식, 최고의 기쁨이라고 말해야 합니다. 그리스도보다 나를 더 생각하는 것은 모두 세속적이고 세상적인 마음입니다!

8. 여러분이 가장 가까이하고 사랑하는 기쁨의 근원을 치신 하나님께서 여러분이 가장 사랑하는 죄를 더 크게 치시고 죽이실 것입니다. 그러므로 여러분은 불평할 이유가 없습니다. 하나님께서는 다윗이 사랑하는 아들을 죽이심으로 다윗의 간통죄를 고치셨습니다. 들릴라같이 애정이 가고 애착이 가는 죄나 그리스도인의 충동이나 상태나 체질이나 유혹 등이 그리스도인이 죄와 어울리게 하고 죄가 그의 가슴에 안기도록 유도할 수 있습니다(시 18:23; 히 12:1). 폭이 크지 않은 작은 땅이라 할지라도 다양한 잡초들이 빽빽할 정도로 우거질 수 있습니다. 그 가운데서도 대개 대장 격으로 보이는 잡초는 나머지 다른 잡초보다 더 무성하고 혐오스럽습니다. 그리고 사람의 체질만 보더라도 많든 적든 정도의 차이는 있겠지만 네 가지 기질이 혼재해 있습니다. 기질만으로 그 사람 전체를 나쁘게 볼 수 없지만 두드러지게 나타나는 기질 하나로 각 사람을 분류할 수 있습니다. 기질에 비추어 어떤 사람은 낙천적이라고 말하고, 어떤 사람은 무기력하다 하고(점액질이라 하고), 어떤 사람은 화를 잘 낸다고 하고, 어떤 사람은 우울해지기 쉽다고 말하는 것입니다.

마찬가지로 이것을 사람의 영혼에도 적용해 볼 수 있습니다. 일반적으로 모든 사람에게는 모든 악과 부패의 특성이 섞여 있고 한데 모여 있지만 대개 두드러진 죄가 나타납니다. 그 죄는 마치 귀신들의 왕과 같아서 가장 막강하고 우세해서 나머지 다른 죄들보다 더 두드러지고 분명하게 이 죄로 기울어지게 함으로써 자신을 드러내 보입니다. 또한 다시 사람의 몸을 보더라도 모든 사람에겐 죽음의 씨와 원리가 있지만 죽음을 재촉하는 것 가운데 어떤 사람에게서는 다른 일반 질환보다 어느 특정 질병이 더 크게 발발합니다. 마찬가지로 죄의 뿌리와 비통함이 편만하게 퍼져 있지만 모든 사람은 예외 없이 다른 여러 죄들 가운데 어떤 특정한 죄로 기울어집니다. 그 특정한 죄를 '끊지 못하는 죄'로 부르기도 하고, '품 안에 있는 죄'나 '사랑하는 죄'로 부릅니다. 이제 세상에서 가장 힘든 작업은 바로 이 품 안에 있는 죄를 지배하거나 통제 가능하게 만드는 것입니다! 오! 그리스도인은 이 사랑하는 죄를 지배하기 위해 기도와 눈물과 탄식과 울부짖음과 한숨과 몸부림치는 대가를 지불해야 할 것입니다!

    토끼 가죽을 보십시오. 머리에 이르기까지 얼마나 매끄럽습니까. 하지만 손으로 쥐거나 잡아당기면 바로 눈앞에서 그 매끄러움은 온데간데없이 사라질 것입니다. 죄를 죽이거나 십자가에 못 박는 일도 마찬가지입니다. 이런저런 죄는 쉽게 정복하고 죽일 수 있을지 몰라도 우두머리 격인 죄, 수장 격인 죄, 품 안에 있는 죄에 이르면 오! 얼마나 세게 잡고 끌어 당겨야 합니까! 그 죄를 제거하고 무릎 꿇리려고 얼마나 사력을 다하고 몸부림쳐야 합니까! 이제 여러분이 곁에 두고 사랑하는 기쁨의 근원을 치신 주님께서 수장 격인 죄를 치시는 일에 여러분의 마음이 이끌리게 하시고, 그렇게 하심으로 여러분의 정서를 아주 거룩하게 하시고 품 안에 있는 부패를 죽이는 일에 우선권을 두셔서 여러분이 하나님을 향해 불평하며 앉아 있기보다 하나님을 송축하게끔 크게 역사하실 것입니다! 의심할 여지 없이 여러분이 하나님을 사랑한다면 하나님께서 여러분이 가장 사랑하는 은총을 치심으로 여러분이 사랑하는 죄를 치는 데까지 이르게 하실 것입니다. 그렇게 되면 하나님께서 여러분이 금같이 여기는 것을 치실 때 아무 불평이 없어지는 것입니다!

9. 여러분이 애지중지했던 은총을 잃었어도 그것을 만회할 수많은 방법이 주님께 있다는 것을 숙고하십시오. 주님께서 더 좋은 것으로 잃은 것을 만회시켜 주실 것입니다. 그것도 은혜롭거나 가치 있는 것으로 확실하게 만회시켜 주실 것입니다(마 19:27-30). 주님께서 다윗에게서 압살롬을 데려가시고 솔로몬을 주셨고 미갈을 포기하게 하시고 현명한 아비가일을 주셨습니다. 또한 욥에게서 일곱 아들과 세 딸을 데려가시고 이후에 일곱이 넘는 아들과 세 명이 넘는 딸을 주셨습니다. 욥에게서 넉넉한 재산을 거둬 가셨지만 마침내 그것에 배가 되는 재산을 주셨습니다. 하나님께서 제자들 앞에서 육신으로 계신 주님을 데려가셨지만 끝도 없는 자비와 말로 다할 수 없는 달콤한 은총이 되신 주님의 성령님께서 이 세상에 더 풍성히 임하시게 되었습니다. 모세를 데려가신 뒤에 여호수아가 그 자리에 올라서게 하셨고 다윗이 자신의 열조에게 돌아가자 솔로몬은 성공적으로 다윗의 왕좌를 계승할 수 있었으며 세례 요한이 감옥에 갇히고 말씀의 강단이 비게 되자 요한보다 더 위대하신 그리스도께서 직접 말씀을 전하시게 되었습니다!

하나님과 사는 사람은 안락을 주던 대상을 잃어도 위로의 하나님 품에서 모든 것이 만회되는 것을 발견할 것입니다. 그는 다음같이 말할 수 있을 것입니다. "내 자식이, 내 친구가, 내 배우자가 죽었어도 나의 하나님께서 살아 계시니 하나님은 나의 구원의 바위시라(시 89:26). 이 은총이나 저 은총이 아니어도 언약의 은총이 내게 있어 다윗에게 베푸신 은총이 확실히 지속되리니(삼하 23:5) 내가 누운 언약의 침상과 내가 앉은 언약의 식탁이 무덤까지 이르러 결국 내가 영광 중에 이르게 되리라."

철학자를 이웃으로 둔 경건한 자에 대한 글이 생각납니다. 그는 철학자에게 그리스도인이 되라고 여러 번 설득했습니다. 오! 하지만 그 철학자는 다음같이 말했습니다. "그리스도를 믿으면 내 모든 것을 잃을 텐데." 그러자 그 경건한 사람은 다음같이 대답했습니다. "그리스도 때문에 무엇을 잃어도 그분께서 당신에게 백배나 도로 갚아 주실 것입니다." 그러자 철학자는 "하지만 그래도 혹시 모르니 그리스도께서 갚아 주시지 못할 경우를 대비해서 당신이 보증이 되어 주겠소? 그래 줄 수 있죠?"라고 말했습니다. 경건한 사람은 "예, 물론이죠." 그렇게 해서 철학자는 그리스도인이 되었고 경건한 사람은 언약 이행 보증서를 써주었습니다. 얼마 뒤 철학자는 병이 들어 임종을 맞게 되었습니다. 보증서를 손에 쥔 채 경건한 자를 불렀습니다. 경건한 자가 오자 그에게 보증서를 넘겨주며 다음같이 말했습니다. "그리스도께서 모든 것을 지불해 주셨소. 그러므로 당신이 내 대신 지불해 줄 것은 없소. 그러니 이 보증서를 가져가시고 무효 처리하시오."

그리스도께서는 자신의 어떤 자녀도 사랑하는 대상을 잃고 아파하는 것을 원하지 않으십니다. 주님께서 모든 것을 소유하고 계십니다.

주님께서 자녀들에게 모든 것을 보상해 주실 것입니다. 종국에 그리스도께서는 모든 값을 치러 주실 것입니다. 아무도 나는 그리스도 때문에 잃은 자가 되었다고 말하지 못할 것입니다. 그러므로 하나님께서 여러분의 품에 있는 가장 사랑스럽고 좋은 꽃을 낚아채셔도 불평할 이유가 없고 오히려 잠잠할 이유가 더 많습니다.

10. 여러분이 애지중지하는 은총에 계속 집착하다 그것이 전에 없던 가장 무거운 십자가요 가장 무서운 재앙과 불행으로 입증되면 그때 가서 대체 뭐라고 말하시겠습니까? 우리에게 있는 은총은 마치 최상급 포도주 같아서 오래 놔두면 식초처럼 변해 버립니다. 우리가 참으로 바라는 가장 큰 소망도 종종 좌절되는 법입니다. 이전에 자신을 지지해 주는 지팡이라고 말하던 바로 그 은총이 여러분을 찌르는 창으로 입증될 수 있습니다. 우리가 손으로 쥐고 있던 최고로 화려했던 은총들이 얼마나 자주 시들어 버립니까! 또한 우리 품속에 지니고 있던 만족들이 얼마나 자주 쓸개와 쓴 쑥같이 변해 버립니까! 만일 하나님께서 다윗의 아이를 데려가지 않으셨더라면 두고두고 다윗에게 살아 있는 죄와 수치의 기념비가 되었을 것이고, 그 아이를 알게 된 사람 모두 다윗에게 손가락질했을 것입니다. '다윗이 사생아를 낳았다'는 소문이 저 멀리까지 전해졌을 것입니다. 그렇게 되면 다윗의 상처는 아물지 못하고 계속 벌어진 채로 있었을 것입니다(삼하 12:16).

그러니 그리스도인 여러분! 주님께서 그렇게 장래가 촉망되는 아들이나 사랑하는 딸을 데려가실 수 있습니다. 그럴 때 여러분은 "제가 어떻게 평안을 붙들 수 있습니까?"라고 말할 것입니다. 그러나 제 말 좀 들어 보십시오. 그리스도인 여러분, 제 말 좀 들어보십시오! 은혜로우신 하나님을 대적하여 지은 모든 죄가 여러분에게 고통을 준 원인이었지 않습니까? 전에 **빠졌던** 모든 유혹이 여러분의 마음을 찌른 대검이 되지 않았습니까? 그래서 그들에게 임한 모든 고난이 목을 겨누는 칼이 되지 않았습니까? 죄와 유혹에 넘어진 뒤 따라온 그런 고통과 비통함과 죽음의 단말마를 생각하면 다른 고통과 산고의 진통 등이 비교나 되겠습니까? 자! 그리스도인 여러분, 주님 앞에서 침묵하십시오. 왜냐하면 여러분이 그렇게 가까이하고 사랑하는 은총들에 오래 집착할 때 그것이 나중에 여러분의 눈에 비통함으로 바뀌어 있을지, 여러분을 사방에서 몰아치는 막대기로 바뀌어 있을지, 여러분의 마음을 찌르는 창으로 바뀌어 있을지 알 수 없기 때문입니다.

11. 여러분이 애지중지한 즐거움을 지금 잃지 않았더라면 나중에 그것이 여러분의 마음을 얼마나 안 좋게 할지 차마 말로 다할 수 없기 때문입니다. 이스라엘은 광야에 있을 때 상태가 매우 안 좋았지만 그렇게 바라던 가나안을 소유하게 되었을 때 상태가 더 악화되었습니다. 사람의 죄는 외적인 번영을 맛보면 악화되는 경향이 있습니다. 사람은 겨울에 옷을 더 꼭 여미지만 여름에는 옷을 느슨하게 풀어놓습니다. 불행의 겨울이 닥치면 많은 그리스도인이 하나님과 그리스도와 복음과 경건과 규례들과 의무들에 자신의 마음을 더욱 여미다가 자비의 여름이 오면 모든 것을 느슨하게 풀어 헤쳐 놓습니다.

소나무에 대해 읽은 적이 있습니다. 소나무의 나무껍질을 벗겨 내면 나무의 수명이 오래 지속되지만 벗겨 내지 않고 오래 놔두면 나무가 썩어 간다고 합니다. 아! 하나님께서 건강과 부와 우정의 등껍질을 벗겨 내시지 않을 때 얼마나 많은 사람이 그렇게 악해지고 부패해지며 비열해지는지요! 우리가 소나무의 껍질처럼 애지중지하는 것에 고착되어 있을 때 하나님께서 그것을 벗겨 내지 않으시면 우리는 얼마나 쉽게 썩고 부패해지는지 모릅니다. 그러므로 하나님께서는 우리가 끔찍이 아끼는 즐거움과 달콤한 만족을 완전히 벗겨 내셔서 우리를 알몸으로 만드시고 우리의 영혼이 나무껍질을 벗겨 낸 소나무처럼 더 번영하고 성장하게 하십니다.

이 사실을 진지하게 생각하고 하나님께서 우리 품속에서 보석을 꺼내 가실 때 침묵하지 않을 사람이 누구겠습니까? 한 사람만 끔찍이 바라고 즐거워하며 오직 그에게서만 가장 달콤한 만족을 느끼면 결코 그 사람을 그리스도인으로 만들 수 없습니다. 어느 그리스도인에게만 애정과 사랑을 두고 만족한다면 그 사람은 더 좋은 그리스도인으로 발전할 수 없습니다. 많은 그리스도인이 세상의 좋은 것들 때문에 상태가 나빠집니다. 세상의 좋은 것들 때문에 더 나아졌다는 그리스도인이 대체 어디 있습니까? 그러므로 하나님께서 좋은 것들에 채찍을 휘두르실 때 침묵하십시오!

12. 마지막으로, 영적 손실을 입은 것에 여러분의 마음을 더 크게 쓰십시오. 그러면 현재, 영원하지 않은 것을 잃었다 해서 슬퍼하고 괴로

워하는 마음이 나아질 것입니다. 여러분이 전에 가졌던 하나님의 임재를 하나도 잃지 않으셨습니까? 여러분이 전에 받았던 경고, 전에 여러분의 마음을 녹이던 은혜, 여러분의 마음을 각성시켰던 것, 여러분에게 힘을 주었던 것을 하나도 잃지 않으셨습니까? 여러분이 전에 누렸던 하나님과의 친교, 성령님께서 주신 기쁨, 양심의 평안 등을 하나도 잃지 않으셨습니까? 여러분이 전에 죄와 사탄과 세상 때문에 깨닫게 된 토대를 하나도 잃지 않으셨습니까? 여러분이 전에 마음에 가졌던 거룩한 활력과 하늘의 열기를 하나도 잃지 않으셨습니까? 하나도 잃지 않았다면 그야말로 기적이고 경이입니다. 그런데 이런저런 일시적인 것에 불과한 것을 잃었다고 왜 불평입니까? 사정이 이러하고 여러분의 하나님께서 함께 하고 계시는데 왜 여러분은 충동에 못 이겨 잃은 것을 불평하십니까? 만일 여러분이 영적 손실을 입은 자라면 어째서 재산을 잃었을 때보다 하나님을 잃은 것에 대해 불평하지 않습니까? 또한 남편이나 자식을 잃었을 때보다 그리스도를 잃은 것에 대해, 일시적인 세상 것을 손해 봤을 때보다 영적 손실을 잃을 것에 대해 불평하지 않습니까? 영혼을 잃은 것은 마음에 두지 않고 육신적인 것에만 슬퍼하십니까? 사무엘이 사울에 대해 슬퍼한 것처럼 하나님을 저버린 영혼에 대해 우십시오(삼상 15:14 이하).

언젠가 로마 황제 호노리우스(Honorius)[71]에 대해 읽은 적이 있습니다. 그는 단순하고 어린애 같은 자였습니다. 언젠가 누가 그에게 이제 로마를 잃게 되었다고 말하자 황제는 극도로 근심한 나머지 크게 울며 "비극이다! 비극이야!"라고 외쳤습니다. 왜냐하면 그가 끔찍이 사랑한 여자에게 붙여 준 별명이 바로 로마였기 때문에 그 여자가 목숨을 잃게 된 줄로 생각했던 것입니다. 하지만 자세히 듣고 보니 로마 시가 포위되었다 점령당했으며 모든 로마 시민의 재산이 약탈당하고 성난 군사들이 시민들을 인정사정없이 유린하고 있다는 것을 알게 되었습니다. 그러자 황제는 자신이 상상하던 끔찍한 일이 일어나지 않았다고 안도하며 마음에 생기를 되찾았다고 합니다.

　이제 생각해 보십시오. 하나님과 그리스도와 성령님을 잃은 것을 생각하면 남편이나 아내나 자식이나 친구를 잃은 것이 다 무엇입니까? 그래도 최소한 하나님의 은혜와 친교가 있지 않습니까? 제가 말하는 것을 들어 보십시오. 로마 전체를 잃은 것을 생각하면 기껏 사랑하는 여자를 잃었다고 모든 것을 잃은 것처럼 생각해야겠습니까? 가장 소중한 영적 자산을 잃은 것보다 이런저런 보잘것없는 일시적인 즐거움을 잃고 그것에 크게 영향 받고 괴로워하는 단순하고 애 같은 그리스도인이 참으로 많습니다! 아, 그리스도인 여러분! 제발 영적 손실을 입은 것에 더 마음을 쓰십시오! 그러면 일시적인 손실 앞에서 더욱 입을 다물고 침묵을 지키게 될 것입니다! 제발 사랑하는 여자를 잃은 것보다 로마 전체를 잃은 것에 더 괴로워하십시오. 이 정도면 두 번째 이의에 충분한 답변을 드렸다고 생각합니다!

이의 3 오, 하지만 저의 고난과 괴로움은 너무 오래 지속되고 있습니다! 그런데 어떻게 평안을 붙들 수 있겠습니까? 고난과 괴로움이 어제로 끝났다면 입을 다물 것입니다. 하지만 이 고난은 끝이 보이질 않습니다. 그런데 제가 어떻게 침묵할 수 있겠습니까? 이 질문에 답변해 주십시오.

1. 여러분은 자신이 언제 처음 부패했는지 정확히 기억할 수 없습니다. 사실 여러분은 날 때부터 부패한 자입니다. 다만 자궁에서 나올 때 그것을 못 느꼈을 뿐입니다(시 51:5). 하지만 몇 날 몇 해가 지나지 않아서 불행이 무엇인지 알기 시작합니다. 여러분이 죄 지은 날을 쉽게 헤아릴 수 없습니다. 하지만 여러분이 고난 받은 시기는 대략 쉽게 기억할 수 있습니다. 자비를 누린 시기는 잘 기억하지 못해도 불운했던 시기는 쉽게 기억해 냅니다. 건강했던 날은 빨리 생각이 나지 않아도 몸이 아팠던 때는 빨리 떠올릴 수 있습니다.

2. 여러분의 고난은 다른 성도들이 겪은 고난보다 길지 않습니다. 여러분의 고난의 겨울밤과 다른 성도들의 고난의 겨울밤을 함께 비교해 보십시오. 여러분이 맞은 폭풍과 괴로움을 다른 성도들이 맞은 폭풍과 괴로움과 함께 대조해 보십시오. 여러분이 잃은 손실과 다른 성도들이 잃은 손실을 함께 비교해 보시고 여러분의 불행과 다른 성도들의 불행을 함께 대조해 보십시오. 다른 성도들이 일평생 겪은 슬픔과 고통에 비하면 여러분의 고난은 마치 어제 일처럼 일시적인 것에 지나지 않습니다. 예수님의 생애는 처음부터 끝까지 고난으로 점철되었습니다. 많은 경우 사람의 일생이란 죽음에 기댄 것에 지나지 않습니다. "어떤 사람은 마음에 고통을 품고 죽으므로 행복을 맛보지 못하는도다"(욥

21:25).

일평생 좋은 날을 보지 못한 자들도 있습니다. 그들은 힘들게 사는 동안 단 하루도 편안한 날이 없었습니다. 내내 병치레 하면서 하루도 건강한 날이 없었고 사는 내내 약한 몸을 이끌면서 단 하루도 힘이 난 적이 없었으며, 일평생 경멸을 받으면서 하루도 존경받은 날이 없었습니다. 어떤 사람의 일생은 사는 동안 겨울밤 같았고 어떤 사람은 매일의 삶이 쓸개와 쓴 쑥을 들이키는 나날들이었습니다. 그들은 깊은 한숨과 신음 속에 불만을 토로하며 일평생을 보내야 했습니다. "우리의 슬픔 같은 슬픔이 없으며 우리의 고난 같은 고난이 없도다!"

어떤 자는 눈에서 눈물이 그칠 날이 없고, 마음에서 슬픔이 떨어질 날이 없으며, 등에서 매질이 그칠 날이 없고, 손에서 십자가가 떨어질 날이 없습니다. 그런데 여러분이라고 여기에 해당하지 말란 법이 있습니까! 그러므로 잠잠하십시오.

3. 고난의 날이 길수록 마침내 천국 같은 달콤함이 더 깊이 있게 다가올 것입니다. 이스라엘이 광야에서 더 오래 머물다가 마침내 가나안에 입성하자 그 기쁨은 더 깊었습니다. 폭풍우 치는 시간이 길어질수록 그 이후에 느껴지는 평안함은 말할 수 없이 더 달콤합니다. 겨울밤이 길어질수록 다음에 찾아오는 여름날은 더 시원하게 느껴집니다. 긴 고난의 날들은 천국의 영광을 더 풍성히 촉발시킬 것입니다. 바다에서 이리 치이고 저리 치인 자들에게 항구란 말할 수 없이 가장 달콤하고 꿈에 그리던 목적지가 아닐 수 없습니다. 마찬가지로 시련의 바다에서 오래

머물던 자에게 천국이 그렇습니다. 그리스도의 왕국에서 나는 새 포도주는 오랫동안 쓸개즙과 식초를 마신 자에게 가장 달콤한 것입니다(눅 22:18). 영광의 면류관은 오랫동안 세상과 육신과 마귀와 싸운 자에게 가장 기쁜 것이 될 것입니다. 우리의 긴 여정은 마지막에 이르러 매우 달콤한 것으로 보상받을 것입니다. 우리의 긴 항해는 마침내 아름다운 항구에 이르게 할 것입니다. 산이 높을수록 산 정상을 점령했다는 기쁨은 더 깊은 법입니다. 유산을 상속받을 날이 한참이라 생각될 때 정작 그것을 받게 되는 날엔 이루 말할 수 없이 기뻐하게 됩니다.

4. 성도들에게 약속된 영광의 영원성에 비하면 현재의 고난은 길지 않다 못해 턱없이 짧기만 합니다(고후 4:16-18). 말을 바꾸어 고난을 영광이라 해보십시오. 왜냐하면 고난의 무게는 가볍고 영광의 무게는 무겁기 때문입니다. 또한 고난은 참으로 일순간이지만 영광은 영원하기 때문입니다. 여러분의 슬픔은 순식간에 끝날 것입니다. 하지만 여러분의 행복은 끝이 없을 것입니다. 여러분의 재앙이나 불행은 곧 끝나겠지만 여러분이 누릴 지복(至福)과 영광은 영원할 것입니다. 이 세상 왕국은 영영 지속되지 않습니다. 이 세상 것은 영원한 것이 하나도 없습니다. 그것들은 모두 끝나는 날이 있습니다. 하지만 하늘나라 왕국은 영원한 왕국으로 끝나는 날이 없습니다. 로마의 우승자가 쓰는 면류관에는 일곱 종류가 있다지만 모두 시들고 없어질 것들입니다. 하지만 하나님께서 마침내 성도의 머리에 씌워 주실 영광의 면류관은 하나님께서 계시는 한 영원히 시들지 않을 것입니다. 그러므로 저 위에 있는 영원

한 하늘의 거주지와 하나님 우편에 있는 영원한 복락을 보지 않고 지금 고난이 길다고 할 자 누구입니까? 자, 그리스도인 여러분, 고난이 길면 긴 대로 내버려 두십시오. 그리스도의 품에 있는 단 한 시간이 고난의 길이와 힘을 모두 잊게 해줄 것입니다!

5. 고난이 길수록 영적 체험이 더 풍성해집니다. "그리스도의 고난이 우리에게 넘친 것같이 우리가 받는 위로도 그리스도로 말미암아 넘치는도다"(고후 1:5). 썰물이 낮을수록 조석(潮汐)은 더 낮아집니다. 고통이 클수록 나중에 얻는 것은 더 많아집니다. 고통이 클수록 편안한 느낌은 나중에 더 커지고 우리가 낙심할수록 나중에 느끼는 기쁨은 더 커질 것입니다. 고난의 학교에 오래 있던 그리스도인치고 영적 체험이 풍성하지 않은 사람은 한 사람도 없습니다. 오! 오래 고난을 겪은 자들이 하나님의 능력으로 도움 받은 내용을 말해 달라고 요청 받고 그 복된 이야기를 들려주었을 때 받게 되는 은혜는 얼마나 큰 것입니까! 또한 그들을 지도하신 지혜와 그들을 위로하신 하나님의 사랑과 그들에게 힘이 되어 준 하나님의 임재에 대해 들을 때도 마찬가지입니다! 오! 고난의 용광로에 있을 때 그들이 받았던 그 사랑의 증거, 그 사랑의 편지, 그 사랑의 목걸이, 그들이 치장할 수 있었던 그 보석들이란!

오! 오랜 고난을 통해 이미 죽은 것으로 밝혀진 그 죄들이여! 오! 오랜 고난을 통해 그 길이 막히고 마침내 사라져 버린 그 유혹들이여! 여러분이 지금 당장 하늘의 별과 바다의 모래알을 하나씩 계수할 수 있는 것처럼 오랫동안 고난을 겪은 그리스도인들은 천상의 체험들을 하나씩 열거할 수 있습니다. 고난을 겪은 그리스도인의 마음은 영적 보물로 가득합니다. 그가 비록 세상에서는 가난할지라도 믿음과 거룩한 체험에서는 부유합니다(약 2:5). 이 영적 체험에 비하면 이 세상의 모든 부가 다 무엇입니까? 영적 체험 한 번 한 것이 온 세상보다 더 가치 있습니다. 임종의 머리맡과 그리스도의 심판석 앞에 선 모든 자가 이구동성으로 이런 생각을 피력할 것입니다.

세상 사람들도 침묵과 잠잠함으로 더 많은 고통, 긴 시련을 참아 낼 수 있습니다. 하지만 고난이 계속 중첩될 때 은혜보다 본능이 더 큰 일을 해낼 수 있겠습니까? 본능이 공통으로 내는 소리는 "누가 내게 선한 것을 보여 주랴?"라는 말뿐입니다(시 4:6). 그러니 우리가 이 세상에서 어떤 식으로 위대해지고 높아지고 부유해질 수 있겠습니까? 우리가 고난은 아랑곳 하지 않고 우리의 고통도 길지 않다면 우린 그저 "가옥에 가옥을 이으며 전토에 전토를 더하"고 돈 가방에 돈 가방을, 땅에 땅을 이으려 할 것입니다(사 5:8). 오, 그리스도인들이 자신의 왕관에 보석을 붙일 생각이나 갈망이 없는데 어떻게 모든 고난 가운데서 갈수록 더 침묵하고 잠잠해질 수 있겠습니까? 오래도록 고난을 견딘 그리스도인에게는 빈틈없고 완전한 거래가 성사될 것입니다. 즉 하나님께서 계수하시는 날이 이를 때 그는 가장 풍성한 보상을 받을 것입니다.

6. 오랜 고통은 때로 오래 지속되는 자비를 받도록 준비시킵니다. 요셉의 십삼 년간의 감옥생활은 다만 팔 년을 왕같이 통치하는 준비 기간에 지나지 않았습니다. 다윗의 칠 년간의 유랑생활은 사십 년을 명성과

영광으로 치세하는 준비 기간에 불과했습니다. 욥의 오랜 고난의 시간은 여러분이 욥의 결국을 볼 수 있는 것처럼 그보다 더 오래 지속되는 자비를 받도록 준비시킨 기간이었습니다. 유대인들이 육백 년 넘게 견뎌야 했던 그 슬프고 쓰라린 시련은 어떤 의미에서 하나님께서 마지막 날에 다음 같은 말씀으로 그들에게 면류관을 씌워 주시며 비할 데 없는 자비와 끝이 없는 영광을 받도록 그들을 준비시키는 시간이 될지 모릅니다. "너 곤고하며 광풍에 요동하여 안위를 받지 못한 자여 보라 내가 화려한 채색으로 네 돌 사이에 더하며 청옥으로 네 기초를 쌓으며 홍보석으로 네 성벽을 지으며 석류석으로 네 성문을 만들고 네 지경을 다 보석으로 꾸밀 것이며 네 모든 자녀는 여호와의 교훈을 받을 것이니 네 자녀에게는 큰 평안이 있을 것이며 너는 공의로 설 것이며 학대가 네게서 멀어질 것인즉 네가 두려워하지 아니할 것이며 공포도 네게 가까이하지 못할 것이라"(사 54:11–14).

유대인들이 오랫동안 고난 당하고 이리저리 맞고 다녔어도 결국 영광스러운 토대로 세워질 것입니다. 하나님께서 현재 그들이 당하는 고통스러운 상황에서 그들을 일으켜 세워 주실 뿐만 아니라 이 세상에서 가장 탁월하고 영광스러운 상태가 되게 하실 것입니다. 그때 그들은 매우 영광스러워질 것이고 그들의 영적 체험과 겉으로 드러나는 존엄함이 온 세상에 두루 비칠 것입니다. "너를 괴롭히던 자의 자손이 몸을 굽혀 네게 나아오며 너를 멸시하던 모든 자가 네 발 아래에 엎드려 너를 일컬어 여호와의 성읍이라, 이스라엘의 거룩한 이의 시온이라 하리라"(사 60:14).

오, 그리스도인 여러분! 오랜 고난의 시간 속에서 불평하거나 투덜대지 마십시오. 왜냐하면 이 오랜 고난의 시기가 어쩌면 하나님께서 여러분 각자가 그 끝을 모르는 엄청난 호의와 복을 받기에 걸맞은 자가 되도록 준비시키는 시간일지도 모르기 때문입니다. 많은 경우 하나님께서는 오랜 고난을 통해 자신의 백성들이 일시적인 자비뿐만 아니라 영적이고 영원한 자비를 받도록 준비시키시기 때문입니다. 만일 하나님께서 오랜 고난의 시간을 통해 여러분의 영혼이 성부, 성자, 성령 하나님과 그분의 말씀을 위한 여러 개의 방을 마련할 수 있게 하시고, 여러분의 마음이 세상에 대해 더욱 죽게 하시고, 여러분의 기질과 마음의 틀과 성향이 하늘의 즐거움을 누리는 데 더 적합하도록 하신다면 여러분이 어떤 이유로 불평하겠습니까?

7. 이 땅에서 성도가 받는 고난의 시간이 길수록 하늘에서 그는 영광을 더 크게 입고 빛날 것입니다. 고난이 길수록 내세에 받을 영광은 더 커집니다. 이 진리는 아래와 같은 여러 사실을 입증합니다.

(1) 은혜로운 영혼은 고난을 받으면 받을수록 더 큰 은혜를 체험하며, 그 은혜가 더 커집니다(롬 5:3-5; 히 12:10). 은혜는 영광과 이름만 다를 뿐이지 서로 다른 게 아닙니다. 은혜는 영광 속에서 싹을 틔우고 영광은 은혜 가운데 활짝 만개합니다. 영광은 다만 은혜가 완벽하게 모습을 드러낸 것에 지나지 않습니다. 하늘의 행복도 거룩함이 완벽해진 것에 지나지 않습니다. 은혜는 그 씨에 영광을 품고 있다가 은혜가 꽃이

되면 그 영광이 활짝 제 모습을 드러냅니다. 은혜는 영광의 군사요 영광은 은혜의 승전가입니다. 은혜와 영광은 정도의 차이만 있을 뿐 서로 다른 종류는 아닙니다. 이제 가장 확실해진 사실은 은혜로운 영혼이 더 오래 고난을 받을수록 은혜가 더 풍성히 역사한 관계로 더 풍성한 은혜를 체험한다는 것입니다. 은혜가 더 풍성히 역사할수록 은혜는 점점 커진다는 것을 이미 이 강론에서 충분히 입증했습니다.

(2) 은혜로운 영혼이 고난을 오래 받을수록 그가 행하는 경건의 의무들은 더 다양해질 것입니다. "나는 사랑하나 그들은 도리어 나를 대적하니 나는 기도할 뿐이라"(시 109:4). 이 말씀의 마지막 표현을 히브리 성경으로 읽으면 "나는 기도하는 자가 될 뿐이라" 또는 "기도의 사람"이라고 할 수 있겠습니다. 고난의 때에 그리스도인들은 모든 기도의 종류를 실천합니다. 고난의 때에 그들은 기도의 사람 이상의 존재가 될 수 없습니다. 기도에 자신을 모두 내주는 사람이 될 뿐입니다. 고난의 때에 주님께서 역사하시면 그들은 그렇게 자주, 그렇게 열렬히, 그렇게 풍성한 내용으로 기도하는 자가 될 수밖에 없습니다. "주님! 이 시련 속에서 그들이 주님을 찾습니다. 주님께서 그들을 징계하실 때 그들이 기도에 매진합니다." 자, 이제 그들은 기도할 뿐만 아니라 기도에 자신을 쏟아 붓습니다. 하나님의 매가 그들을 치실 때 그들은 자유롭게 기도하고 크게 기도하며 풍성한 내용으로 기도하는 자가 됩니다.

보십시오! 불이 나면 사람들이 많은 물을 쏟아부어 그 불을 끄듯이 그들은 주님 앞에서 풍성한 기도를 쏟아 냅니다. 고난이 한 사람을 그렇게 많이 기도하게끔 몰고 가면, 이제 그는 그에 화답하듯이 여러 종교적 의무를 실천합니다. 자, 이제 한 가지 가장 확실해진 것은 어떤 사람도 하나님께 자신의 행위에 따른 보상을 요구할 수 없지만 모든 사람이 각자 자신이 행한 것에 따라 보상을 받을 것이라는 사실입니다. "그러므로 내 사랑하는 형제들아 견실하며 흔들리지 말고 항상 주의 일에 더욱 힘쓰는 자들이 되라 이는 너희 수고가 주 안에서 헛되지 않은 줄 앎이라"(고전 15:58). "이것이 곧 적게 심는 자는 적게 거두고 많이 심는 자는 많이 거둔다 하는 말이로다"(고후 9:6). 감사나 복으로 심는 자는 감사로 거둘 것이로되 처음에 행한 모습 그대로 거둘 것입니다.

칼빈은 예레미야 35장 19절에서 말씀하는 레갑 족속의 순종을 탁월하게 해석했습니다. 칼빈은 다음같이 말했습니다. "종종 하나님께서는 덕으로 보이는 것뿐만 아니라 덕이 내비치는 그림자에도 보답하시는데 그것은 다름 아닌 참되고 신실한 경건을 실천하면 하나님께서 참으로 기뻐하신다는 것을 풍성한 보상을 통해 보여 주신 것에 지나지 않습니다." 이제 그리스도인의 고난이 길어진다면 그가 행하는 경건한 섬김도 더 다양해지고 또한 다양해질수록 마지막 날에 그가 받는 영광도 커질 것입니다. 그러므로 성도들이 이 땅에서 받는 고난의 시간이 길어질수록 그가 천국에 이르러 받게 될 영광은 그만큼 커지는 것입니다.

(3) 어떤 성도든 고난의 시간이 길어질수록 그리스도의 형상과 모습으로 변모해 간다는 것입니다. 그것이 바로 고난 중에 있는 하나님의 백성을 향한 하나님의 위대하신 의도와 목적입니다. 그렇게 그들을 아들과 더욱 닮아 가게 하십니다. 또한 하나님의 이 목적은 결코 실패하지 않을 것입니다. 사람은 수시로 자신이 설정한 목적에 실패하지만 하

나님께 결코 실패란 없습니다. 성도들의 체험이 이구동성으로 말하는 바는 하나님께서 고난을 통해 그분의 사람들을 그분의 목적에 부합하도록 매일매일 성취해 나가신다는 것입니다. 그러므로 고난이 길어질수록 그들이 그리스도의 온유하심, 겸손하심, 성결하심, 하늘의 성품, 믿음의 실천, 사랑, 자기 부인, 경건하심과 연민 등을 닮아 갈 것입니다. 이제 한 가지 확실한 것은 그리스도를 더욱 닮아 갈수록 그리스도에게 더욱 사랑받는 자가 될 것이라는 사실입니다. 또한 그리스도인이 그리스도를 더욱 닮아 갈수록 그는 그리스도께 더 큰 기쁨이 된다는 것이고 이 땅에서 그리스도를 더욱 닮아 갈수록 천국에서 그리스도 옆에 앉는 자리가 더욱 가까워질 것이라는 사실입니다. 고난만큼 한 사람이 그렇게 그리스도를 닮아 가도록 만들어 주는 것도 없습니다. 많은 사람이 십자가를 견뎌 내지 않고 그리스도에게서 면류관을 받으려고 합니다.

8. 조급함은 슬퍼하는 날을 더 연장시킬 뿐입니다. 조급하게 구는 행동 모두 사슬에 더 많은 사슬이 얽히는 결과를 낳을 뿐입니다. 안달하는 행동 모두 이미 채찍으로 맞았음에도 더 많은 채찍질을 부추길 뿐이고 불평하는 모든 태도는 잇따른 타격을 부르고 찌른 곳에 또 찌르게 할 뿐이며 투덜대는 모습 모두 짐에 짐을 더하고 폭풍에 다른 폭풍을 부르는 일만 초래할 뿐입니다. 고난을 길게 늘이는 가장 빠른 지름길은 고난 속에서 계속 안달하고 짜증 내며 불평하는 것입니다. 고난 속에서 잠잠하고 침묵할 때 오히려 오랜 고난이 어느새 금방 끝나는 것을 볼 것입니다.

9. 하나님의 때가 최적의 때입니다. 그때만큼 자비가 임박한 때도 없습니다. 사람이 하나님께서 자비의 시간과 그를 구원해 주실 시간을 정하시도록 기꺼이 자유롭게 자신의 마음의 틀을 고정시킬 때 그때만큼 구원이 바로 눈앞에 있는 경우가 없고 그때만큼 고난에서 벗어나는 때가 바로 문 밖에 있는 경우도 없습니다(행 27:13-44). 환자가 편안해지는 최적의 때는 바로 의사에게 치료를 받을 때입니다. 조급한 환자는 담당 의사한테 소리 지르며 "오! 선생님, 조금이라도 저를 편하게 해주시고, 조금이라도 힘을 내게 해주세요! 오, 이 고통과 괴로움 때문에 죽겠어요! 오, 선생님, 제가 편안해지고 원기를 회복하는 데는 모두 해봤자 두 시간, 아니 잠깐이면 될 거 같은데요." 하지만 현명한 의사는 모래시계를 뒤집으면서 자신의 환자가 초조해하고 흥분하고 으르렁대고 눈물을 흘리는 것에 개의치 않고 이 치료 방법으로는 오래 걸린다고 결론을 내려 줄 것입니다. 이처럼 우리도 고난 속에서 하나님께 울면서 "편해질 날이 오고 여기서 벗어나려면 얼마나 더 이렇게 지내야 하나요? 오, 고난 속에서 당하는 이 고통, 이 괴로움! 조금이라도 원기가 회복될 수 있다면! 오, 이 긴긴 밤이여! 오, 지루하기 짝이 없는 날들이여!"라고 외치곤 합니다. 하지만 하나님께서는 모래시계를 뒤집으시면서 모래시계의 모래가 다 내려올 때까지 우리가 외치는 소리에 귀 기울이시지 않을 것입니다. 우리가 실컷 안달하고 흥분한 이후라도 우리는 하나님의 시간을 기다려야 합니다. 하나님께서 우리가 구원받는 최적의 시간과 모든 문제에서 어떻게 벗어날 수 있는지 아시기 때문입니다. 하나님께서는 뒤집은 모래시계의 모래가 다 내려올 때까지 조금도 꿈쩍하지 않으실

것입니다.

10. 마지막으로, 고난은 우리에게 유익이 되거나 우리에게 무엇인가 필요한 것이 생기지 않는 이상 일어나지 않습니다. 영혼이나 몸이나 다를 바 없는 경우가 있습니다. 즉 신체 중 일부는 다른 부위보다 더 빨리, 어느 순간 회복이 됩니다. 영혼도 마찬가지입니다. 하나님께서 우리에게 석고를 바르실 때 하루에도 몇 분이나 몇 시간이 아닌 필요한 것을 다 이루실 때까지 시간을 길게 잡으시는 것입니다. 어떤 육신은 빨리 치유됩니다. 그런데 교만한 육신은 치료하는 데 상당한 시간이 걸립니다. 같은 고난이라도 하나님께서 어떤 사람은 빨리 고치시고 어떤 사람은 시간이 걸립니다. "그러므로 너희가 이제 여러 가지 시험으로(또는 다양한 고난으로) 말미암아 잠깐 근심하게 되지 않을 수 없으나…"(벧전 1:6). 여러분이 지고 있는 짐은 필요한 것이 완료되면 더는 지지 않게 될 것입니다. 여러분의 고통도 필요한 것이 완료되면 더 지속되지 않을 것이고 여러분의 병도 필요한 것이 완료되면 더 머물지 않을 것입니다. 하늘 아버지는 그분의 사랑만큼이나 현명한 의사십니다. 그래서 여러분의 마음이 높아지기 시작하면 그 마음을 낮추시기 위해 적절하게 지워 줄 무거운 고난이 과연 필요한지 살펴보십시오. 또한 여러분의 마음이 냉랭해지면 그 마음이 따뜻해지는 데 맹렬한 고난이 과연 필요한지 살피시고 여러분의 마음이 둔해지고 죽은 것같이 되면 그 마음을 살아나게 하고 각성시키는 데 예리한 고난이 과연 필요한지 살피십니다. 그렇게 조치를 취하셔서 여러분의 유익을 위한 작업이 완료되면 고난은

더는 지속되지 않습니다. 그러므로 여러분의 고난이 길다고 불평할 이유가 없습니다. 이로써 본서의 전반부에서 주장한 내용들 모두 충분히 입증했다고 봅니다. 그래도 다음 네 번째 이의에 답변할 내용이 제법 있습니다.

이의 4 고난 중에서 잠잠하고 침묵을 지키려 해도 고난이 마치 바다가 일렁일 때 바닷물이 목으로 계속 들어오는 것처럼 날마다 증가하고 커집니다. 상황이 이런데 어떻게 평안을 붙들 수 있겠습니까? 제 마음속에서 슬픔이 날마다 커지는데 어떻게 손을 입에 댈 수 있겠습니까? 이 질문에 답변해 주십시오.

1. 여러분의 고난은 여러분의 죄만큼 다양하지 않습니다(시 51:3). 여러분의 죄는 하늘의 별과 바다의 모래알같이 많아 셀 수가 없을 정도입니다. 아무 그리스도인이라도 셀 수 없는 것 세 가지가 있습니다.

1. 자신의 죄
2. 하나님의 호의
3. 하나님 우편에 있는 기쁨과 즐거움

이 세상에서 자신의 문제와 고난의 수를 재빨리 합산해 보는 그리스도인만큼 어리석은 회계사도 없습니다. 오, 그리스도인 여러분, 여러분의 죄는 이 땅을 가득 채운 아람 사람 같습니다. 그에 비하면 여러분의 고난은 아람 사람 앞에서 태평하게 풀을 뜯어 먹는 적은 염소 떼와 같습니다(왕상 20:27). 그러므로 주님 앞에서 침묵을 지키십시오.

2. 고난 속에서 잠잠하고 침묵할 게 아니라면 고통은 더 커지고 다양해질 것입니다. 고난이 그렇게 커진 경우치고 세상에서 고난 중에 잠잠하고 침묵을 지킨 사람을 보질 못했습니다. 한 가지 확실한 것은 그런 자가 날마다 점점 양이 많아지는 고난의 물을 미처 발견하지 못하고 있다는 것입니다. 그렇지 않고서야 어떻게 그렇게 양 떼와 소 떼처럼 울어 댈 수 있단 말입니까(삼상 15:14)? 그리스도인으로서 매일 한숨 쉬고 신음하고 불평하는데 에스겔서에 나오는 성소의 물같이 계속 늘어나는 문제가 그칠 리 있겠습니까(겔 47:1, 20)? 날마다 우리에게 새로운 곤경, 새로운 괴로움, 새로운 십자가, 새롭게 발견되는 손실, 새로운 시련의 조류가 밀려올 뿐입니다.

3. 여러분의 고난은 하나님께서 전능하신 능력으로 다양하게 행하시는 것보다 많지 않습니다. 하나님께서는 손쉽게 두 명으로 열 명의 몫을 이루시며, 열 명으로 백 명의 몫을, 백 명으로 천 명의 몫을 이루십니다. 여러분의 고난이 많다 해도 내버려 두십시오. 그 고난의 수가 하나님께서 자신의 공의로 여러분의 죄악들과 황폐한 마음을 다루시는 수에도 미치지 못합니다. 여러분에게 고통을 주는 고난의 수와 하나님께서 타격을 가하실 죄의 수는 가히 비교할 수 없습니다. 여러분은 짐이 하나만 있을지 모르지만 정작 하나님께서 여러분에게 지우셔야 할

짐은 수천 개가 넘습니다. 다만 여러분에게 그 모든 짐을 지우지 않으실 뿐입니다. 그러므로 주님 앞에서 잠잠하십시오.

4. 여러분의 고난의 수는 여러분이 받은 자비의 수에 미치지 못합니다. 절대 미치지 못합니다. 만일 여러분이 받은 자비를 열거해야 하는 날이 오면 하루 동안 다 열거하지 못할 것입니다. 여러분이 받은 위로에 비하면 십자가가 다 무엇입니까? 여러분이 받은 자비에 비하면 여러분의 불행이, 여러분이 건강했던 날에 비하면 아픈 날이, 기운이 넘치는 날에 비하면 약했던 날이, 여러분이 풍성하게 누렸던 것에 비하면 결핍된 것이 다 무엇입니까? 그렇기 때문에 현명한 전도자가 다음의 말씀을 진지하게 숙고해 보라고 하지 않았습니까? "형통한 날에는 기뻐하고 곤고한 날에는 되돌아보아라 – 우리가 왜 이렇게 되돌아 봐야 합니까? – 이 두 가지를 하나님이 병행하게 하사 사람이 그의 장래 일을 능히 헤아려 알지 못하게 하셨느니라"(전 7:14). 하나님께서 여름과 겨울, 낮과 밤, 좋은 날씨와 궂은 날씨를 정하시고 이 모든 것을 서로 병행하게 하셨습니다. 마찬가지로 우리가 현재 당하는 고난에 자비를 병행하게 하셔서 우리가 받은 자비가 고난을 훨씬 능가한다는 것을 눈앞에서 확인하게 하십니다. 이렇게 전능하신 능력으로 현재의 고난을 통해 균형을 맞춰 가시는 것입니다. 그러므로 잠잠하시고 입에 손을 대십시오.

5. 여러분이 정당하고 바르게 계수한다면 여러분의 고난의 수가 다

른 성도들에게 임한 고난의 수보다 많지 않다는 것을 알게 될 것입니다. 여러분은 아브라함과 야곱과 요셉과 욥과 아삽과 헤만에게 임한 고난은 고려하지 않으셨습니까? 만일 여러분이 고려해 보시면 그들이 당한 고난과 여러분의 고난을 비교해 볼 때 여러분의 고난은 고난도 아니라고 말할 것입니다. 그들의 삶은 온통 슬픔과 고난으로 가득했습니다. 그래도 이런 고난이 여러분의 고난은 아닐 것입니다. 그러므로 하나님의 매에 입을 맞추시고 잠잠하십시오. 만일 여러분이 눈을 들어 여러분의 친척이나 친구나 이웃이 당하고 있는 고난의 수를 눈여겨본다면 그들의 고난이 여러분의 고난보다 훨씬 무겁다는 것을 알게 될 것입니다. 그러므로 잠잠하고 불평하지 말고 평안을 붙드십시오.

6. 여러분의 고난의 수는 우리 주 예수님께서 겪으신 고난의 수에 미치지 못합니다. 그분의 일생이—요람에서 십자가에 이르기까지—고난이 아닌 순간이 없었습니다. 오소리우스(Osorius)[72]는 그리스도의 수난에 대해 쓰며 다음같이 말했습니다. "왕의 면류관을 쓰셨던 머리에 생긴 일흔두 개의 상처. 이 세상에서 주님이 견디셔야 했던 그 일흔두 가지 고통. 신약 성경을 읽게 되면 아무도 이 사실을 그냥 지나칠 수 없으니, 주님을 지칭한 또 하나의 명칭. 그것은 '슬픔의 사람.'" 주님의 전 생애는 슬픔뿐이었습니다. 주님은 나이가 삼십이 조금 지나시자마자 온통 슬픔과 고통과 괴로움과 반대와 박해의 옷이 온 몸을 둘렀습니다. 유대인들은 네가 과연 나이가 오십이나 되냐고 비난했습니다(요 8:57). 사랑하는 친구의 수와 하늘의 별의 수가 좋은 비교가 될 수 있듯이 인

간으로서의 주님의 고통과 그리스도로서의 주님의 고통을 함께 비교해 보십시오.

7. 불평과 투덜댐은 고난의 수를 더하게 할 뿐입니다. 아이가 매를 맞을 때 떼쓰고 몸부림치면 매를 더하고 아이는 더 많이 맞게 됩니다. 고난의 경우도 이와 마찬가지라는 것을 이미 앞서 충분히 입증했습니다.

8. 마지막으로, 고난이 많더라도 그리스도의 우편에 있는 기쁨과 즐거움과 환희의 수보다 많지 않습니다. 하늘의 기쁨이 무궁하고 이것과 비교할 게 없는 것처럼 그리스도의 우편에 있는 기쁨과 즐거움과 환희의 수도 셀 수 없습니다. 아우구스티누스는 천국을 말하면서 그 기쁨을 셀 수 있다면 바닷물을 한 방울씩 나누는 것과 거대한 용광로에서 번쩍이는 작은 불꽃 하나하나에 비교할 수 있다고 했습니다. 영생의 좋은 점들이 너무 많아 그 수를 세는 데 숫자가 무색할 정도입니다. 그 정도로 어마어마해서 측량이 불가하고 아주 귀해 그 가치를 가늠할 수 없습니다. 그리스도와 천국에 대해서는 아무리 과장해도 지나침이 없습니다. 성도들이 영광스러운 상태로 들어갈 때 수를 헤아릴 수 없는 기쁨과 환희와 함께 고난도 같이 자리할 것입니다. 그래서 인생은 마땅히 이래야 되고 저래서는 안 된다고 말하던 사람이 천국에 대해 듣게 되면 한 사람의 인생 안에 모두 좋은 것만 있다고 말하게 될 것입니다. 왜냐하면 천국에서는 천상의 소리와 음악이 그치지 않고 좋은 향기가 사라지지 않으며 만찬이 끊이지 않고 영원함이 선사하는 복이 끝도 없이 지

속되는 것을 볼 것이기 때문입니다. 이로써 네 번째 이의에 충분히 답변했다고 봅니다.

이의 5 저의 고난이 너무 거대한데 어떻게 평안을 붙들 수 있겠습니까? 고난이 많아도 거대하지 않다면 잠잠할 수 있을 것입니다. 하지만 비극입니다! 저의 고난은 너무 거대합니다. 오! 그런 고난 아래서 제가 어찌 침묵할 수 있겠습니까? 제가 어떻게 입에 손을 댈 수 있겠습니까?

이 질문에 답변하겠습니다.

1. 여러분의 고난이 거대할지라도 심판 받아야 할 여러분의 죄나 자아만큼 거대하진 않습니다. 그러므로 주님 앞에서 계속 침묵하십시오. "우리의 악한 행실과 큰 죄로 말미암아 이 모든 일을 당하였사오나 우리 하나님이 우리 죄악보다 형벌을 가볍게 하시고 이만큼 백성을 남겨 주셨사오니"(스 9:13). 거대한 죄들에 대한 자각과 그 죄들에 대한 죄책감이 가장 극심한 고난 가운데서 침묵하게 만듭니다. 자신의 죄가 참으로 거대하다는 것을 알 때까지 자신의 고난이 무겁다고 불만을 토로하는 일은 수그러들지 않을 것입니다. 거대한 고난을 통해 자신의 죄가 크다는 것을 깨닫게 해주는 것은 다름 아닌 하나님의 공의입니다. 그러므로 입을 다무십시오. 거대한 바위 같고 견고한 산과 같은 여러분의 죄에 비하면 고난은 정말 작은 것입니다. 그러므로 입에 손을 대십시오. 가장 극심한 고난 가운데 자신의 죄가 참으로 크다는 것이 생각날

때마다 그 사람의 영혼은 진정되고 잠잠해집니다. 하지만 여러분의 죄가 크다는 것을 알게 된 뒤에도 계속 입을 다물지 않고 마음이 잠잠해지지 않으면 앞으로 어떤 일이 일어날지 장담할 수 없습니다.

  2. 성경을 통해 알게 되는 놀라운 사실에 눈을 뜬다면 여러분의 고난이 거대하게 느껴지지 않을 것입니다(벧전 5:10). 많은 경우 거듭나지 않은 자의 이성은 하찮은 것을 거대하게 여기고 손에 긁힌 상처를 창에 가슴이 찔린 것으로 확대합니다. 즉 코끼리에 붙은 하루살이나 작은 피그미를 거대한 존재처럼 생각하는 것입니다. 또한 거듭나지 않은 사람의 이성은 오류라는 안경을 끼고 문제를 바라봅니다. 그래서 큰 문제가 하찮게 보이고 작은 문제가 거대하게 보입니다. 이처럼 여러분도 자신의 고난을 이런 식으로 잘못 생각할 수 있습니다(사 54:7-8). 여러분의 고난을 말씀의 안경으로 보시고 여러분의 고난에 성경의 옷을 입히십시오. 그러면 고난들이 참으로 작다는 것을 알게 될 것입니다. 복음의 안경을 끼고 바라보면 다음같이 말하게 될 것입니다. "고난의 무게가 막중하다고 생각했는데 알고 보니 가벼웠어. 고난이 길다고 생각했는데 짧은 거였어. 고난이 참 쓰다고 느꼈는데 이 정도면 달콤한 거야. 큰 고난이라 생각했는데 작은 거였어." 복음의 빛과 잣대로 여러분의 고난을 가늠해 보는 것이 좋습니다. "그러므로 우리가 낙심하지 아니하노니 우리의 겉사람은 낡아지나 우리의 속사람은 날로 새로워지도다 우리가 잠시 받는 환난의 경한 것이 지극히 크고 영원한 영광의 중한 것을 우리에게 이루게 함이니 우리가 주목하는 것은 보이는 것이 아니요 보이지 않는 것

이니 보이는 것은 잠깐이요 보이지 않는 것은 영원함이라"(고후 4:16).

기술자였던 아르테몬(Artemon)[73]은 자신의 그림자를 무서워했습니다. 성경의 옷을 입지 않고 자신의 고난을 보는 자들은 곤경의 그림자만 봐도 치를 떨며 다음같이 울부짖을 것입니다. "고난을 당해도 나 같은 고난은 겪어 보지 못했을걸. 짐을 져도 내가 진 짐 같지 않을 거야. 십자가를 져도 내가 진 십자가 같진 않을걸. 무엇을 잃었어도 내가 잃은 것처럼 처참하진 않을 거야!" 하지만 복음의 안경을 끼고 보는 사람은 시각부터 달라집니다. 그가 생각했던 것처럼 사자가 항상 그 정도로 무섭거나 끔찍하지 않고 자신의 곤궁이 상상했던 것보다 크지 않습니다. 하갈이 가진 물병의 물이 다 떨어지자 그녀는 세상이 완전히 끝난 것처럼 주저앉아 울었습니다(창 21:17-19 이하). 그녀가 받은 도움과 그녀의 인내, 그녀의 물병과 그녀의 소망이 모두 한순간에 사라졌기 때문입니다. 하지만 그녀의 고통은 상상했던 것과는 달리 그리 크지 않았습니다. 왜냐하면 바로 근처에 우물이 있었기 때문입니다. 그 순간 미처 우물을 보지 못한 것입니다. 많은 경우 그리스도인들이 이렇습니다. 그들의 눈에 현재의 고난과 짐은 텅 빈 물병같이 아무 소망도 없는 것으로밖에 보이지 않아 엎드려 울기만 하고 마음은 온통 암흑같이 되어 불만을 토하고 한탄하며 불평합니다! 눈만 들면 바로 가까이에 우물이 있는데 말입니다. 그것도 그냥 우물이 아니라 위로의 우물, 원기를 회복시켜 주는 우물, 구원의 우물인데도 그들은 자신들이 상상한 대로 마냥 슬퍼할 뿐이고 최악으로만 생각합니다.

3. 고난이 거대할수록 구원은 더 가까이 있습니다. 물살이 높이 올라도 구원은 날개를 타고 그 물살 위를 넘어 우리에게 옵니다. 여러분의 곤궁이 매우 높이 치솟을 때 자비는 장대를 땅에 길게 꽂고 여러분을 안고 하늘 높이 비상하며 구원할 것입니다. "참으로 여호와께서 자기 백성을 판단하시고 그 종들을 불쌍히 여기시리니 곧 그들의 무력함과 갇힌 자나 놓인 자가 없음을 보시는 때에로다"(신 32:36). 옛 이스라엘과 후대의 영국은 종종 이 사실을 체험하곤 했습니다. 물이 항아리의 아귀까지 거의 차올라가고 있을 때가 바로 포도주로 변하기 직전이었던 것처럼(요 2:1-11), 우리의 고난이 최고조에 이를 때가 바로 자비와 구원이 가장 임박할 때였다는 것을 수시로 확인할 수 있습니다. 그리스도인의 고통이 아귀까지 차오르면 그때가 바로 위로의 포도주로 변할 때입니다. 그러므로 평안을 붙들고 불평하지 말고 주님 앞에서 잠잠하십시오.

4. 장차 드러날 영광에 비하면 여러분의 고난은 크지 않습니다(고후 4:16-18). "생각하건대 현재의 고난은 장차 우리에게 나타날 영광과 비교할 수 없도다"(롬 8:18). 사도의 이 진술 속에서 한 가지 결론을 내릴 수 있는 것은 이 세상에서 우리가 만날 모든 고통과 얽매임과 곤란함과 시련과 고통은 하늘의 영광에 비하면 너무 작아 서로 균형을 맞출 수도 없다는 것입니다. 수리학자가 컴퍼스로 지구의 전체 크기를 셀 수 없이 많은 단위로 산출할지라도 하늘의 궁창이 수놓은 수많은 별과 우주의 위대함에 비하면 턱없이 작은 것입니다. 마찬가지로 이 땅의 괴로움과 고난과 슬픔은 영원한 행복과 지복에 비하면 아무것도 아닌 것으로 간

주할 수밖에 없습니다. 그 괴로움과 고난은 수많은 별로 가득한 하늘에 비하면 펜으로 점 하나 찍은 것에 불과합니다.

천국의 영광에 대해 세상에서 자세히 들을지라도 실지로 천국에 가서 보면 4분의 1분도 안 된다는 것을 알게 될 것입니다. 그렇게 천국의 영광은 상상을 초월하며 도저히 표현 불가능한 것입니다! 아우구스티누스는 공교롭게도 히에로니무스가 죽은 바로 그날 자신의 서재에서 천국의 영광에 대해 연구하다 펜과 잉크, 종이를 가져다 히에로니무스에게 보낼 천국의 영광에 대해 적고 있었습니다. 그런데 갑자기 어떤 깨어진 틈을 통해 빛이 들어오는 듯한 느낌을 받았습니다. 게다가 어떤 향긋한 냄새도 나는 것 같고 심중에 다음 같은 소리가 들리는 것 같았습니다. "오, 아우구스티누스여! 지금 무엇을 하고 있는가? 작은 용기에 바다를 담을 수 있을 것으로 생각하는가? 하늘이 잠시 움직임을 멈추기라도 한 듯 그대는 하늘의 영광을 이해할 수 있을 것으로 보는가? 그런 사람은 지금까지 단 한 명도 없었다네!"

니케포루스(Nicephorus)[74]는 위대한 인물이었던 아그바루스(Agbarus)[75]에 대한 일화 하나를 언급했습니다. 아그바루스는 예수님께서 기적을 행하신 것으로 많은 명성을 얻으신 것을 듣고 화가를 한 명 보내 예수님의 초상화를 한 점 그려 오라고 시켰습니다. 하지만 그 화가는 예수님을 보게 되자 그릴 수 없었습니다. 왜냐하면 그리스도의 얼굴에서 나오는 광채와 신성한 빛 때문이었습니다. 하늘에서 성도들을 위해 보존 중인 광채와 눈부신 빛과 영광과 복락과 복이 바로 그렇습니다. 이것은 이 땅의 모든 사람의 혀를 다 동원해도 표현할 수 없고 하늘의 영광 속에 빛나는 천사의 탁월함 역시 상상을 초월하는 것입니다. 천국의 영광의 비전을 여러분은 결코 표현할 수 없습니다! 천국에 이르자마자 우리가 감히 어떻다고 단언할 수 없었던 것을 곧바로 느끼고 누리게 되는 것이야말로 가장 좋은 것 아니겠습니까!

5. 저주받은 자들이 지옥에서 받는 고통과 괴로움에 비하면 이 세상에서 마주치는 고난은 거대하다고 할 수 없습니다. 저주받은 자들은 이 세상에 있을 때 여러분만큼 많은 죄를 짓지도 않았습니다! 의심할 여지가 없는 것은 현재 지옥에 있는 많은 사람이 여러분처럼 그렇게 거룩한 빛을 대적하며 죄를 짓지 않았다는 사실입니다. 또한 여러분처럼 하나님의 특별한 사랑을 거부하며 죄 짓지도 않았고, 여러분처럼 특별히 마련된 하나님의 수단을 거부하며 죄 짓지도 않았으며, 여러분처럼 그렇게 고귀한 자비를 거스르며 죄 짓지도 않았고, 여러분처럼 하나님의 많은 처방을 무시하며 죄 짓지도 않았습니다. 한 가지 확실한 것은 현재 영원한 지옥 불에 타면서 비명을 지르는 많은 이들이 여러분같이 양심이 강하게 정죄하는 것을 무시하면서까지 죄 짓지 않았고, 여러분처럼 성령님께서 그렇게 친밀하고 강력하게 설득시키시는 것을 멸시하면서까지 죄 짓지 않았으며, 여러분같이 값없이 주시는 자비와 풍성하고 부드럽게 제시된 은혜를 멸시하면서까지 죄 짓지 않았고, 여러분같이 구세주께서 죽으실 때 흘리신 피로 부드럽게 호소하시고 여러 가지로 간청하신 것을 경멸하면서까지 죄 짓지 않았다는 것입니다. 그러므로 주님 앞에서 잠잠하십시오. 여러분이 괴롭다고 호소하는 고통과 괴로움

은 저주받은 자들의 고통에 비하면 아무것도 아닙니다. 저주받은 자들의 고통은 열거할 수 없고 그 고통의 깊이는 바닥을 모르며 그 고통을 위한 처방도 없으며 모든 것이 끝이 없을 뿐입니다! 그들의 고통을 일순간이라도 완화시켜 주는 것도 없습니다. 첫 번째 과정을 거칠 때 눈물만 나오다가 두 번째 과정을 거칠 땐 이를 갈게 되며 세 번째 과정에서는 벌레가 그들을 파먹고 네 번째 과정에선 참을 수 없는 고통이 수반되는 것입니다! 하지만 육체의 고통은 육체에 한정될 뿐이지만 영혼의 슬픔과 고통은 말로 다 표현할 수 없는 것입니다. 다섯 번째 과정이 기다리고 있는 것은 바로 그 좋으신 하나님과 영원히 멀어지고 분리되는 것입니다!

아, 그리스도인 여러분! 가장 극심한 고난 가운데 있다 할지라도 어떻게 이런 일을 진지하게 생각하지 않을 수 없으며 그럼으로 말미암아 손을 입에 대지 않을 수 있겠습니까? 여러분의 죄는 현재 지옥에 있는 자들보다 훨씬 큽니다. 그리고 여러분이 '거대하다'고 말하는 고난은 저주받은 자들의 고통에 비하면 벼룩이 무는 것에 불과할 뿐입니다! 그러므로 불평하는 입을 다물게 하고 주님 앞에서 잠잠하십시오!

6. 마지막으로, 그래도 여러분의 고난이 너무 크다고 말하고 싶으면 다음 한 가지 사실을 명심하십시오. 더 무서운 일을 초래하는 정신 나가고 어리석은 자들이 바로 불평하는 자들이라는 것을! 불평하는 모든 행위는 짐에 짐을 더하고 고생에 고생을 더하는 짓입니다. 이스라엘은 무거운 고난 속에서 금세 불평했고 곧 그들의 불평은 철저한 파멸일 뿐

임을 입증하고 말았습니다. 그 같은 사실을 민수기 14장에서 확인할 수 있습니다. 불평은 하나님을 격동시켜 고난의 용광로를 일곱 배나 더 뜨겁게 달굴 뿐입니다(고전 10:11)! 이로써 다섯 번째 이의에 대한 충분한 답변이 된 것 같습니다.

이의 6 오! 하지만 저의 고난은 다른 사람의 고난보다 더 큽니다. 이러니 제가 잠잠할 수 있겠습니까? 오! 저 같은 고난도 없습니다! 사정이 이러니 어찌 불평을 안 할 수 있겠습니까?

저의 답변은 아래와 같습니다.

1. 여러분의 죄가 다른 사람보다 더 큽니다(렘 3:6-12). 여러분이 다른 사람보다 하나님의 빛과 사랑, 자비, 그간의 여러분 자신의 체험, 하나님의 약속을 대적해 죄를 지었다면 여러분의 고난이 남들보다 커도 하나 이상할 게 없습니다! 지금 언급한 것이 바로 여러분의 경우라면 불평하기보다 더욱 잠잠해야 할 이유가 됩니다. 확실한 것 하나는 여러분의 양심이 작성한 검은 책을 진지하게 들여다보지 않는다면 여러분의 죄가 이 땅에서 죄를 추궁할 수 있는 다른 어떤 사람보다 더 크다는 것입니다! 그렇게 하지 않으면 마땅히 비난을 사게 될 것입니다. 고약한 철학자가 문법학자들에게 자신의 악은 숨기고 율리시즈(Ulysses)[76]의 악만 주장해서 비난을 초래한 것처럼 말입니다. 여러분의 죄가 다른 사람보다 작다는 것을 입증할 수 있을 때까지 여러분의 고난이 다른 사람보

다 크다고 절대로 불평하지 마십시오.

2. 현재 여러분의 정신이 올바르지 못해 하나님께서 여러분과 다른 사람을 다르게 다루신다는 것을 제대로 인식하지 못할 수 있습니다. 정신이 올바르지 못하고 뇌에 문제가 생기면 많은 것을 제대로 볼 수 없습니다. 그래서 작은 문제가 커 보이는 것입니다. 오! 하나님의 심판을 곡해하는 빗나간 감정과 빗나간 상상과 빗나간 결론이여! 바보 같은 황제 이야기가 생각납니다. 그는 자신의 도시가 위대하다는 것을 보여 준답시고 도시의 그 많은 방어진의 위치를 다 알려 주었습니다.

많은 경우 사람들은 마음이 복잡해지면 자신도 알 수 없는 소리를 지껄이거나 상식 밖의 행동을 하기도 합니다. 여러분에게서 먹구름이 가시고 마음이 맑아지고 판단력이 정상으로 돌아오면 그제야 달리 생각하게 될 것입니다. 주정뱅이 왕 필립에게 어느 여인이 호소하여 왕이 제정신으로 돌아온 것을 보십시오. 올바르지 못한 정신을 채근하여 정신이 맑아지도록 하는 것이 좋습니다. 왜냐하면 바로 그것이 우리와 다른 사람을 의의 섭리로 다루시는 하나님을 올바로 인식할 수 있게 해주는 길이기 때문입니다.

3. 주님께서 판단하시기에 여러분의 고난이 다른 사람보다 무거울 필요가 있습니다. 여러분의 마음이 다른 사람보다 더 완악하거나 거만하거나 독하거나 순수하지 못하거나 세속적이고 이기적이고 세상적일 수 있습니다. 아니면 다른 사람보다 더 간교하고 위선적이고 냉정하고

부주의하고 형식적이거나 게으를 수 있습니다. 이제 한 가지 확실한 것은 이 모든 것이 여러분에게 해당한다면 여러분의 완악한 마음을 깨뜨리시기 위해서라도, 여러분의 거만한 마음을 낮추시기 위해서라도, 잘못된 마음을 정결하게 하시기 위해서라도, 세속적인 마음을 영적인 마음으로 바꾸시기 위해서라도 하나님께서는 여러분의 고난이 반드시 다른 사람보다 더 커야 한다고 보십니다. 그러므로 불평하지 마십시오.

질병이 강한 곳에 강한 처방이 내려지는 법입니다. 그렇지 않으면 치료란 없을 것입니다. 하나님께서는 현명한 의사시기 때문에 환자가 너무 약해 조금만 치료해도 나을 것 같으면 절대로 강한 약을 처방해 주지 않으십니다(사 27:8; 렘 30:11; 46:28). 정욕의 못이 더 깊이 파고들수록 우리는 정결해지기 위해 수시로 불에 던져지게 됩니다. 우리가 어그러질수록 우리를 곧게 펴기 위한 하나님의 타격은 많아지고 매서워집니다. 여러분은 너무 오랫동안 정욕을 그러모으고 살았습니다. 그러므로 하나님께서 여러분을 다루실 때 불평할 이유가 없습니다.

4. 여러분의 고난이 특별히 어떤 한 개인의 고난보다 클지라도 의심할 여지가 없는 것은 세상에는 여러분보다 더 큰 고난을 겪고 있는 사람이 많다는 것입니다. 낯선 영역에서 고난의 칼이 마음껏 휘두르는 혹독한 재앙과 불행이 수많은 그리스도인에게 임하고 있는 것을 진지하게 숙고해 볼 수 있습니까? 사실이 그렇다면 여러분의 고난이 남들보다 더 크다고 할 수 있습니까? 절대로 그렇게 말할 수 없을 것입니다! 플리니는 자신의 책 『자연사』에서 바실리스크[77]의 특징은 숨만 내셔도 모든

나무와 숲을 죽이고 이것이 한 번 지나가면 모든 허브와 잔디가 불에 그슬리거나 탄다고 했습니다. 전쟁도 그에 못지않게 음산한 결과를 낳습니다. 칼은 경건한 사람이든 경건하지 못한 사람이든 둘 사이에 무엇이 다른지 모릅니다. 또한 순결한 자건 죄인이건, 젊은이든 노인이든, 종이든 자유자든, 남자건 여자건, 귀한 것이든 천한 것이든, 왕자든 신하든, 귀족이든 거지든 차등을 두지 않습니다. 칼은 어느 하나가 다른 하나와 무엇이 다른지 대조해 보지 않고 온갖 부류의 사람들에게 닥치는 대로 휘두르며 피를 흘립니다. 폴란드나 덴마크나 독일이나 그 밖에 다른 여러 나라의 불쌍한 그리스도인들이라도 차이를 두지 않았습니다. 오늘날까지 많은 사람의 상처가 치유되지 않고 있습니다. 전장의 칼이 이 나라에 휘두른 그 끔찍한 일을 계속 피가 흐르는 마음으로 생생하게 기억할 수 있는 사람이 누가 있겠습니까? 말할 필요도 없이 확실한 사실 하나는 저보다 더 큰 고난으로 고통 받고 있는 사람이 셀 수 없을 정도라는 것입니다. 그들은 피 흘림에 저항하고 있지만 저는 그런 처지에 있지 않습니다(히 12:4).

5. 여러분의 고난이 다른 사람보다 크다면 여러분이 다른 사람보다 은총을 더 크게 받은 자일 수 있습니다. 사실이 그렇다면 불만이 나올 이유가 없으므로 주님 앞에서 잠잠하십시오. 욥의 고난은 다른 사람보다 컸습니다. 그가 받은 은총이 다른 사람보다 컸기 때문입니다. 욥은 현명하게도 어느 하나에 다른 것을 대조해 가며 항의하지 않았습니다. 그저 손을 입에 댔을 뿐입니다(욥 1:21-22). 여러분은 남들보다 더 건강

하고 힘이 넘치고 더 크게 번영했고 섭리가 여러분에게 미소를 더 활짝 지어 주었으며 여러분에게는 좋은 날이 더 많았고 달콤하고 평온한 일이 끊이지 않았을지 모릅니다. 사실이 이렇다면 여러분은 더 잠잠해야 마땅하고 불평할 이유가 없습니다. 이제 여러분의 겨울밤이 남들보다 길더라도 기억하십시오. 여러분이 전에 보낸 여름날은 남들보다 길었음을. 그러므로 주님 앞에서 잠잠하십시오.

6. 마지막으로, 큰 고난을 통해 주님께서 여러분의 은혜를 더 크게 하실 수 있습니다. 또한 세상에서 여러분의 이름과 명성을 높여 주실 수 있습니다(약 5:10-11). 하나님께서는 큰 고난을 통해 욥의 믿음과 인내, 고결함, 지혜, 지식, 경험을 크게 높이셨습니다. 게다가 그의 이름과 명성이 세상에 널리 알려졌습니다. 욥기를 읽은 자만이 이런 모든 내용을 알 수 있습니다. 모든 도시에서 바울을 기다리고 있는 것은 온통 결박과 환난이었습니다(행 20:23; 고후 11장). 바울이 받은 고통과 고난은 굉장했습니다. 하지만 그런 고난을 통해 주님께서는 바울의 영과 열심과 용기와 확신과 결단과 이름과 명성 모두 죄인과 성도 사이에서 위대해지게 만드셨습니다. 확실한 것은 여러분이 그리스도를 사랑한다면 주님께서는 현재 여러분에게 닥친 모든 큰 고난을 통해 여러분의 영혼을 더 강하게 하실 것이라는 사실입니다. 주님께서 여러분의 믿음을 크게 하시고 여러분의 사랑에 불을 붙이시고 여러분의 잠자던 소망이 깨어나게 하시고 여러분의 열심에 빛이 나게 하시고 여러분의 인내를 온전하게 하시며 여러분의 이름에 향내가 나게 하셔서 귀한 기름, 곧 "아

론의 수염에 흘러서 그의 옷깃까지" 내린 "보배로운 기름"같이(시 133:1) 만드실 것입니다(전 7:1). 이로써 선한 자나 악한 자나 다음같이 말할 것입니다. "보라, 이 사람이 진짜 그리스도인이다! 이 사람의 가치는 오빌의 금보다 더하구나!" 그러므로 여러분의 고난이 다른 사람보다 클지라도 주님 앞에서 잠잠하십시오.

이의 7 저는 정말이지 잠잠하고 싶습니다. 하지만 겉으로 드러나는 고난에 통렬한 시험이 뒤따릅니다. 밖으로는 하나님께서 고난을, 안으로는 사탄이 저를 완전히 풀어지게 하려고 계속해서 치고 있습니다. 사정이 이러한데 제가 어찌 잠잠할 수 있겠습니까? 제가 이렇게 시험이 훤히 보이는 자리에 떨어졌는데 어떻게 평안을 붙들 수 있겠습니까? 이 질문에 답변해 주십시오.

1. 사람은 시험받는 존재이기 때문에 하나님께서 덜 사랑하시는 성도는 아무도 없습니다. 절대 아닙니다! 하나님께서 가장 사랑하시는 자는 대개 가장 극렬한 시험을 받았습니다(엡 6:12). 다윗, 욥, 여호수아, 베드로, 바울이 그 증인들입니다. 그렇습니다. 심지어 이 모든 사람과 비교할 수 없는 하나님의 최고의 사랑을 받으신 그리스도마저 친히 시험을 받으시되 다른 모든 사람보다 극렬한 시험을 받으셨습니다! 그리스도께서는 자신이 과연 하나님의 아들인지 확인해 보라는 시험을 받으셨고, 최악의 우상숭배의 시험을, 마귀를 숭배하라는 시험을, 소명을 저버리라는 가장 극심한 시험을, 아버지의 섭리를 신뢰하지 말라는 시

힘을, 불법적인 수단을 도움이 꼭 필요한 곳에 사용하라는 시험을 받으셨을 뿐만 아니라 "하나님의 아들이어든 뛰어내리라"는(마 4:6) 자살 시험까지 받으시는 등 참으로 끝도 없었습니다.

한때 이 땅에서 영광을 입은 자들이 지금 천국에서 승리의 개가를 부르고 있습니다. 그들은 사탄의 극심한 시험과 공격을 받았습니다. 최고의 성도들이 시험 받는 것은 해가 빛을 내고 새가 하늘을 날며 불이 나면 타는 것처럼 자연스럽고 공통적인 일입니다. 독수리는 날개가 있다고 불만을 내뱉지 않고 공작은 화려한 깃털이 있다고 불평하지 않으며 나이팅게일은 자신의 목소리 때문에 불평하지 않습니다. 왜냐하면 그렇게 창조되었기 때문입니다. 성도들이라면 마땅히 더 큰 시험을 받아야 합니다. 왜냐하면 그리스도인이 되면 시험을 받게 되어 있기 때문입니다. 아우구스티누스는 우리의 일생은 다만 시험에 불과하다고 말했습니다. 최고의 성도는 최악의 시험을 받습니다. 그러니 주님 앞에서 잠잠하십시오.

2. 여러분이 저항하고 개탄하는 시험들은 여러분을 다치게 하거나 해를 입히지 못할 것입니다. 고약한 시험들은 좀처럼 드물며 있다 해도 결코 여러분을 이기지 못할 것입니다. 영혼이 시험을 달가워하지 않는 한 영혼은 시험에 굳게 맞서 계속 반대할 것입니다. 시험은 성도들을 해할 수 없습니다. 영혼이 시험에게 "사탄아 내 뒤로 물러가라"고(마 16:23) 말하는 한 영혼은 안전합니다. 시험에 빠진 것은 사탄이 빠지게 했다기보다 자신이 시험을 수락한 것입니다. 시험의 유혹에 빠진 이유

는 시험에게 자신을 내주었기 때문입니다. 그래서 파멸하게 된 것입니다. 시험은 생각에 파고들 수 있을지 몰라도 내가 시험을 팔로 저지하고 있는 한 나의 영혼이 죄 짓게 하진 못합니다. 사탄이 시험할 때 여러분의 마음이 그 시험을 짓밟고 여러분의 육신이 떨어 버렸다면 여러분의 상태는 안전합니다. 사탄의 시험이 가장 극심한 고난으로 찾아올지라도 결코 여러분을 정복하거나 해를 입히지 못할 것입니다. 그러므로 이것이 여러분에게 해당하는 내용이라면 주님 앞에서 잠잠하십시오.

3. 시험은 여러분의 상태가 좋다는 긍정적인 증거가 될 수 있습니다. 즉 여러분이 하나님을 사랑하고 있고 그럼으로써 다른 무엇보다 영원한 복락을 누리게 될 것이라는 증거가 될 수 있습니다. 하나님께 죄가 없으신 독생자가 계셨지만 전혀 시험을 받지 않으신 것은 아니었습니다(히 2:17-18). 해적은 가장 값진 보석을 실은 배일수록 가장 맹렬한 공격을 퍼붓습니다. 마찬가지로 사탄 역시 최상급의 은혜의 보물, 영광의 보물을 지닌 영혼에게 가장 맹렬한 공격을 퍼붓습니다. 해적은 빈 배는 공격하지 않고 계속해서 그냥 지나가게 합니다. 마찬가지로 사탄은 하나님과 그리스도와 성령님과 은혜가 없는 영혼은 유혹으로나 다른 것으로 공격하지 않고 그냥 지나칩니다. 당장 만족스러운 것을 찾아볼 수 없는 영혼이었지만 죄의 노예요 포로로 있었던 애굽에서 완전히 벗어나 앞만 보고 가나안을 향해 흔들리지 않고 전진하리라 결심한 순간부터 바로와 같은 사탄은 시험이라는 모든 군대를 이끌고 말과 병거를 내세워 그 영혼의 뒤를 맹렬하게 추격하는 것입니다(출 14:9).

자! 시험 받은 영혼은 최악의 상황에서도 다음같이 안심하며 주장할 수 있습니다. "하나님께서 나의 친구가 아니셨다면 사탄도 나의 적이 되지 않았으리라. 내 안에 하나님께 속한 것이 없었다면 사탄은 절대로 나에게 폭풍 같은 시험으로 공격을 시도하지 않았으리라. 하나님의 사랑이 나를 위해 작정되지 않았더라면 사탄은 결단코 나에게 부상을 입히려 그렇게 맹렬한 불화살을 수없이 쏘아 대지 않았으리라. 하나님의 마음이 나를 향하시지 않았더라면 사탄의 손이 그렇게 강하게 나를 대적하지 않았으리라." 베자(Beza)[78]가 시험 받을 때 마귀에게 대답한 말이 있습니다. "내 현재 상황이 뭐가 됐든, 사탄아, 나는 지금 그리스도 안에서 새로운 피조물로 있다. 이 사실이 너를 괴롭게 하는 모양이다. 지금 내가 보는 것은 네가 나의 구세주의 은혜를 시기하는 모습이다."

사탄의 악의가 곧 시험이며, 시험만큼 그리스도인이 하나님의 사랑을 받고 있음을 충분히 입증해 주는 것도 없습니다. 사실이 이렇다면 한 주가 됐건 하루가 됐건 한 시간이 됐건 조용하게 하나님의 호의를 소유하며 지낼 영혼은 이 땅에 단 한 명도 없습니다. 죄수가 차꼬에 채워져 있다면 간수는 가만있겠지만 죄수가 탈출이라도 하면 간수는 급히 서둘러 맹렬히 죄수를 추격할 것입니다. 여러분은 이 같은 사실을 자신에게 어떻게 적용해야 할지 아시겠지요? 사람들은 두꺼비 그림이라도 싫어합니다. 늑대들은 양의 그림을 보고 달려들지 않습니다. 사탄의 사슬에 묶여 있는 자를 사탄이 훼방하는 일은 없습니다! 그러므로 여러분이 내적으로는 시험을 받고 외적으로는 고난을 받더라도 주님 앞에서 잠잠하십시오.

4. 사탄이 여러분을 시험할 때 그리스도께서는 영광의 법정에서 여러분을 위해 중보기도를 하십니다. "시몬아, 시몬아, 보라 사탄이 너희를 밀 까부르듯 하려고 요구하였으나 그러나 내가 너를 위하여 네 믿음이 떨어지지 않기를 기도하였노니 너는 돌이킨 후에 네 형제를 굳게 하라"(눅 22:31-32). 알곡을 체로 거르듯 사탄은 미친 듯이 신자를 이리저리 흔들 것입니다. 하지만 그리스도의 중보기도는 사탄이 의도한 시험을 좌절시킬 것입니다. 사탄이 우리를 시험하러 바로 우리 팔꿈치 옆에 붙어 있지만 그리스도께서 성부 하나님께 우리를 위해 개입해 주시기를 간구하실 것입니다. "그러므로 자기를 힘입어 하나님께 나아가는 자들을 온전히 구원하실 수 있으니 이는 그가 항상 살아 계셔서 그들을 위하여 간구하심이라"(히 7:25).

어떤 사람은 그리스도께서 중보하실 때 자신의 공로만 내세우신다고 생각하고 다른 사람은 그리스도께서 말로만 중보하실 뿐이라 생각하고 또 어떤 사람은 두 가지 모두 해당한다고 생각합니다. 이 땅에 계실 때 우리를 위해 입을 열어 간청하신 분이(요 17장) 하늘에서는 우리를 위해 침묵하신다는 것이 말이 됩니까? 그리스도께서는 가장 고상한 인격을 지니신 분이며 하늘 법정에서 가장 사랑받으시는 분입니다. 늘 우리와 위험 사이에 서 계십니다. 그래서 형제를 크게 참소하는 사탄이 어떤 악한 음모를 꾸미거나 계획하면 그리스도께서 그것을 미리 아시고 중보하심으로 사탄의 계략을 막으십니다. 사탄이 우리를 대적해서 참소하고 말을 할 때 그리스도께서 우리의 사건을 늘 맡으시고 사탄의 모든 참소에 일일이 대답하셔서 사탄의 모든 참소가 무위로 그치게 하십니다. 그래서 지옥의 위협과 상관없이 하나님의 사랑 가운데 우리를 보존하십니다.

사탄이 "주님! 여기 당신의 자녀가 이러저러한 죄를 지었습니다! 여기 이러저러한 신앙의 의무를 빼먹었습니다! 여기 이러저러한 은총을 발전시키지 않았습니다! 여기 이러저러한 신앙의 규례들을 가볍게 여겼습니다! 여기 이러저러한 성령님의 영향을 소멸시켰습니다!"라고 참소할 때 하나님의 공의는 다음같이 대답합니다. "이 모든 것이 사실이다. 하지만 지금 그리스도께서 그들을 대표해서 나오신다. 그분께서 그들의 사건들을 변호하실 것이고 이의를 제기한 것이 무엇이든 간에 온전하고 공정하게 대답해 주실 것이며 조금도 가치가 없는 기소라 할지라도 완전히 만족한 대답을 주실 것이다!" "누가 능히 하나님께서 택하신 자들을 고발하리요 의롭다 하신 이는 하나님이시니 누가 정죄하리요 죽으실 뿐 아니라 다시 살아나신 이는 그리스도 예수시니 그는 하나님 우편에 계신 자요 우리를 위하여 간구하시는 자시니라"(롬 8:33).

그리스도의 중보는 시험의 때에 우리의 영혼을 든든히 고정시키는 닻과 같은 역할을 합니다. 그러므로 시험 기간에 지나치게 괴로워하거나 염려하지 않아도 됩니다. 평안과 인내로 여러분의 영혼을 보존하십시오. 사탄이 여러분을 시험하느라 가장 분주할 때도 영광의 법정에 여러분의 친구 되시는 분이 계시고 그분께서 여러분을 위해 얼마나 수고하시는지 생각하십시오.

5. 마지막으로, 성도가 받는 모든 시험은 그의 유익을 위한 쪽으로

더 많이 기울어지게 됩니다. 즉 시험을 통해 얻게 되는 것이 더 많습니다. 모든 시험으로 말미암아 영혼이 받게 되는 유익과 이점은 실로 막대합니다(렘 1:12; 롬 8:28).

이제 특별한 경우를 몇 가지 살펴봄으로써 가장 명확한 진리들을 제시하고자 합니다.

(1) 하나님께서는 시험을 통해 자녀들의 영적 체험을 다양하게 하시고 많아지게 하시는데 이것은 집에 금이 쌓이는 것보다 더 좋은 것입니다. 시험의 학교에서 하나님께서는 자녀들이 가장 놀라운 체험을 하게 하십니다. 즉 그들을 도우시는 하나님의 능력을 체험하게 하시고 위로가 되는 말씀, 마음을 따뜻하게 하는 하나님의 자비, 그들을 인도하시는 하나님의 지혜, 기쁨을 주시는 하나님의 신실하심, 힘을 주시는 하나님의 은혜 등을 체험하게 하십니다. "내 은혜가 네게 족하도다"(고후 12:9). 바울이 사탄의 연타(連打)를 맞지 않고서는 하나님의 능력이 얼마나 전능하고 하나님의 자비가 얼마나 무궁하며 하나님의 은혜와 선하심이 얼마나 무한한지에 대해 그 정도로 깊은 체험을 할 수 없었을 것입니다.

(2) 모든 시험은 약초와 같은 효력을 냅니다. 모든 시험은 거대한 교만을 미연에 방지합니다. "너무 자만하지 않게 하시려고…너무 자만하지 않게 하려 하심이라"(고후 12:7). 한 구절에 자만이란 말로 시작해서 마무리도 같은 단어를 쓰며 두 번이나 언급했습니다. 바울이 사탄의 연

타를 맞지 않았다면 삼층 천에 갔다 온 체험으로 마음이 크게 교만해졌을 것입니다. 아, 시험 받는 영혼들이여! 여러분은 자신이 아무것도 아니라고 말합니다. 정말 아무것도 아닙니다. 시험의 학교가 아니고서는 그런 깨달음을 다른 데서 얻지 못합니다. 여러분은 실로 이 시험의 때가 오기 전에도 아무것도 아닌 존재였습니다! 여러분은 자신이 병들었다고 말합니다. 사실 죽을 정도로 병든 상태였습니다. 시험의 때가 아니었다면 그 병든 상태가 벌써 여러분 자신을 죽였을 텐데 시험이 약초와 같은 기능을 한 것입니다. 시험 기간에 여러분이 참으로 완악하다는 것을 알게 됩니다. 하지만 의심할 여지 없이 하나님께서 시험의 약초로 여러분을 다스리지 않으셨다면 여러분의 상태는 더 나빠졌을 것입니다.

(3) 시험은 은혜의 체험을 더 촉진시킵니다. 시계의 태엽을 감으면 톱니바퀴들이 돌아가고 솔로몬의 현숙한 여인이 자신의 여종들에게 작업을 지시하면 바로 일이 진행되듯이 시험도 믿음을 일으키고 사랑과 회개와 소망과 거룩한 경외심과 경건한 슬픔을 일으킵니다! 바람이 제 분기가 가동되게 하듯이 유혹의 바람은 성도의 은혜를 가동시킵니다. 이제 믿음은 그리스도께 달려가 약속에 매달리고 그리스도의 피에 호소하고 상급을 바라보며 성령님의 검을 취합니다! 이제 사랑은 그리스도에게 꼭 달라붙어 그리스도에게서 떨어지지 않으며 그리스도를 위해 죽기까지 싸우게 됩니다! 이제 소망은 성소의 뿔로 날아가 소망의 투구를 쓰고 베일 속에 있던 자신의 닻을 힘 있게 내립니다! 그리스도인이 시험 받을 때보다 은혜가 그렇게 크게 역사하는 때도 없습니다.

사탄은 욥의 아내가 한 것과 똑같은 짓을 합니다. 욥의 아내는 시험의 활을 들고 욥에게 "하나님을 욕하고 죽으라!"고 말하며 욥에게 화살을 쏘았습니다.[79] 하지만 욥의 은혜는 가만있지 않고 욥에게 즉시 흉배를 입혀 시험의 화살을 튕겨 냈습니다. 마귀는 보나벤투라(Bonaventure)[80]를 시험하며 "너는 하나님께 버림을 받았으니 이생에서 쾌락의 잔을 마셔라"고 설득했습니다. 그러자 보나벤투라는 "너야말로 장래 천국에서 하나님과 함께 누릴 즐거움에서 배제된 자 아니냐"라고 응수했습니다. 보나벤투라의 은혜가 역사하여 그런 대답을 하게 된 것입니다. 그렇습니다! 사탄은 성도를 이기지 못합니다. 이생에서 하나님을 즐거워하지 못할 상황이 될수록 더욱더 하나님을 즐거워할 수 있게 합시다.

(4) 주님께서는 시험을 통해 여러분이 다른 사람에게 더 봉사하고 유용한 존재가 되게 하십니다. 이미 시험의 학교를 거친 영혼만큼 현재 시험 받는 영혼을 안심시키고 동정하고 도움을 주고 지도하고 연민을 느끼며 유용한 조언을 주고 인내를 북돋우며 위로해 주는 일에 적합한 자도 없습니다! "찬송하리로다 그는 우리 주 예수 그리스도의 하나님이시요 자비의 아버지시요 모든 위로의 하나님이시며 우리의 모든 환난 중에서 우리를 위로하사 우리로 하여금 하나님께 받는 위로로써 모든 환난 중에 있는 자들을 능히 위로하게 하시는 이시로다"(고후 1:3-4).

하나님께서는 시험을 통해 자신의 종을 훈련하십니다. 그래서 그가 동료 형제에게 도움을 주고 피난처 역할을 하는 데 적합한 능력을 갖추게 하십니다. 루터는 다음같이 말했습니다. "시험 받아 본 한 명의 신자가 사탄에 대해 깊이 알지 못하고 시험의 학교에 있어 보지도 못한 사람

백 명보다 - 아니 천 명을 더할지라도 - 다른 그리스도인들에게 더 적합하고 유용합니다." 시험의 학교에서 교관 급의 기술을 익힌 자는 위로의 기술, 도움을 주는 기술, 성미 급하고 불안해하는 영혼을 부드럽게 다루는 기술, 모든 인간 기술의 영역을 초월하는 하늘의 기술을 습득한 자입니다. 시험 당하는 영혼에게 시험의 학교에서 의사였던 자만큼 탁월한 의사도 없습니다. 이런 사람에 비하면 다른 모든 의사는 시험의 때에 열등한 문맹인에 불과할 따름입니다.

(5) 성도가 시험을 받는다는 것은 하나의 영광입니다. 시험하는 자를 거듭해서 이겼을 때 그 결과로 영광을 수여받을 것입니다. 다윗이 골리앗과 싸울 때 맨손으로 나갔지만 결국 쓰러뜨린 것은 큰 영광이 되었습니다(삼상 17장). 하지만 그보다 훨씬 영예로운 일을 욥과 바울이 했습니다. 그들은 사탄과의 공개적인 전쟁에서 승리해 결국 사탄을 쓰러뜨렸다는 명성을 얻었습니다(욥 1장; 고후 12:7-10). 다윗의 세 용사도 매우 큰 영광을 받았습니다. 블레셋과의 전쟁에서 생명이 다급한 상황인데도 적진을 뚫고 베들레헴의 우물에서 물을 떠다가 다윗에게 가져온 것입니다. 적의 힘과 기세에도, 생사가 걸린 극한의 위험한 상황 가운데서도 그런 결과를 이뤄 낸 것입니다(삼하 23:13-18). 하지만 이보다 훨씬 영예로운 것은 성도들이 힘과 용기와 활력의 영으로 자신을 준비하고 시험의 군대를 쳐 부셔 결국 승리를 쟁취한 것입니다(롬 8:13-18)! 하지만 모든 성도가 이런 영예를 얻게 해야 할 것입니다. "오직 하나님은 미쁘사 너희가 감당하지 못할 시험 당함을 허락하지 아니하시고 시험 당할 즈음에 또한 피할 길을 내사 너희로 능히 감당하게 하시느니라"(고

전 10:13). "평강의 하나님께서 속히 사탄을 너희 발 아래에서 상하게 하시리라 우리 주 예수의 은혜가 너희에게 있을지어다"(롬 16:20). "청년들아 내가 너희에게 쓴 것은 너희가 강하고 하나님의 말씀이 너희 안에 거하시며 너희가 흉악한 자를 이기었음이라"(요일 2:14). "하나님께로부터 난 자는 다 범죄하지 아니하는 줄을 – 다른 사람처럼 쾌락에 빠져 탐욕적이고 습관적이고 고의적이며 뉘우침이 없이 죄 짓지 않으며 – 우리가 아노라 하나님께로부터 나신 자가 그를 지키시매 악한 자가 그를 만지지도 못하느니라"(요일 5:18).

하나님의 백성이 바로와 그의 막강한 군대를 이기고 받은 영광의 승리는(출 14장) 성도가 사탄과 그의 수단들을 이기고 얻게 될 영광의 승리의 모형이었습니다. 그것은 요한계시록 15장 3절에서도 분명히 나오는 바, 우리는 모세의 노래, 어린양의 노래를 부르게 될 것입니다. 하지만 여기서 우리에게 주는 암시 같은 것이 하나 있습니다. 그것은 바로를 정복한 것이 과연 미래에 사탄을 정복할 것에 대한 예표였냐는 것입니다. 모세의 승전가는 성도들이 장차 사탄을 정복할 것에 대한 예표였습니다. 이스라엘이 바로를 쓰러뜨린 것만큼이나 확실한 사실은 모든 참된 이스라엘이 사탄을 정복할 것이라는 점입니다. 로마인들은 소규모 전투에서 많이 패했지만 대규모 전쟁에서는 패하지 않았습니다. 오랜 기간에 걸쳐 그들은 모든 적을 정복했습니다. 그리스도인도 사탄과 싸울 때 어느 특정한 소규모 접전에서 패할 수 있습니다. 하지만 오랜 시간이 지난 뒤 확실히 정복의 영예를 안게 될 것입니다. 하나님께서는 불쌍한 영혼이 사탄과 공개적인 접전을 치를 때 더 많은 영예를 주십니다. 그래서 그는 승리를 얻고 사탄에 대한 승리의 개가를 부르고 포로들을 탈출시킵니다. 아우구스티누스는 하나님께서 처음에 왜 아담이 시험 받게 하셨는지에 대한 이유를 설명했습니다. 그것은 아담이 사탄의 유혹에 저항하고 결국 물리쳐서 더 큰 영광을 얻게 하시려는 것이었습니다. 그리스도인도 강력하게 저항하고 정복했다는 기쁨에 저항의 면류관까지 쓰게 된다면 영광스러운 일이 될 것입니다.

(6) 주님께서는 시험을 통해 백성들을 기도하는 일에 더 자주, 더 많이 매달리게 하십니다. 모든 시험은 기도하게끔 강력한 경고음을 발합니다. 바울이 시험의 학교에 있었을 때 종종 세 번씩 기도했습니다(고후 12:8-9). 시험의 날이 곧 주님의 큰 도우심을 제공받는 날입니다. 그리스도인들은 대개 가장 큰 시험을 받을 때 가장 크게 기도하곤 합니다. 사탄이 가장 바쁘게 움직일 때 성도 역시 하나님께 가장 분주하게 기도드립니다. 사탄이 그리스도인의 팔꿈치 옆에 바로 붙어 있을 때가 그리스도인이 가장 많이 무릎을 꿇을 때입니다.

아우구스티누스는 많은 시험을 받았지만 그만큼 많이 기도했습니다. 그는 "거룩한 기도가 영혼에게 피난처요 하나님께 드리는 제사가 되고 마귀를 채찍질하는 도구가 된다"고 말했습니다.

루터 역시 공공연한 시험 속에 살았지만 그만큼 많이 기도했습니다. 그는 매일 세 시간씩 기도한다고 말했습니다. 또한 연구하는 데 최고의 책은 바로 기도라고 말했습니다.

크리소스토무스도 시험의 학교에 많이 있었습니다. 그는 많이 기도하는 것을 좋아했습니다. 그는 "오! 기도를 망치면 죽음보다 쓴맛을 내는구나"라고 말했습니다. 이후에 그는 목숨 때문에 기도를 포기하느니 차라리 생명을 무릅쓰고 기도했던 다니엘을 기도의 모델로 삼았습니다.

(7) 주님께서는 시험을 통해 백성들을 예수님의 형상을 더욱 닮아 가게 하십니다. 시험을 많이 받으신 그리스도께서는 자주 시험의 학교에 계셨습니다. 그리스도인은 시험 받을수록 그리스도의 형상으로 더욱 변모해 갑니다. 세상 모든 사람 가운데 시험 받은 영혼이 온유함과 겸손, 거룩함, 천상의 성품 면에서 그리스도를 가장 많이 닮았습니다. 그리스도의 형상의 도장은 시험 받은 영혼에게 가장 매끄럽게 찍힙니다. 시험 받은 영혼은 그리스도를 많이 바라본 자입니다. 그래서 그리스도의 얼굴만 바라본 모든 은혜가 그리스도의 형상을 닮아 가도록 영혼까지 변화시킨 것입니다. 시험 받은 영혼은 그리스도의 도우심을 많이 경험한 자입니다. 그래서 경험이 풍부해질수록 그리스도의 달콤한 도우심을 더 많이 알게 되고 결국 그가 성장할 때 그리스도의 형상을 닮아 가는 것입니다. 시험은 성부 아버지께서 귀한 성도들이, 자신이 가장 사랑하시는 아들을 본으로 삼고 닮아 가도록 성도들의 마음에 더욱 깊게 새기시고 그들의 모양을 다듬으시고 구색을 갖추게 하시는 도구입니다.

(8) 마지막으로, 다음 한 가지 요점을 향하도록 많은 것을 취하십시오. 그것은 하나님께서 시험을 통해 죄를 더욱 미워하게 하시고 세상을 덜 기뻐하게 만드시고 하나님과의 관계가 덜 손상되도록 만드신다는 것입니다. 하나님께서는 시험을 통해 우리로 하여금 우리의 연약함을 알게 하실 뿐만 아니라 우리가 피조물인 관계로 시험의 때에 스스로 도울

힘이 없는 부족한 존재임을 깨닫게 하십니다. 또한 하나님께서는 시험을 통해 그리스도인이 전신갑주를 갖추게 되는 것을 기뻐하시며 우리가 더욱 깨어 있는 상태로 굳건히 서 있게 하시고 그리스도의 도우심을 더욱 간구하도록 유지시켜 주십니다. 그리고 주님께서는 시험을 통해 우리가 주님의 규례들을 더 귀히 여기게 하시고 천국을 더 열렬히 소망하게 하십니다. 이렇게 시험이 성도의 유익을 위해 이 정도로 막중한 일을 하는데 왜 침묵하며 잠잠히 있지 못하십니까? 고난에 큰 시험이 따를지라도 왜 평안을 붙들려 하지 않고 손을 입에 대려 하지 않으십니까?

이의 8 오! 하지만 하나님께서 저를 버리셨습니다! 저를 완전히 저버리신 것입니다! 저의 영혼을 위로해 주셔야 할 분이 저를 완전히 떠나셨습니다! 상황이 이런데 제가 잠잠할 수 있겠습니까? 주님께서 저에게서 얼굴을 가리셨습니다. 먹구름이 제 주위에 몰려듭니다. 하나님께서 제게 등을 돌리신 것입니다! 이러니 제가 잠잠할 수 있겠습니까?

종종 그런 일을 보게 됩니다. 버리신 것이 사실이지만 표면으로 드러나지 않은 것을 전제로 하고 다음같이 답변하겠습니다.

1. 세상에서 최고로 손꼽히는 성도들은 그런 숙명 같은 일과 상황을 공통으로 겪었습니다. 즉 하나님께 버림받거나 하나님께서 떠나신 상황에 놓인 것입니다(욥 23:8-9; 시 30:6-7; 77:6; 88:6; 아 3:1-4; 5:6-7; 사 8:17; 미 7:7-9). 하나님께서 최고로 사랑하셨던 최상급의 보석 같았던 친

구들을 다루셨던 것보다 여러분을 더 심하게 다루신 것이 아니라면 여러분은 불만을 토로할 이유가 전혀 없습니다.

2. 하나님께서 여러분을 버리셨다는 것은 완전히 버리셨다는 뜻이 아니라 일부분에 해당하는 상황입니다(창 49:23-24; 시 9:4). 현재 하나님께서는 여러분을 각성시키시는 일과 관련하여 여러분을 버리셨을지 모릅니다. 또는 위로와 관련하여 버리셨을지 모릅니다. 하지만 현재 여러분을 도우시는 것과 관련해서는 여러분을 저버리지 않으셨습니다. "나에게 이르시기를 내 은혜가 네게 족하도다 이는 내 능력이 약한 데서 온전하여짐이라 하신지라"(고후 12:9). "여호와께서 사람의 걸음을 정하시고 그의 길을 기뻐하시나니 그는 넘어지나 아주 엎드러지지 아니함은 여호와께서 그의 손으로 붙드심이로다"(시 37:23-34). "나의 영혼이 주를 가까이 따르니 주의 오른손이 나를 붙드시거니와"(시 63:8). "내 사랑하는 자는 내게 속하였고 나는 그에게 속하였도다 그가 백합화 가운데서 양 떼를 먹이는구나"(아 2:16). "영원하신 하나님이 네 처소가 되시니 그의 영원하신 팔이 네 아래에 있도다"(신 33:27). 성도들은 이와 같은 사실을 늘 확인하곤 했습니다. 다윗, 헤만, 아삽, 욥 등이 그 증인입니다.

지리학자들은 시실리의 시라쿠스 시가 참으로 신기한 곳에 위치해 있다고 했습니다. 해가 시야에서 사라지지 않는 것입니다. 비록 하나님의 자녀가 이따금 고난의 먹구름 아래 있어도 자비의 해, 의의 해는 결코 그들의 시야에서 완전히 사라진 것이 아닙니다.

3. 하나님께서 여러분을 버리셨을지라도 그분의 사랑은 계속 남아 있습니다. 하나님께서는 여러분을 영원히 사랑하십니다(렘 31:8). '하나님의 사랑이 있는 곳은 영원까지 계속 됩니다.' "예수께서…세상에 있는 자기 사람들을 사랑하시되 끝까지 사랑하시니라"(요 13:1). "오직 시온이 이르기를 여호와께서 나를 버리시며 주께서 나를 잊으셨다 하였거니와 여인이 어찌 그 젖 먹는 자식을 잊겠으며 자기 태에서 난 아들을 긍휼히 여기지 않겠느냐 그들은 혹시 잊을지라도 나는 너를 잊지 아니할 것이라 내가 너를 내 손바닥에 새겼고 너의 성벽이 항상 내 앞에 있나니"(사 49:14-16). 보십시오. 사람들이 옷이나 반지에 사랑의 증표나 서로에게 영향을 주는 존재라는 의미로 어떤 상징이나 이름이나 그들만의 표식을 새기는 것처럼 하나님께서도 자신의 손바닥에 시온을 새기십니다. 그래서 시온은 늘 하나님의 시야에서 벗어나지 않고 항상 그분의 마음에 사랑으로 남아 있습니다. 시온은 하나님을 잊어버릴지라도 말입니다.

요셉은 형들을 만났을 때 그들에게 거칠게 말하고 자리를 떠났어도 그의 마음만은 언제나 형들을 향한 사랑으로 가득했습니다. 그래서 사람이 안 보이는 곳에 들어가 한참을 울고 나서야 마음을 진정할 수 있었습니다. 마찬가지로 하나님께서도 백성들에게 가장 화나신 것처럼 보이고 그들에게 등을 돌리셨어도 그들에 대한 사랑으로 늘 가득하십니다. 백성들에 대한 하나님의 섭리는 변할 수 있어도 그들을 향한 그분의 은혜로우신 성향은 변함이 없으십니다(말 3:6). 하나님께서 자신의 얼굴을 가장 검은 베일로 가리셨을지라도 그분의 마음속에는 항상 백성들에 대한 생각뿐이십니다. "에브라임이 스스로 탄식함을 내가 분명히 들었노니 주께서 나를 징벌하시매 멍에에 익숙하지 못한 송아지 같은 내가 징벌을 받았나이다 주는 나의 하나님 여호와이시니 나를 이끌어 돌이키소서 그리하시면 내가 돌아오겠나이다 내가 돌이킨 후에 뉘우쳤고 내가 교훈을 받은 후에 내 볼기를 쳤사오니 이는 어렸을 때의 치욕을 지므로 부끄럽고 욕됨이니이다 하도다 에브라임은 나의 사랑하는 아들 기뻐하는 자식이 아니냐 내가 그를 책망하여 말할 때마다 깊이 생각하노라 그러므로 그를 위하여 내 창자가 들끓으니 내가 반드시 그를 불쌍히 여기리라 여호와의 말씀이니라"(렘 31:18-20). 사랑스러운 아기에 대한 어머니의 애정은 결코 하나님께서 속을 끓이시는 마음보다 깊지 않습니다.

모세의 어머니가 모세를 갈대상자에 넣었을 때(출 2장) 아이가 우는 것을 보고 어머니도 따라 울었고 어머니가 아기에게서 돌아섰을 때도 아이를 향해 울고 있는 사랑의 눈까지 돌이킨 것은 아닙니다. "에브라임이여 내가 어찌 너를 놓겠느냐 이스라엘이여 내가 어찌 너를 버리겠느냐 내가 어찌 너를 아드마같이 놓겠느냐 어찌 너를 스보임같이 두겠느냐 내 마음이 내 속에서 돌이키어 나의 긍휼이 온전히 불붙듯 하도다"(호 11:8). 이 말씀 속에서 "어찌"라는 말이 네 번이나 나오는데 이는 마치 성경 다른 곳에서는 이런 말씀을 찾아볼 수 없다는 식으로 표현하고 있습니다. 말하자면 이런 것입니다. "내가 서서 복수를 위해 공의를 요청한다지만 자비가 끼어들었고 나의 애정이 너를 갈망하고 나의 마음이 녹아내린다. 오, 이러니 내가 '어찌' 너를 버리겠느냐? 오, 난 너를 포기할 수 없다! 포기하지 않을 것이다!" 하나님의 사랑은 항상 하나님 자신같이 변하지 않습니다. 오히려 영원합니다. 결코 시들해지거나 차갑게 식어 버리는 사랑이 아닙니다. 하나님의 사랑은 솔리누스(Solinus)[81]가 전에 한 번 글로 언급했던 알베스토스의 돌처럼 한 번 달궈지면 차갑게 식을 줄 모릅니다.

4. 주님께서 여러분에게서 얼굴을 가리셨을지라도 확실한 것은 주님께서 보이지 않게 여러분과 함께 하고 계시다는 것입니다. 하나님께서 눈에 보이지 않아도 함께 계십니다. "…여호와께서 과연 여기 계시거늘 내가 알지 못하였도다"(창 28:16). 우리가 보지 못할 뿐이지 태양은 늘 밝게 빛을 냅니다. 아내가 의식하지 못해도 많은 경우 남편은 집에 있습니다. 여러분이 하나님을 보지 못하고 느끼지 못하고 그분의 음성을 듣지 못해도 하나님께서는 집에 계시고 여러분의 마음에도 계십니다. "…그가 친히 말씀하시기를 내가 결코 너희를 버리지 아니하고 너희를 떠나지 아니하리라 하셨느니라"(히 13:5). 이 말씀을 헬라어 원문으로 보면 다음같이 말할 수 있습니다. "내가 결코 너희를 떠나지 않으며 영원히 버리지 않으리라."

현재 세상보다 하나님과 그리스도와 하나님의 사랑을 귀히 생각하는 것에 마음이 끌리지 않습니까? 그렇습니다. 현재 주님께서 수없이 은밀히 집구석이나 문 뒤로 오시는 것에 온통 마음이 가 있지 않습니까(아 2:14)? 아무도 보거나 들을 수 없는 어두운 홀이지만 주님께서 계신 것이 아닙니까(시 13:1-3; 63:1-3)? 그렇습니다! 현재 여러분에게 임한 가장 극심한 고난보다 그리스도께서 여러분에게서 물러나셨다는 고통이 더 큰 영향을 미치고 있지 않습니까?

아우구스티누스는 출애굽기 33장 20절에서 모세의 말에 하나님께서 대답하신 말씀, 즉 "네가 내 얼굴을 보지 못하리니 나를 보고 살 자가 없음이니라"라는 구절을 보고 즉시 다음 같은 달콤한 기도를 올렸습니다. "그렇다면 주님! 차라리 제가 주님의 얼굴을 보고 죽게 하소서." 여러분은 종종 하나님의 임재를 잃어버린 형벌만큼 심한 형벌이 없고 하나님께서 나를 버리셨다는 느낌보다 더 지옥 같은 것도 없다고 말하지 않습니까(시 30:6-7)? 그렇습니다! 여러분은 자신의 영혼 속에서 하나님께서 다시 여러분에게 돌아오셔서 여러분에게 그분의 얼굴의 광채를 비추시기까지 하나님과 씨름하고 하나님을 붙들고 하나님을 끈기 있게 기다리도록 자신을 이끄는 비밀스러운 능력을 발견하지 못했습니까? 그렇습니다! 바로 그런 것을 느낀다면 여러분은 은밀하고 복된 하나님의 임재를 지녔다고 확신해도 됩니다. 비록 편안하게 느낄 수 있는 하나님의 임재와 관련하여 하나님께서 여러분을 떠나신 것처럼 보여도 말입니다.

의의 태양이 비추기까지(말 4:2) 인간의 영혼에 비밀스럽게 깃드는 하나님의 임재만큼 하나님을 기다리게 만드는 것도 없습니다. 헛된 자들이 여러분에게 "하나님이 어디 있느냐?"라고 조롱하는 질문을 던지면 다음같이 안심하고 대담하게 답변할 수 있습니다. "너의 하나님 여호와가 너의 가운데에 계시니 그는 구원을 베푸실 전능자이시라 그가 너로 말미암아 기쁨을 이기지 못하시며 너를 잠잠히 사랑하시며 너로 말미암아 즐거이 부르며 기뻐하시리라"(습 3:17). 불타는 가시떨기나무는 온통 불에 휩싸여도 결코 소멸되지 않을 교회를 예표한 것이었습니다. 왜냐하면 하나님께서 교회 가운데 계시기 때문입니다. 그리스도께서 배에 안 계실 때 폭풍우가 일어나고 날씨가 거세진다는 데는 논란의 여지가 없는 것입니다!

5. 하나님께서 떠나셨어도 다시 돌아오실 것입니다. 현재 여러분의 해가 구름에 가렸어도 다시 모습을 드러낼 것입니다. 비록 슬픔이 밤새 지속될지라도 아침이 되면 기뻐하게 될 것입니다. 그리스도인이 계속 울지라도 아침이면 그치게 될 것입니다. "다시 우리를 불쌍히 여기서서"(미 7:19). "그들을 지나치자마자 마음에 사랑하는 자를 만나서…놓지 아니하였노라"(아 3:4). "내 속에 근심이 많을 때에 주의 위안이 내 영혼을 즐겁게 하시나이다"(시 94:19). "내가 잠시 너를 버렸으나 큰 긍휼로 너를 모을 것이요 내가 넘치는 진노로 내 얼굴을 네게서 잠시 가렸으나 영원한 자비로 너를 긍휼히 여기리라 네 구속자 여호와께서 말씀하셨느니라 산들이 떠나며 언덕들은 옮겨질지라도 나의 자비는 네게서 떠나지 아니하며 나의 화평의 언약은 흔들리지 아니하리라 너를 긍휼히 여기시는 여호와께서 말씀하셨느니라"(사 54:7-8, 10)

하나님께서는 자신의 마음이 백성을 향해 완전히 분노하시도록 허용하지 않으시고 마지막까지 완전히 그들을 버리시는 일도 없을 것입니다. 성도는 다만 하나님의 분노의 잔을 한 모금 머금었을 뿐입니다. 하지만 죄인은 앙금까지 다 마시게 될 것입니다. 성도가 맞은 폭풍은 결국 잔잔해지고 그가 보내는 겨울밤은 어느덧 여름 날로 바뀔 것입니다.

십삼 년간 하나님께 버림받은 여인이 있었습니다. 그녀의 성품은 아주 열정적이었지만 몸이 약해 대부분의 시간을 침대에 누워 있어야 할 정도였습니다. 그녀의 상태를 알고 계속 마음이 쓰였던 한 경건한 목사가 그녀를 위로하고 기도해 주러 찾아갔습니다. 하지만 정작 그 목사가 가서 그렇게 하려 하자 그녀는 새된 목소리로 소리를 지르고 목사가 기도하려는 것을 완강히 거부하고 막았습니다. 그녀는 다음같이 말했습니다. "제가 이러는 이유는 이미 응답받은 자비를 너무 많이 남용했기 때문입니다." 하지만 목사는 기도를 미루지 않되, 그 대신에 그녀가 직접 기도하게 했습니다. 그러자 그녀를 위한 하나님의 역사가 놀랍게 나타났습니다. 그다음 날 아침 그녀는 모든 두려움에서 해방되어 극한의 기쁨을 누리게 되었습니다. 그와 같은 그녀의 모습은 들어 보지 못한 것이었습니다. 그녀를 떠나셨던 주님께서 오랜 시간 뒤에 그녀만을 위한 자비를 들고 다시 찾아오신 것입니다.

여러 해 동안 하나님께 버림받은 귀한 여인이 또 한 명 있었습니다. 그녀는 경건하고 고귀한 목사의 설교를 듣다가 갑자기 엎드렸고 이내 기쁨에 압도되어 다음같이 외쳤습니다. "오! 내 영혼을 사랑하신 그분께서 다시 오셨습니다." 며칠이 지난 뒤에도 그녀는 여전히 극한의 기쁨으로 가득했고 그녀에게서 은혜롭고 기쁨에 찬 표현들이 물 흐르듯 쏟아졌습니다. 많은 사람이 그녀에게 나타난 하나님의 은혜를 듣고자 그녀를 방문했습니다. 가장 겸손한 모습을 보인 그녀의 경건한 표현은 이전에 목사가 순교자 열전을 읽어 주었을 때 들었던 표현을 능가할 정도로 더 고상했습니다.

6. 마지막으로, 하나님께서 백성을 버리신 것이 여러 가지 면에서 그들에게 유익합니다.

(1) 하나님께서 백성에게서 물러가심으로 그들의 원기를 더 크게 회복시키시고 더 강한 임재와 더 큰 위로를 주시기 위한 적절한 준비를 하시게 됩니다. "하나님이 그를 버리셨은즉 따라잡으라 건질 자가 없다 하오니"(시 71:11, 20-21). 이 비참한 상태가 그의 유익을 위한 것이 될까요? 그렇습니다. '내게 무겁고 쓰라린 괴로움을 안기신 주님께서 나를 다시 각성시키시고 깊은 땅속에 있던 나를 끌어올려 주실 것이다. 그래서 나의 좋은 점을 더 세우시고 사방에서 위로를 받게 하실 것이다.'

요셉의 형들이 가장 극심한 시련 속에 있을 때 요셉은 그제야 그들에게 자신을 온전히 알렸습니다(창 45:3-5). 마찬가지로 우리의 영적 요셉이신 그리스도께서도 자신의 백성에게 그와 같이 하십니다. 순교자 허드슨(Hudson)은 사슬에 결박되어 화형대 기둥에 묶이게 되자 열렬히 기도했습니다. 그러자 즉시 평안이 임하고 담대하게 죽음을 맞을 수 있었습니다.

(2) 하나님께서 백성에게서 물러가심으로 백성이 하나님을 떠나는 것을 막게 됩니다. 고난을 통해 죄 짓는 것을 막으셨듯이 말입니다. 하나님께서 떠나신 것은 나에게 고통입니다. 하지만 하나님을 내가 물러가시게 했다면 그것은 바로 나의 죄 때문입니다(히 10:38-39). 그러므로

내가 한 번 하나님을 떠난 것보다 차라리 하나님께서 수천 번 내게서 물러나시는 것이 나를 위해서는 더 좋은 것입니다. 그러므로 하나님께서 우리를 버리실 때 오히려 우리는 하나님을 떠나지 않게 됩니다. 하나님께서 이따금 자신을 가리시면 우리는 하나님께 더 가까이 밀착되어 놓치지 않고 더 매달리게 됩니다. 마치 어머니가 일순간 아이에게서 모습을 감추면 이후로 아이가 엄마에게 더 가까이 안기고 하루 종일 엄마 품에서 벗어나지 않으려고 하듯이 말입니다. 하나님께서는 이따금 다윗에게서 자신을 감추셨습니다. "여호와여 주의 은혜로 나를 산같이 굳게 세우셨더니 주의 얼굴을 가리시매 내가 근심하였나이다"(시 30:7). 다윗을 보니 완전히 낙심하게 됐는데 세상에! 이게 전부란 말입니까? 그렇지 않습니다! 8절을 보십시오. "여호와여 내가 주께 부르짖고 여호와께 간구하기를." 이제 다윗의 외침이 더 커지면서 그 어느 때보다 하나님께 더 밀착되었습니다. 이제 시편 63편 1절과 2절을 보면 "하나님이여 주는 나의 하나님이시라 내가 간절히 주를 찾되 물이 없어 마르고 황폐한 땅에서 내 영혼이 주를 갈망하며 내 육체가 주를 앙모하나이다 내가 주의 권능과 영광을 보기 위하여 이와 같이 성소에서 주를 바라보았나이다"라고 말합니다. 자! 하나님의 물러나심이 어떤 식으로 역사했습니까? 8절을 보십시오. "나의 영혼이 주를 가까이 따르니." 히브리 원문으로 다음같이 읽을 수 있습니다. "나의 영혼이 주께 밀착되리니." 보십시오! 남편이 늘 아내 곁에 있듯이 나의 영혼이 주님께 밀착되는 것입니다. 지금 우리가 읽은 시편의 내용처럼 이제 시편 기자는 사람이 가려고 하지 않는 마르고 황폐한 곳일지라도 하나님을 따르게 되었습니다.

(3) 셋째, 하나님께서 백성에게서 물러가심으로 영혼에게 마른 젖가슴 같고 쓸모없는 무기처럼 된 여러 고귀한 약속들을 강화시키시고 가치를 높이시는 동시에 그 약속들이 지닌 가치와 탁월함과 달콤함과 유용함을 알게 하십니다(벧후 1:4). 미가 7장 19절 말씀처럼 "다시 우리를 불쌍히 여기"실 것입니다(그 밖에 사 54:7-8; 히 2:3; 13:5-6). "여호와여 주는 의인에게 복을 주시고 방패로 함같이 은혜로 그를 호위하시리이다"(시 5:12). 히브리인들이 머리에 왕관을 두르듯이 주님께서 자신의 사랑으로 의인을 두르실 것입니다. "정직한 자들에게는 흑암 중에 빛이 일어나나니 그는 자비롭고 긍휼이 많으며 의로운 이로다"(시 112:4). "여호와께서 이와 같이 말씀하시니라 위에 있는 하늘을 측량할 수 있으며 밑에 있는 땅의 기초를 탐지할 수 있다면 내가 이스라엘 자손이 행한 모든 일로 말미암아 그들을 다 버리리라 여호와의 말씀이니라"(렘 31:37). 죽음을 면할 수 없는 세상의 모든 인간 중 어떤 자가 자신의 기술과 능력을 다 동원해도 지구의 기초를 탐사하는 것이 불가능하고 천국이 측정 불가능한 사실만큼이나 확실한 것은 하나님의 백성이 아무리 악한 짓을 했어도 하나님께서 그들을 완전히 버리시는 일은 없다는 것입니다.

버림받은 영혼에게 이 귀한 약속들의 가치는 어느 정도일까요? 자, 이 약속들은 꿀이나 꿀통보다 더 달콤합니다. 금보다, 순금보다, 많은 금보다, 아니 세상의 모든 금보다 더 귀합니다! 저는 이 약속들이 내 음식같이, 내가 좋아하는 음식같이 좋고, 그렇습니다, 이 약속들이 꼭 먹어야 할 음식같이, 나에게 할당된 기업같이 좋습니다!

알렉산더(Alexander)가 호머의 『일리아드』를 자신의 옷장 안에 금과 진주와 함께 나란히 둔 것처럼 버림받은 영혼은 이 귀한 약속들을 세상에서 얻은 가장 귀한 보물처럼 자신의 마음의 옷장 안에 잘 둘 것입니다. 돌고래는 음악을 좋아한다고 합니다. 마찬가지로 버림받은 영혼은 약속들이 내는 음악을 좋아합니다. 순교자 빌니(Bilney)[82]에게 디모데전서 1장 15절의 약속은 바로 그런 음악이었습니다. 우르시누스(Ursinus)[83]에게는 요한복음 10장 29절의 약속이 음악 같은 소리를 냈습니다. 다른 이에겐 이사야 57장 15절 말씀이, 또 다른 이에겐 이사야 26장 3절 말씀이, 또 어떤 이에겐 마태복음 11장 28절 말씀이 약속이 되어 음악 같은 소리를 냈습니다. 버림받은 영혼의 상황에 꼭 맞는 약속들은 그의 귀에 가장 감미로운 음악이 되고 영혼을 지탱해 줄 주권적인 위로로써 이는 하나님께서 주시거나 천국에서 제공되거나 영혼이 바라는 내용들을 담고 있습니다! "여호와께서 그가 땅의 높은 곳을 타고 다니게 하시며 밭의 소산을 먹게 하시며 반석에서 꿀을, 굳은 반석에서 기름을 빨게 하시며"(신 32:13). 아! 그 꿀, 그 기름이여! 그것은 버림받은 영혼들에게 그들의 본향을 말해 주고 영혼들은 또한 그들의 상황에 맞는 약속들에서 꿀이며 기름 등을 빨아내는 것입니다!

(4) 하나님께서 여러분에게서 얼굴을 가리시고 물러나심으로써 여러분은 다른 사람을 동정하는 일과 현재 하나님께 버림받고 어둠 가운데 있거나 앞으로 그런 상태에 있을 사람을 불쌍히 여길 수 있게 되고 연민의 감정이 더 커지고 보다 많은 체험을 하게 됩니다. 히브리서 5장 2절 말씀과 13장 3절 말씀처럼 말입니다. "너희도 함께 갇힌 것같이 갇힌 자를 생각하고 너희도 몸을 가졌은즉 학대받는 자를 생각하라." 벌들을

가만히 관찰해 보면 한 마리가 아플 때 모든 벌이 우는 것을 알 수 있습니다. 양들도 보면 한 마리가 졸도하면 그 양이 다시 회복할 때까지 나머지 양들이 쓰러진 양과 해 사이에 서 있는 것을 알 수 있습니다. 우리 몸만 하더라도 신체 중 어느 한 부분이 걱정이 될 정도로 문제가 되거나 통증을 느끼면 온몸이 고통스러워합니다. 가시에 발이 찔리면 허리가 어찌나 그렇게 깊이 숙여지고 눈물이 나고 손은 발에서 그 가시를 빼내려고 부산을 떨게 되는지요! 하나님께 버림받아 본 사람만큼 현재 버림받은 영혼을 불쌍히 여기는 사람도 없을 것입니다. 오! 하나님께 버림받았다는 사실이 얼마나 괴롭고 비통한 것인지 그들은 잘 알고 있습니다. 그러므로 버림받은 사람들에 대한 그들의 애정과 동정은 풍성합니다. 그렇습니다. 가장 크다고 할 수 있습니다. 그들은 또한 하나님께 버림받은 사실만큼 고통스럽고 불행하며 지옥이 따로 없다는 것도 잘 알고 있습니다.

아낙사고라스(Anaxagoras)[84]는 자신이 늙어 세상의 버림을 받게 되자 스스로 자신을 버리게 되었습니다. 그래서 자신의 머리를 가리고 죽을 때까지 먹지 않겠다고 결심했습니다. 하지만 비극입니다! 세상에게 버림받은 것도 하나님께 버림받은 것에 비하면 다 무엇입니까? 인간세상만큼 다양한 세상이 또 있을지라도 하나님께 버림받느니 다양한 세상의 모든 존재에게 버림받는 게 더 낫습니다. 크리소스토무스가 한 말에 위대한 진리가 있습니다. 그것은 지금도 우글대는 지옥의 셀 수 없는 영혼들의 고통에 대한 것이었습니다. 그들이 거기에 있는 것은 단 한 가지가 부족했기 때문입니다. 즉 하나님의 임재와 관련해서 다음 같은 말씀으로 그들이 지옥에 있는 이유가 밝혀졌습니다. "내가 너희를 도무지 알지 못하니!"(마 7:23). 왕의 얼굴이 굳은 것을 본 압살롬의 마음은 얼마나 무거웠을까요! 하나님의 임재를 입증하는 법궤를 빼앗겼을 때 엘리와 그 소식을 전한 자는 얼마나 마음이 슬펐을까요! 하지만 아! 하나님의 얼굴과 호의를 잃어버린 그리스도인의 마음은 한때 자신의 마음을 녹였던 하나님의 그 사랑을 기억하며 이보다 훨씬 괴로워하지 않겠습니까?

(5) 이로써 주님께서는 자신의 백성이 하나님을 다시 즐거워하게 될 때 하나님의 얼굴을 다시 보는 것과 그분의 사랑이 얼마나 귀한 것인지 가르쳐 주십니다. "그들을 지나치자마자 마음에 사랑하는 자를 만나서 그를 붙잡고 내 어머니 집으로, 나를 잉태한 이의 방으로 가기까지 놓지 아니하였노라"(아 3:4). 어떤 사람도 그리스도를 잃었다가 다시 찾지 않는 이상 그리스도에게 그렇게 높은 가치를 두지 않습니다. 예수라는 말은 중국어로 떠오르는 태양입니다. 그렇습니다. 예수님은 떠오르는 태양이십니다(말 4:2). 특별히 먹구름이 오래 드리웠던 영혼에게 그러하십니다. 스트라보(Strabo)[85]는 북쪽 나라의 어느 가난한 사람들을 언급했습니다. 그들은 몇 달 동안 햇빛을 보지 못합니다. 그러다 태양이 다시 떠오를 기미가 보이면 그들은 태양을 서로 먼저 보러 가장 높은 산을 오릅니다. 태양을 가장 먼저 본 사람은 하나님께 가장 사랑받는 자요 가장 훌륭한 자로 여겨지고 대개 그 사람을 왕으로 추대합니다. 그 정도로 그들은 태양이 다시 뜨는 것에 큰 가치를 부여합니다.

아! 몇 달, 몇 해 동안 버려진 불쌍한 영혼에게도 그렇습니다. 오, 그는 의의 태양에 얼마나 높은 가치와 덕을 부여하게 됩니까! "주의 인자하심이 생명보다 나으므로 내 입술이 주를 찬양할 것이라"(시 63:3). 히브리어 원문을 보면 "주의 사랑과 선하심이 생명보다 나으므로" 또는 "여러 삶보다 나으므로"라고 표현할 수 있겠습니다. 하나님의 호의가 생명보다 낫습니다. 세상에서 들어오는 모든 수입과 세상의 위로, 명예, 부, 쾌락, 찬사를 받는 것보다 하나님의 호의가 낫습니다. 그렇습니다. 이 모든 것을 갖춘 인생보다 낫습니다! 이제 여러분은 사람들이 자신의 삶에 얼마나 높은 가치를 부여하는지 알고 있습니다. 그들은 피땀 흘리며 외치고 재산의 일부라도 확보하려고 합니다. 그렇습니다. 몸도 아끼지 않습니다. 그렇습니다. 사지가 잘리더라도 자신의 삶을 확보하려고 합니다! 그들은 외칩니다. 장애자가 돼도 좋아요. 어떤 고통이나 불행이라도 좋아요. 그저 저의 삶만 확보하게 해주세요. 이제 사람이 자신의 인생을 그렇게 사랑하고 귀히 여기는데 하물며 버림받은 영혼은 하나님의 호의가 다시 돌아온 것에 자신의 모든 인생보다 더 높은 가치를 부여하지 않겠습니까? 그렇습니다. 수많은 인생보다 나은 것입니다. 성경과 역사가 증명하는 것처럼 세상의 많은 사람은 자신의 인생을 위하는 일에 완전히 진이 빠졌습니다. 그 가운데 하나님의 사랑과 호의를 얻으려 진이 빠진 사람은 단 한 사람도 없습니다. 어두운 동굴 속에서 살아가는 사람 중에 태양에 높은 가치를 부여하는 사람은 아무도 없습니다.

(6) 이로써 주님께서는 자신의 종들이 귀한 믿음의 삶을 살도록 훈련시키십니다. 그것은 세상에서 가장 명예롭고 행복한 삶입니다. "이는

우리가 믿음으로 행하고 보는 것으로 행하지 아니함이로라"(고후 5:7). 감각적이고 이성적인 삶은 저급하고 낮은 삶입니다. 믿음의 삶은 고귀하고 복된 삶입니다. 엘리사가 수넴 여인에게 자신이 응당 해주어야 할 것을 말했습니다. "왕에게나 사령관에게 무슨 구할 것이 있느냐" 그러자 여인의 대답은 "나는 내 백성 중에 거주하나이다"였습니다(왕하 4:13) 이 말인즉슨, 나는 내 백성 중에 거주하는 것이 고귀하고 행복한 것인 줄 안다는 뜻이었습니다. 즉 왕이나 사령관에게 어떤 것을 구할 것도 없이 내 백성 중에 거주하는 것이 큰 행복이라는 것입니다. 이처럼 믿음을 실천하며 사는 삶이야말로 이 세상에서 가장 행복한 삶입니다. 믿음의 삶을 사는 사람치고 삶이 자유롭고 거룩하며 천상의 삶, 행복한 삶을 살지 않는 자는 없습니다. 신성한 것을 늘 염두에 두는 영혼은 그에게 자신을 적나라하게 드러내신 하나님과 그리스도와 약속을 붙잡게 됩니다(사 1:10; 63:15-16). 이제 가장 높고 순수한 믿음의 활동에 자신을 던진 영혼은 하나님께서 눈살을 찌푸리시고 꾸짖으시고 치시며, 그렇습니다, 자신을 죽이신다 할지라도 하나님께 자신을 밀착하고 하나님에게만 매달리며 하나님을 향해 달콤하고 순종적인 믿음을 실천합니다(욥 13:15). 가장 탁월하고 영웅적인 믿음의 활동을 감각과 이성으로 유추한 사람들이나 이성을 믿음 위에 둔 사람은 결코 탁월한 그리스도인이 될 수 없습니다. 세속적인 이성의 학교에 출석하는 사람은 믿음의 교사가 되기보다 어리석은 자로 드러날 것입니다. 믿음보다 이성이 앞서는 사람은 믿음을 실천한다 해도 어려운 일을 피하진 못할 것입니다. 이성이 가장 강하면 대개 믿음은 나올 수가 없습니다. 하지만 이제 주님께서 한동안 백성을 버리심으로써 그들은 세상에서 가장 탁월하고 향긋한 믿음의 삶을 위한 기술을 익히게 됩니다.

(7) 하나님의 물러나심이 여러분으로 하여금 현재 영적 유기(靈的 遺棄), 즉 영적으로 버려진 상황에서 여러분의 머리 되시고 신랑 되시는 그리스도를 더욱 닮게 만듭니다. "제구 시쯤에 예수께서 크게 소리 질러 이르시되 엘리 엘리 라마 사박다니 하시니 이는 곧 나의 하나님, 나의 하나님, 어찌하여 나를 버리셨나이까 하는 뜻이라"(마 27:46; 시 22:1-2). 엘이라는 히브리 단어 속에 강조해야 할 의미가 숨겨져 있습니다. 엘은 원래 강하신 하나님이라는 뜻입니다. "엘리 엘리." 이 말은 나의 강하신 하나님, 나의 강하신 하나님이란 뜻입니다. 그리스도와 연합된 인성은 결코 분리되지 않으며 그렇다고 그분의 은혜 또한 줄어들지 않습니다. 끔찍한 폭풍 속에서 그분의 믿음은 하나님의 능력을 바라며 자신을 철통같이 방어하고 오히려 힘을 내시도록 역사했습니다. 어떤 하나님이셨습니까? 바로 "나의 하나님"이셨습니다. 하나님의 보호와 위로와 관련하여 그리스도께서는 잠시 아버지에게서 버림을 당하셨을 뿐입니다. 그리고 이런 상황이 바로 여러분의 경우라면 이 과정을 통해 여러분의 주인 되시는 주님을 닮아 가게 될 것입니다. 아니었습니다. 여러분은 그리스도께서 끝까지 마신 비통의 잔을 한 모금도 머금지 않았습니다. 그리스도에게 드리워진 먹구름을 생각하면 여러분의 먹구름은 먹구름이라 할 수 없습니다.

(8) 마지막으로, 이렇게 일시적이고 부분적인 버림받음을 통해 주님께서는 친히 모든 백성이 선명하고 충만하고 지속적이고 끊이지 않는

기쁨의 달콤함을 극도로 맛보게 하실 것입니다(시 71:10, 21). 아! 압살롬이 얼마간의 유배생활을 마치고 마침내 그의 고귀한 지위가 다시 회복되어 왕의 얼굴을 다시 보고 왕의 호의를 입게 된 일은 얼마나 귀하고 달콤한 일이었습니까! 오네시모가 한동안 빌레몬을 내쳤지만 다시 그를 받을 때 영원히 받은 것이었습니다. 이처럼 주님께서 백성을 잠시 버리셨지만 그들을 영원히 받으실 것입니다. 잠시 백성에게서 자신의 얼굴을 숨기셨지만 지속적인 그분의 영광의 임재가 자녀들에게 다시 임할 때 그 달콤함과 기쁨은 더 클 것입니다.

이의 9 오! 하지만 저는 억울한 고소를 당하고 서글픈 비난을 받았습니다. 그래서 저의 좋은 평판(이름)이 제 인생만큼 귀하거나 더 존귀해질 수 있는데도 비방을 받아 위신은 완전히 바닥에 떨어졌습니다. 게다가 제가 알지도 못하고 하지도 않은 일까지 뒤집어썼습니다. 상황이 이런데 제가 어떻게 잠잠할 수 있겠습니까? 어떻게 평안을 붙들 수 있겠습니까? 다음 같은 격언이 머리에서 떠나질 않습니다. "사람의 눈과 좋은 평판은 조롱을 참아내지 못한다." 저의 좋은 평판을 조롱거리로 만든 사람을 보면서 제가 어떻게 잠잠할 수 있겠습니까? 매일 사람들이 한바탕 비통한 말로 저를 비방하는 모습을 보거나 경멸하는 모습을 상상하게 되는데 과연 잠잠할 수 있겠습니까? 이 질문에 답변해 주십시오.

1. 마땅히 좋은 평판은 그리스도인의 왕관에 박힌 최고의 보석 중 하나가 되어야 할 것입니다. 많은 경우 위대한 평판이 가치를 덜 받는다

해도 좋은 평판은 거대한 재산보다 먼저 생각해야 할 사안입니다. 집의 옷장에 금이나 은을 쌓는 것보다 좋은 평판이 널리 퍼지는 쪽을 선택하는 것이 더 낫습니다. "좋은 이름이 좋은 기름보다 낫고"(전 7:1). 동방에 속하는 이스라엘 사람에게 귀한 기름은 용도 면에서 큰 가치를 지닌 매우 귀한 것으로 생각되었습니다. 그래서 이스라엘 사람은 왕의 보물 창고에 가장 좋은 것들과 귀한 기름을 같이 두었습니다(사 39:2). 향긋한 기름은 좋은 향을 낼 뿐만 아니라 머리를 편안하게 해주고 사람의 외관을 밝게 해줬습니다. 기름이 최고의 자리를 차지하진 못했어도 귀한 것으로 인정되어 영혼과 그리스도인의 양심을 나타내기도 했습니다. 하지만 좋은 평판은 이 두 가지, 즉 향과 기름을 모두 갖춘 것입니다. 마음의 향에 비하면 코를 즐겁게 해주는 향이 무슨 의미나 있겠습니까?

어떤 나라의 사람들은 비둘기 집으로 비둘기를 유인할 때 특이한 기술을 사용한다고 합니다. 즉 여러 비둘기 중 어느 하나의 날개에 향긋한 기름을 부으면 그 비둘기가 멀리 날아가도 그 향이 없어질 때쯤이면 다시 찾아오게 될 뿐만 아니라 다른 비둘기들도 비둘기 집으로 불러들인다고 합니다. 이런 식으로 비둘기 집은 가정에서 비둘기를 기르는 도구가 됩니다.

좋은 평판은 그런 향과 같아 사람을 끌게 됩니다. 세상의 온갖 부류의 사람들과 모든 계급 사회에서 좋은 평판은 매혹적인 능력이 됩니다. 좋은 평판은 귀한 기름 같아서 청중이 좋은 설교자에게 끌리게 하고 환자가 좋은 의사에게, 의뢰인이 좋은 변호사에게, 학생이 좋은 선생에게, 손님이 매장의 매니저에게 끌리게 합니다. "데메드리오는 뭇 사람에게도, 진리에게서도 증거를 받았으매"(요삼 1:12). 좋은 평판을 세우도록 합시다. 그런 사람은 자신을 도와줄 사람이나 돈을 쉽게 잃지 않습니다. 좋은 평판은 호의적인 사람이 되도록 이끌어 줄 뿐만 아니라 온갖 좋은 것으로 계속 호의를 입게 해줍니다.

어떤 물건을 잃는 한이 있더라도 좋은 평판이라는 보석은 확실히 보존하도록 하십시오. 그리스도인은 좋은 평판을 유지하도록 가장 주의를 기울여야 합니다. 왜냐하면 솔로몬이 돈을 언급하며 말한 것처럼 좋은 평판이 모든 것에 대한 답이 되기 때문입니다. 이교도였던 플라우투스(Plautus)[86]도 "좋은 평판을 유지할 수만 있다면 넉넉한 재산을 소유한 것이나 다름없네"라고 말했습니다. 그리스도인이라면 가진 금보다 좋은 평판이 먼저 나오게 해야 할 것입니다. 좋은 평판을 지닌 그리스도인을 죽이려는 자는 그의 지갑을 빼앗은 자보다 더 악랄한 도둑으로 교수형을 받는 게 낫습니다.

2. 좋은 평판은 한 번 잃으면 다시 되찾기란 어렵습니다. 평판을 잃느니 친구를 잃은 것이나 재산을 잃은 것을 다시 회복하는 편이 훨씬 쉽습니다. 좋은 평판은 값진 구조물과 같지만 쉽게 무너지기도 합니다. 하지만 오래 갑니다. 탕자의 아버지는 잃은 아들을 다시 보며 "이 네 동생은 내가 잃었다가 얻었기로"라고 말했습니다(눅 15:32). 하지만 이 좋은 나의 평판은 잃었다가 다시 얻었다, 또는 죽었으나 이제 다시 살았다고 말할 수 있는 그리스도인이 얼마나 적습니까?

오르바가 한 번 나오미를 떠나자 다시 돌아오지 않았습니다(룻 1:14).

마찬가지로 좋은 평판이 한 번 사람을 떠나면 다시 되찾기란 어렵습니다. 망가진 신용은 그 틈을 새롭게 메우기 힘들고 새 와인을 오래된 병에 담는 것도 드문 일입니다. 양심과 평판의 신용보다 흔들리지 말아야 할 것도 없습니다.

일본의 어떤 아이들은 자신의 평판에 광적으로 신경을 쓴다고 합니다. 만약 사소한 것이 없어진 상황에서 그들 중 한 명에게 "쉬라"(Sirrah)[87]라고 부르며 "난 네가 훔쳤다고 믿어"라고 말하면 지명 받은 소년은 한 치의 머뭇거림도 없이 곧바로 자신의 손가락 중 관절 하나를 비틀고 "선생님의 말씀이 사실이라면 제 손가락이 회복되지 않길 바랍니다"라고 말했답니다. 그리스도인이 흔들림 없이 지켜야 할 세 가지가 있습니다. (1) 하나님의 명예 (2) 복음의 명예 (3) 자신의 평판의 명예. 한 번 그리스도인의 좋은 평판이 구름 속에 가리게 되면 그 평판이 다시 떠오르기까지 오랜 시간이 걸립니다.

3. 이 모든 것이 사실임에도 하나님께서 가장 사랑하시는 성도들과 종들에게 주신 몫은 바로 중상모략과 비난과 비방과 거짓 고소를 감수하는 일입니다. "교만하고 완악한 말로 무례히 의인을 치는 거짓 입술이 말 못하는 자 되게 하소서"(시 31:18). 악의에 찬 여주인이 요셉을 고소했을 때 요셉은 얼마나 슬프고 억울했을까요? 다윗이 도엑과 시므이에게서 저주를 받았을 때도 마찬가지였습니다. 욥이 위선자, 불신자, 무자비하고 잔인한 자, 편파적인 자, 교만하고 불경한 자라는 비난을 받았을 때 얼마나 슬프고 억울했을까요? 나봇은 하나님과 왕에게 참

람한 말을 했다는 비난을 받지 않았습니까? 하만이 유대인들을 통제가 안 되는 반역적인 존재라고 왕에게 고소하지 않았습니까?(에 3장). 엘리야가 이스라엘의 문젯거리로 비난받고 예레미야가 반역의 나팔을 불렀다고 비난받지 않았습니까? 세례 요한이 선동자로, 바울이 이리저리 반란의 불을 붙인 방화자로 고소당하지 않았습니까? 사도들이 일반적으로 사람들을 속이는 자요 미혹하는 자, 세상의 쓰레기로 여김 받지 않았습니까?

아타나시우스(Athanasius)[88]와 유스타티우스(Eustathius)[89]는 간음한 자요 이단자로 거짓 고소당했습니다. 크랜머(Cranmer)[90]에게는 이단과 국가반역의 죄를 씌웠고, 필포트(Philpot)[91]에게는 존속살해범의 죄를, 래티머(Latimer)[92]에게는 반란죄를 적용시켰습니다. 고대의 박해자들은 흔히 그리스도인들에게 곰의 가죽이나 개의 가죽을 입히고 사자가 물어뜯어 죽게 했습니다. 이처럼 그리스도인들은 대개 자신의 평판과 인격에 수반하는 모든 비난과 경멸과 멸시를 감수해야 했고, 박해자들이 상상할 수 있는 모든 허위 보고의 대상자가 되는 일도 감수해야 했습니다. 그리고 그들이 행여 박해자들의 미끼라도 물게 되면 박해자들은 그리스도인들에게 모든 악의에 찬 말과 잔인한 짓을 했습니다. 저는 나이가 어리든 많든, 처음이든 나중이든 다윗같이 말할 수 있는 그리스도인은 없다고 생각합니다. "불의한 증인들이 일어나서 내가 알지 못하는 일로 내게 질문하며"(시 35:11). 즉 불의한 증인들이 내가 전혀 알지 못하는 일로 나에게 혐의를 씌웠다는 뜻입니다. 히피아스(Hippias)[93]는 고소만큼 참기 힘든 것도 없다고 했습니다. 왜냐하면 가장 선한 부자들과의 우정을 중간에서 가로챈 사람을 실제 도둑질한 사람으로 모는 것처럼 고소자들이 법을 악용해 혐의를 씌워도 그들을 처벌하지 않기 때문입니다. 자! 그리스도인들은 하나님께서 가장 사랑하시는 수많은 성도들이 거짓 고소를 당하고 그들의 이름과 명성이 세상에서 비방을 받고 땅바닥에 곤두박질치는 것을 보면서 주님 앞에서 잠잠해야 합니다. 또한 그들을 보면서 "세상에선 별 가치가 없었나 보지?"라고 말하는 것처럼 악한 것도 없다는 사실을 알아야 합니다. 랍비들은 사람들이 너도나도 비난을 참지 않았다면 세상은 벌써 없어졌을 것이라고 말했습니다.

4. 우리 주 예수 그리스도께서도 억울하고 서글픈 비난과 고소를 당하셨습니다. 항상 금에 새겨야 할 예수님의 고귀하신 이름이 마치 태양이 개기일식으로 죽은 것처럼 보이듯이 자주 그 명예가 실추되셨습니다. 세상의 모든 향보다 향기로우신 예수님의 이름이 십자가에 못 박히시기 전부터 이미 못 박히셨습니다. 오, 우리를 구원하실 그분의 이름이 그렇게 자주 사람들이 굴린 비방의 돌 아래 묻혀야 했습니다. 우리가 영원히 구원받기 위해 꼭 필요한 그분의 이름이 말입니다! 오, 우리에게 유일한 복이 되는 예수님의 이름을 내팽개친 조롱하는 자들과 비웃는 자들과 경멸하는 자들이란! 크리소스토무스는 예수님의 이름 안에 셀 수 없는 기쁨과 위로의 보물이 들어 있다고 했습니다. 베르나르는 구세주의 이름은 입에 꿀이요 귀에 음악이요 마음에 환희라고 말했습니다. 하지만 마음에 품고 혀로 말할 수 있는 그리스도의 이름에 얼마나 많은 똥과 오물을 던지고 있습니까? 세상은 매일, 아니, 매시

간 그리스도의 이름과 명예에 비난과 경멸의 예리한 화살을 얼마나 많이 쏘아 대고 있습니까? 그리스도께서 사시는 날 동안, 심지어 십자가에서 죽으시는 순간까지 그런 끔찍한 비난을 계속 퍼부어댔습니다. 태양이 부끄러워 구름으로 그 얼굴을 가릴 정도였습니다. 이제 더는 그런 비난하는 모습을 보시지 않게 되었습니다. "인자는 와서 먹고 마시매 말하기를 보라 먹기를 탐하고 포도주를 즐기는 사람이요 세리와 죄인의 친구로다 하니 – 그리스도께서 그런 분이신가요? 아닙니다 – 지혜는 그 행한 일로 인하여 옳다 함을 얻느니라"(마 11:19). 지혜는 모든 세상 앞에서 일어나 자신이 행한 일을 옳다고 할 것입니다. "주여 저 속이던 자가 살아 있을 때에 말하되 내가 사흘 후에 다시 살아나리라 한 것을 우리가 기억하노니"(마 27:63). 그리스도께서 사람들을 속이는 분이셨습니까? 아닙니다. 그분은 신실하시고 참되신 증인이셨습니다(계 1:5; 3:14).

"무리가 대답하되 당신은 귀신이 들렸도다 누가 당신을 죽이려 하나이까"(요 7:20). 유대인들은 예수님께 다음같이 대답했습니다. "우리가 너를 사마리아 사람이라 또는 귀신이 들렸다 하는 말이 옳지 아니하냐"(요 8:48). "그중에 많은 사람이 말하되 그가 귀신 들려 미쳤거늘 어찌하여 그 말을 듣느냐 하며"(요 10:20). 땅이 입을 벌려 이런 괴물들을 집어삼키지 않았다니 정말 놀랄 놀 자입니다. 또한 하나님께서 하늘에서 이런 끔찍한 신성모독자들에게 지옥의 비를 내리지도 않으셨습니다. 하지만 그들의 신성모독적인 주장은 거부되고 다음 같은 지혜의 자녀들로 말미암아 반박되었습니다. "어떤 사람은 말하되 이 말은 귀신 들린 자의 말이 아니라 귀신이 맹인의 눈을 뜨게 할 수 있느냐 하더라"(요 10:21). 마귀는 나면서 못 보는 자의 시력을 회복시킬 능력도 없고 그런 선한 일도 하지 않습니다.

그래도 영광의 주님께 던진 더 심한 멸시와 오물과 경멸을 계속 살펴보시겠습니까? 그렇다면 다음의 말씀에 주목해 보십시오. "바리새인들은 돈을 좋아하는 자들이라 이 모든 것을 듣고 비웃거늘"(눅 16:14). 헬라어 원문으로 읽으면 "그들이 주님 앞에서 비웃음과 조롱으로 콧방귀를 끼었거늘"이 될 수 있겠습니다. 바리새인들은 예수님을 향해 웃고 조롱하며 야유만 던지지 않았습니다. 멸시와 조롱의 표시를 얼굴 표정과 몸짓을 통해 외적으로 드러냈습니다. 바리새인들은 주님에게 콧방귀를 끼면서 주님을 아무것도 아닌 자로 단정하고 깔보았습니다. 누가복음 23장 35절을 보면 사람들과 관리들이 주님을 향해 콧방귀를 낀 것을 알 수 있습니다. 성경 원문을 보면 이 구절에서 쓰인 단어는 앞서 언급한 구절에서 쓰인 단어와 같습니다.

요한복음 19장 12절을 보면 예수님께서는 가이사의 적으로 고소당하셨습니다. 이제 누군들 우리 주 예수님의 이름과 명예에 가해진 조롱과 비방과 멸시를 진지하게 숙고해 볼 때 이 세상에서 자신의 이름과 인격에 가해지는 모든 조롱과 멸시 앞에서 침묵하고 잠잠하지 않을 수 있겠습니까?

5. 하나님을 나쁘게 말하는 사람들이 원래 말은 잘 하고, 하나님의 호의를 받지 못한 사람들에게 칭찬 듣는 것은 명예가 될지 몰라도 하나

님의 책망을 받게 될 것입니다. 우리 구세주께서 직접 교회와 유대 사회에서 그것이 사실임을 입증하셨습니다. 일반적으로 최고의 찬사와 인정을 받은 자들과 가장 존경 받고 최고의 칭찬을 받는 자들은 사실 최고가 아닌 최악이라는 사실을 말입니다. 그들은 참되지 못하고 잘못되었습니다. 거짓 선지자들도 똑같았습니다. "모든 사람이 너희를 칭찬하면 화가 있도다 그들의 조상들이 거짓 선지자들에게 이와 같이 하였느니라"(눅 6:26). 아우구스티누스는 선한 사람들의 찬사는 두려워하고 악한 자들의 찬사는 혐오했습니다. 루터는 "난 에라스무스의 영광과 명성을 원하지 않는다. 내가 제일 두려워하는 건 사람들의 찬사다"라고 말했습니다. 포키온[94]은 자신의 연설에 문제가 있다고 보진 않았지만 사람들의 찬사는 거부했습니다. 안티스테네스(Antisthenes)[95]는 자신에게 문제가 있다고 보았습니다. 왜냐하면 사람들이 자신을 칭찬했기 때문입니다. 소크라테스는 대개 최고의 찬사를 받는 것은 언제나 문제가 있다고 보았습니다. 비온(Bion)[96]은 악한 자들이 찬사를 보내는 것은 악한 짓을 했기 때문이라고 말했습니다. 왜냐하면 좋은 일을 하면 그 사람을 나쁘게 말할 것이기 때문입니다. 라케다이모니아인들은 악한 자의 입에서 나온 좋은 말은 거부했습니다. 악한 자의 혀는 좋은 것을 받는 족족 모두 더럽힙니다.

악한 자들의 찬사에서 벗어나게 되는 것은 하나님의 자비입니다. 악한 자들의 찬사는 종종 성도들에 대한 비방으로 바뀝니다. 이교도였던 소크라테스마저 "내가 정말 나쁜 짓을 했나 보다. 이 악한 자들이 나를 칭찬했으니 말이다"라고 말했을 정도였습니다. 세네카의 말도 일리가 있습니다. "최악의 사람들은 보통 옳은 것을 불쾌해한다." 이런 사실들을 진지하게 숙고하고 나서도 세상에서 자신의 평판과 신뢰에 쏟아지는 모든 비난과 경멸 속에서 잠잠하고 침묵을 지키지 않을 사람이 과연 누구입니까?

6. 사람들의 좋은 평판을 망가뜨리는 악한 자들은 티끌과 오물 같은 존재로서 주님께서 이 모든 자들을 쓸어버리실 날이 올 것입니다. 게다가 몸의 부활뿐만 아니라 모든 평판도 부활할 것입니다. 현재 평판들이 악한 자들의 목구멍 속에 매장되었다 할지라도 모두 확실히 부활할 것입니다. "네 의를 빛같이 나타내시며 네 공의를 정오의 빛같이 하시리로다"(시 37:6).

구름이 한동안 햇빛을 흐리게 했어도 태양은 다시 그 빛을 밝게 비추되 눈부시고 영광스러운 빛으로 영원히 비출 것입니다. "그는 영원히 흔들리지 아니함이여 의인은 영원히 기억되리로다"(시 112:6). 악한 자들의 악의적인 중상과 거짓 고소의 먹구름이 성도들의 평판을 가렸을지라도 그 먹구름은 사라지고 성도들의 평판은 투명하고 영광스럽게 드러날 것입니다. 하나님께서 오명(汚名)을 입고 중상을 받고 욕지거리가 된 백성의 좋은 평판에 유념하고 계시기 때문에 그 오명은 오래가지 못할 것입니다.

유대인들이 그리스도의 무덤을 돌로 막아 지키고 그리스도께서 부활하시지 못하게 했습니다. 하지만 천사가 그 돌을 순식간에 밀어내고 무덤을 지키는 보초가 있었음에도 그리스도께서는 영광스럽고 승리에 찬 모습으로 부활하셨습니다(마 28:2). 세상이 성도들의 좋은 평판 위에 비난과 경멸의 돌을 굴려 눌러놓았어도 하나님께서 모든 돌을 치워 버리실 것입니다. 그래서 성도들의 모든 평판이 사람들과 귀신들의 계속적인 공격에도 영광스럽게 부활할 것입니다. 하나님께서 한쪽 손으론 자녀들의 모든 눈물을 늘 직접 닦아 주고 계시고 다른 한 손으로는 자녀들의 평판 위에 쌓인 먼지들을 늘 치워 주고 계십니다. 먼지가 금으로 된 조각상이나 금이 지닌 고유의 무늬를 오래 덮고 있지 못하듯 진실이 왜곡된 채 먹구름이 오래 가리고 있는 일은 없을 것입니다.

자! 그러니 그리스도인 여러분, 여러분에게 가해지는 온갖 중상과 비난은 여러분에게 다름 아닌 순결과 영광의 배지라는 것을 기억하십시오. "누구든지 나의 변명을 들어다오 나의 서명이 여기 있으니 전능자가 내게 대답하시기를 바라노라 나를 고발하는 자가 있다면 그에게 고소장을 쓰게 하라 내가 그것을 어깨에 메기도 하고 왕관처럼 머리에 쓰기도 하리라"(욥 31:35-36). 모든 비난은 그리스도인의 왕관에 추가로 붙이는 진주들입니다! 그래서 아우구스티누스는 "내게서 좋은 평판을 떼어 내는 일은 기꺼이 감수하겠지만 칭찬 듣는 것은 원하지 않는다"라고 말한 것입니다! 모세도 이런 사실을 잘 알아 바로의 왕관을 쓰기보다 그리스도께서 책망하시는 것을 더 좋아한 것입니다(히 11:25-26). 모든 자녀의 이름을 아시는 하나님께서 그들의 이름이 비방과 멸시의 잿더미 속에 오래 묻혀 있지 않게 하실 것입니다. 그러므로 주님 앞에서 침묵을 유지하십시오. 사람이 금에 새겨진 형상을 문지를수록 형상의 화려한 모습이 더 또렷이 부각되듯이 현재 교만과 멸시의 발이 여러분의 평판을 더 짓이길수록 여러분의 평판은 더 눈부시게 빛을 발할 것입니다. 그러므로 손을 입에 대십시오.

7. 주님께서 거짓으로 자녀들을 고소하고 그들의 평판을 비난과 멸시로 채우는 자들을 재빨리 포착하시고 그들을 무섭게 지켜보고 계십니다(사 41:2; 유 1:15). 거짓 증인을 매수해 나봇을 해치운 아합과 이세벨이 결국 자기들도 죽어 피를 흘리게 되자 개들이 핥았습니다(왕상 22:21-22; 왕하 9:36). 아마샤가 선지자 아모스를 왕에게 거짓으로 고소하자 주님께서 다음같이 말씀하셨습니다. "여호와께서 이와 같이 말씀하시기를 네 아내는 성읍 가운데서 창녀가 될 것이요 네 자녀들은 칼에 엎드러지며 네 땅은 측량하여 나누어질 것이며 너는 더러운 땅에서 죽을 것이요 이스라엘은 반드시 사로잡혀 그의 땅에서 떠나리라 하셨느니라"(암 7:17). 유대인들을 거짓으로 고소한 하만이 어느 날 왕의 연회에 참석했다가 다음 날이 되자 연회장은 까마귀들을 위한 장소로 뒤바뀌었습니다(에 7:10; 9:10). 세상 역사 속에서 하나님의 심판이 이런 자들에게 어떻게 임했는지 한번 나열해 보겠습니다.

대제사장 가야바는 공회를 소집하고 거짓 증인을 매수해 주 예수님을 대적했지만 얼마 못 가 제사장 직무를 박탈당하고 요나단이라는 자가 그를 대신하게 되자 가야바는 자살했습니다. 존 쿠퍼(John Cooper)라는 한 경건한 자가 메리(Mary) 여왕 시대에 그림우드(Grimwood)라는 자가 꾸민 거짓 고소를 당하게 되자 완벽한 건강을 자랑하던 그림우드는 얼마 못 가 갑자기 창자가 몸 밖으로 나와 비참하게 죽었습니다.

평소 문제가 많은 어느 세 사람이 예루살렘의 경건한 주교였던 나르시수스(Narcissus)를 거짓으로 고소했습니다. 그들은 자신들이 한 거짓 증거들에 맹세하고 나르시수스를 저주하기까지 했습니다. 그런데 얼마 못 가 그들 중 한 명의 재산과 온 가족이 화재로 죽고 말았습니다. 그들 중 또 한 사람은 무서운 병에 걸려 죽었는데, 그 병은 다름 아닌 그가 나르시수스를 저주할 때 외친 병의 이름이었습니다. 마지막 세 번째 사람은 앞서 두 사람에게 임한 하나님의 심판을 목도하고 공포에 사로잡혀 깊이 회개하고 많은 눈물과 근심으로 병든 마음을 쏟아 냈지만 그럼에도 결국 맹인이 되고 말았습니다.

사악하고 비열한 니세포루스(Nicephorus)는 경건한 그리스도인이었던 아폴로니우스(Apollonius)를 무거운 죄목으로 고소했지만 증거를 댈 수 없게 되자 되레 고대 로마법이 니세포루스에게 적용돼 다리가 부러지는 형벌을 받았습니다.

그레고리 브래드웨이(Gregory Bradway)가 브룩(Brook)을 거짓으로 고소하자 얼마 못 가 양심의 공포를 이기지 못해 스스로 자신의 목을 자르려 했지만 사람들이 막았습니다. 하지만 결국 미쳐 버리고 말았습니다.

소크라테스의 두 거짓 고소자들에 대한 글을 읽은 적이 있습니다. 한 명은 군중이 죽음으로 내몰았지만, 다른 한 명은 스스로 유배형을 택해 죽음을 모면하게 되었습니다. 이 밖에 예를 들자면 끝도 없을 것입니다. 하지만 하나님의 사람들을 거짓으로 고소하고 그들의 귀한 평판을 멸시와 비난으로 얼룩지게 한 자들을 하나님께서 재빨리 포착하시고 무섭게 보고 계시다는 것을 입증하는 데 이 정도면 족할 거 같습니다. 그리스도인이 당하게 되는 고소와 비난에 대해 진지하게 숙고해 보면 주님 앞에서 입을 다물고 침묵을 유지할 수밖에 없을 것입니다.

8. 마지막으로, 하나님께서 직접 매일 책망하십니다. 사람들은 하나님을 멸시하고 비난하면서도 떨지 않습니다. 사람들은 종종 주님의 길이 공평하지 않다고 주님을 비난하면서 하나님께서 하시는 방식에 심사가 뒤틀립니다(렘 2:5-6; 겔 18:25). 또 다음 같은 구절을 제시하면서 하나님께서 잔인하시다고 힐난합니다. "…내 죄벌이 지기가 너무 무거우니이다"(창 4:13). 또 특정인을 편애하시고 존중하신다고 비난합니다. 왜냐하면 하나님께서 여기선 이 사람을 치시고 저기선 저 사람을 치시는가 하면, 여기선 이 사람을 높이시고 저기선 저 사람을 내던지시고, 여기선 이 사람에게 웃으시고 저기선 저 사람에게 찡그리시고, 여기선 이 사람에게 많이 주시고 저기선 저 사람에게 아무것도 주지 않으시고, 여기선 이 사람을 사랑하시고 저기선 저 사람을 미워하시고, 여기선 이 사람을 번영시키시며 저기선 저 사람을 날려 버리시기 때문이라는 것입니다. 즉 "정의의 하나님이 어디 계시냐"(말 2:17)고 물으며 아무 데서도 찾아볼 수 없다고 말합니다. 또한 심판하시는 하나님도 안 계시고 최소한 확실하고 정확하며 공정한 심판을 내리시는 하나님도 찾아볼 수 없다고 주장합니다.

사람들은 종종 하나님이 막무가내라고 비난합니다. 그들이 주장하는 하나님은 자신의 백성에게 고된 일, 그것도 너무나 버거운 일을 시키시고 그것에 대한 보상이나 삯은 안 주시는 분입니다. "이는 너희가 말하기를 하나님을 섬기는 것이 헛되니 만군의 여호와 앞에서 그 명령을 지키며 슬프게 행하는 것이 무엇이 유익하리요"(말 3:14). 사람들은 종종 하나님이 완고한 주인 같아서 심지 않은 데서 거두시고 뿌리지 않은 데서 모으신다고 비난합니다(마 25:24). 오! 매일, 아니 매일 매시간 주님과 주님의 이름과 주님의 진리와 주님의 길과 주님의 규례들과 주님의 영광에 가하는 막대한 비난과 경멸이란!

비극입니다! 전 세계의 모든 성도에게 쏟아 내는 경멸과 모욕은 다름 아닌 매시간 위대하신 하나님께 던지는 경멸과 모욕인 것입니다. 하지만 하나님께서 참고 계실 뿐입니다. 아! 사람들이 하나님에 대해 생각하고 말하는 것을 들으면 얼마나 거칩니까? 또 하나님에 대한 태도를 보면 얼마나 무자비합니까? 하지만 하나님께서는 이 모든 것을 참고 계십니다. 하나님이나 하나님의 이름, 진리, 명예에 일말의 관심도 없는 자들이 과연 그리스도인들이나 그리스도인들의 평판을 조금이라도 생각하겠습니까? 확실히 아닐 것입니다. 그런데 그들이 왜 우리에게 좋은 말을 할 것으로 생각하십니까? 한 주 내내 누가 하나님에 대해 좋은 소리를 한답니까? 그렇습니다. 한 주는 고사하고 일 년 내내 그러는 것이 아닙니까? 그런데 왜 우리는 그들이 '호산나, 호산나!'라고 외칠 것으로 생각합니까? 오히려 그들은 매일 그리스도를 향해 "예수는 못 박혀야 한다, 예수는 못 박혀야 한다"고 외치는 자들입니다. "제자가 그 선생 같고 종이 그 상전 같으면 족하도다 집 주인을 바알세불(또는 귀신의 왕이 지핀 자 또는 파괴의 신 또는 귀신의 수장)이라 하였거든 하물며 그 집 사람들이랴"(마 10:25). 종이 주인같이 되었다는 것은 엄청난 승격입니다. 주저 없이 주님의 이름을 더럽히고 신성 모독하던 자들인데 여러분의 이름을 더럽힌다고 놀랄 일이겠습니까? 그리스도인 여러분, 세상에서 여러분의 이름과 평판에 가하는 모든 경멸과 모욕 속에서 여러분의 마음이 잠잠하고 조용하게끔 이 정도로만 진술해도 충분할 것 같습니다.

열 번째이자 마지막 이의는 다음과 같습니다.

이의 10 선생님, 제가 현재 겪고 있는 고난 속에서 제가 주님께 이런저런 자비를 구하는데도 하나님께서 아직 미루고 계시네요. 그리고 저를 버리셨습니다. 자비가 코앞에 있다고, 구원이 문 앞에 있다고 여러 번 생각했지만 실제론 너무 멀게만 느껴지네요. 이러니 제가 평안을 붙들 수 있겠습니까? 하나님께서 이렇게 미루시고 실망시키셨는데 잠잠할 수 있겠습니까?

이 질문에 아래와 같이 답변하겠습니다.

1. 주님의 응답은 백성들의 기대와는 달리 항상 신속하진 않습니다. 우리의 모든 자비 되시는 하나님께서는 우리의 시간을 통제하시는 주님이십니다. 하나님께서는 가장 사랑하는 성도들에게도 답변을 오래 미루셨습니다. 응답의 결과뿐만 아니라 시간도 하나님께 속한 것입니다. "여호와여 내가 부르짖어도 주께서 듣지 아니하시니 어느 때까지리

이까 내가 강포로 말미암아 외쳐도 주께서 구원하지 아니하시나이다" (합 1:2). "내가 폭행을 당한다고 부르짖으나 응답이 없고 도움을 간구하였으나 정의가 없구나"(욥 19:7). "언어도 없고 말씀도 없으며 들리는 소리도 없으나"(시 19:3). "나의 하나님이여 지체하지 마소서"(시 40:17). 비록 하나님께서 왕관과 왕국을 약속해 주셨지만 매일 미루고 계십니다. 아무리 다급해도 정해진 시간이 이르기까지 기다려야만 합니다.

바울의 경우, 생명이 위급하고 사형선고를 받은 것 같은 상황에서도 응답은 오래 지체되었습니다(고후 1:8-9). 요셉의 경우도 그의 영혼이 쇠사슬에 매일 때까지 응답이 지체되었습니다(시 105:17-19). 글로버(Glover) 씨도 그렇게 자주, 열심히 그리스도를 구하고 그리스도를 위해 죽기까지 자신을 부인했어도 하나님께서는 그에게 평안을 주시는 데 너무 오래 지체하셨습니다. 아우구스티누스는 죄를 확신하고 엄청난 눈물을 흘리며 무화과나무 아래 땅바닥에 자신을 내던지며 다음같이 울부짖었습니다. "오, 주님, 얼마나 오래 기다려야 합니까? 제가 얼마나 더 오래 '오늘 아니면 내일입니까? 주님, 오늘은 왜 안 됩니까?'라고 말해야 합니까?" 아비가일이 다윗의 분노를 잠재우러 급히 서둘렀음에도, 라합이 황급히 붉은 줄을 내걸었어도 하나님께서는 가장 사랑하는 자녀의 목소리에 언제나 서둘러 대답하지 않으시고 신속히 구원하시지 않습니다. 그러므로 주님 앞에서 침묵을 유지하십시오. 주님께서는 자신이 가장 사랑하시던 보석들을 다루실 때만큼이나 여러분을 고되게 다루시고 있지 않기 때문입니다.

2. 주님께서 시간을 늦추시고 미루신다 해도 주님은 확실히 오실 것이고 주님의 자비와 구원도 확실히 임할 것입니다. 주님께서는 불쌍한 자들의 외침을 늘 잊지 않고 계십니다. "잠시 잠깐 후면 오실 이가 오시리니 지체하지 아니하시리라"(히 10:37). "이 묵시는 정한 때가 있나니 그 종말이 속히 이르겠고 결코 거짓되지 아니하리라 비록 더딜지라도 기다리라 지체되지 않고 반드시 응하리라"(합 2:3). 하나님께서 오실 것이고 자비도 임할 것입니다. 현재 여러분의 해가 저물고 하나님께서 여러분을 무시하고 계시는 것 같아도 해는 다시 떠오르고 여러분의 하나님께서 여러분의 모든 기도에 응답하시고 모든 필요를 공급해 주실 것입니다. "우리에게 여러 가지 심한 고난을 보이신 주께서 우리를 다시 살리시며 땅 깊은 곳에서 다시 이끌어 올리시리이다 나를 더욱 창대하게 하시고 돌이키사 나를 위로하소서"(시 71:20-21)

순교자 세 명이 화형대로 끌려갔습니다. 그들 중 한 명이 땅에 엎드려 하나님께서 자신을 사랑하신다는 확신을 달라고 하나님과 열심히 씨름했습니다. 그러자 하나님께서 그에게 확신을 주셨고 그는 화형대 기둥에 이르러 그 기둥을 안고 영광스러운 순교자로 기쁘게 최후를 맞았습니다. 하나님께서 그가 화형대까지 이르러 화형대 기둥에 묶일 때까지 응답을 미루셨다가 하나님 자신을 그에게 내보이신 것입니다.

3. 하나님께서 응답을 미루셔도 여러분을 잊으신 게 아닙니다. 하나님께서는 항상 여러분을 기억하고 계십니다. 하나님의 눈은 시종일관 여러분을 지켜보고 계십니다(사 49:14-16). 항상 여러분의 마음속에 계

십니다(렘 31:20). 하나님께서는 자신의 백성을 잊느니 하나님 자신을 더 빨리 잊으실 분이십니다(시 77:9-10). 주님께서 백성을 잊는 것보다 오히려 신부가 결혼 장식품들을 더 빨리 잊어버리고, 그 어머니는 기르던 아이를 더 빨리 잊어버리고(사 54:7-10), 아내는 남편을 더 빨리 잊어버릴 것입니다(사 62:3-5). 하나님께서는 모든 백성의 이름을 늘 아시고 기억하고 계십니다(창 8:1; 19:29-31; 삼상 1:9; 욘 4:9-11). 그러므로 잠잠하시고 평안을 붙드십시오. 왜냐하면 현재 응답이 지체되고 있어도 하나님께서 여러분을 잊으신 것이 아니기 때문입니다.

4. 하나님의 때가 언제나 가장 좋은 때입니다. 하나님께서 언제나 우리에게 좋은 것을 주시기 위한 최고의, 최적의 때를 이루십니다. "여호와께서 이같이 이르시되 은혜의 때에 내가 네게 응답하였고 구원의 날에 내가 너를 도왔도다"(사 49:8). 즉 '내가 전에 네게 응답했고 너를 구원했던 것처럼 이 두 가지 일을 모두 하기 위한 가장 적절한 때를 맞춰놓았다'는 뜻입니다. 때를 정하시는 분이 하나님이신데 우리는 하나님을 제한합니다(시 78:41). 마치 우리가 하나님보다 더 현명한 존재라도 되는 양 우리 자신을 하나님보다 높입니다. 우리가 하나님께서 정하신 때와 시기를 앞당길 만큼 현명한 것도 아닌데 도리어 우리는 하나님을 우리의 시간에 맞추게 할 수 있을 정도로 우리 자신을 현명하게 여기는 경향이 있습니다. 하나님의 때는 우리가 하나님을 섬기고 하나님께 영광을 돌리도록 하나님께서 정해 놓으신 것인데 말입니다. 언제 응답하시고 언제 구원하시고 언제 고난에서 벗어나게 해주실지는 하나님께서 정하

십니다. 하나님을 우리 시간에 맞추려 하고 우리 자신을 시간의 주인으로 삼아 버리면 때를 정하신 하나님의 왕권과 주권을 벗기려는 시도밖에 더 되겠습니까(행 1:7; 17:26)? 시간을 만드신 하나님께서, 홀로 시간을 정하시거나 시간을 흩으실 능력을 지니신 하나님께서 백성에게 선을 행하시려 친히 자신의 때를 정하시는 것이 합당하고 공정한 것입니다.

많은 경우 우리는 인내하지 못하고 비이성적이고 서두릅니다. 지금 당장 자비를 주시지 않으시면 죽겠다고 난리치고, 지금 당장 고난에서 벗어나게 하시지 않으면 파멸할 것이라고 아우성치는 것입니다. 하지만 우리가 조급하게 군다고 해서 하나님께서 정하신 시간 전에 하나님의 자비가 임하는 때를 한 시간이 아니라 한순간도 앞당길 수 없습니다. 하나님께서 백성에게 자비를 베푸시는 최고의 때는 언제나 하나님이 정해 놓으신 때입니다. 하나님께서 자신의 때에 주시는 자비만큼 정확하고 적절하며 사랑스럽고 아름다운 것도 없습니다. 그러므로 주님 앞에서 침묵을 지키십시오. 하나님께서 지체하셔도 입을 다물고 있어야 합니다. 왜냐하면 자비가 우리를 위해 무르익을 때까지, 또한 우리가 자비를 받기 위해 성숙해질 때까지 하나님의 손에서 자비를 강제로 잡아뗄 수 없기 때문입니다! 하늘 아래 모든 것에는 때가 있고 모든 활동에는 시기(時機)가 있는 법입니다. "하나님이 모든 것을 지으시되 때를 따라 아름답게 하셨"습니다(전 3:1, 11).

5. 이생에서 주님께서 확실히 보상해 주실 것입니다. 하나님께서 지체하시고 미루시는 모든 시간은 바로 이 세상에서 자녀를 개선하고 훈

련하시는 시간입니다. 마치 아브라함이 이삭을 그런 훌륭한 자식이 되게 했듯이, 한나가 사무엘을 그렇게 키웠듯이 말입니다. 하나님께서는 요셉의 간구에 오래 지체하셨습니다. 하지만 지체하신 기간에 하나님께서는 요셉이 찬 쇠사슬이 금 사슬이 되게 하셨고, 그가 걸친 넝마 같은 옷을 귀족의 옷으로, 그가 몰던 가축을 병거로, 그가 거하던 감옥을 왕궁으로, 가시 같은 침상을 오리털로 만든 침상으로, 그가 받은 비방을 영예로 바꾸셨습니다. 나이 서른이 되도록 고난을 겪다가 팔십 세가 되기까지 위엄과 영광으로 다스렸습니다. 마찬가지로 하나님께서는 다윗의 간구에도 오래 지체하셨습니다. 하지만 다윗이 겪은 고난이 다 지나고 기름 부음 받아 그의 머리에 이스라엘의 왕관이 씌워졌습니다. 그리고 다윗은 사십 년을 한결같이 승리자요 유명하고 영광스러운 자로 지냈습니다(삼하 5장). 자, 그리스도인 여러분, 여러분이 기다려야 했던 모든 지체된 시간만큼 하나님께서 여러분에게 모든 유익으로 갚아 주실 것입니다. 그러므로 주님 앞에서 침묵을 지키십시오.

6. 마지막으로 주님께서는 결코 이런 자비나 저런 구원 또는 다른 호의를 베푸시는 것을 미루지 않으실 것입니다. 그럴 만하신 크고 중대한 이유가 있으므로 주님 앞에서 침묵을 지키십시오.

질문 하지만 우리가 봐왔듯이 하나님께서 백성들에게 매시간 그렇게 오래 지체하시고 미루시는 이유는 무엇일까요?

1. 백성에게 시련을 주시고 다른 사람과 구별되고 다른 자가 되게 하시려고 미루시는 것입니다. 용광로가 금을 내려고 여러 과정을 거치는 것처럼 하나님의 지체하심은 그리스도인에게 합당한 금속으로 입히는 과정이 됩니다. 하나님의 지체하심으로 그리스도인의 은혜가 진리와 능력이 됩니다. 하나님의 지체하심은 그리스도인을 위한 시금석(試金石)입니다. 어떤 금속으로 옷 입은 자가 될지 시험하는 것이 되어 과연 그 금속이 정금같이 될지 앙금이 될지, 은이 될지 주석이 될지, 신실한 자가 될지 불건전한 자가 될지, 진짜 그리스도인이 될지 부패한 그리스도인이 될지 시험하는 것입니다. 자녀들에게 응답을 더 오랫동안 미루시거나 엇갈리게 하심으로써 그들의 기질을 시험하시고 그들 또한 자기 자신을 온전히 잘 알게 하십니다. 그래서 우리는 다음과 같이 말할 수 있습니다. "그렇게 불평하고 투덜대던 기질이, 그렇게 조급하고 고집불통인 기질이 온유하고 부드럽고 겸손하고 점잖은 기질이 되었네." 이처럼 주님께서는 자녀들에게 응답을 미루시거나 엇갈리게 하심으로써 그들이 자신의 다른 기질들을 알게 하십니다.

실리(Psylli)[97] 족 사람의 기질이나 부락을 형성한 태도는 어떤 원한도 없게 하는 것이었습니다. 만일 어떤 아이가 자신의 자식이 아닌 것 같으면 살모사 하나를 그 아이 위에 올려놓고 물게 합니다. 아이가 울고 상처가 부풀어 오르면 사생아로 간주하고 처리합니다. 하지만 아이가 울지 않고 상처도 부풀지 않으면 자신의 자식으로 생각하고 크게 사랑합니다. 이처럼 살모사가 무는 효과를 내는 주님의 지체하심은 자녀들을 시험하는 도구가 됩니다. 하나님의 자녀들이 끈기 있고 조용하고 안정되게 시험을 참으면 주님께서 자신의 자녀로 소유하시고 그들을 친근하고 사랑하는 자들처럼 크게 사랑하십니다. 하지만 주님의 지체하심 속에서 엎드려 크게 울고 으르렁대고 날뛰고 짜증 내고 안달하면 주님께서는 자신의 자녀로 소유하지 않으시고 대신 자녀가 아니거나 사생아로 여기십니다(히 12:8).

2. 하나님의 지체하심으로 결국 하나님의 권능과 은혜와 사랑과 자비를 더 크게 경험합니다. 그리스도께서 마르다와 그의 자매, 나사로를 사랑하셨습니다. 하지만 오시는 것을 여러 날 지체하심으로 나사로가 죽어 무덤에 묻혔고 악취가 날 정도로 시신이 부패했습니다. 하지만 나사로의 죽음은 그들을 향한 그리스도의 권능과 은혜와 사랑을 더 크게 경험하는 계기가 되었습니다(요 11:3, 5-6, 17).

3. 자녀들의 영적 식욕을 더 예리하게 하시고 영적 욕구를 더 크게 하시며 여인의 해산의 수고같이, 물에 빠진 남자같이 주님께 부르짖게 하시기 위함입니다(아 3:1-4; 사 26:8-9, 16).
하나님께서 지체하심으로 백성들은 더 크고 끈질기게 간청하며 하나님께로 달아납니다. 하나님께서 지체하심으로 백성들은 더욱 생명과 활기를 띱니다. 하나님께서 일부러 냉정하게 보이심으로 자녀들은 더 뜨거워집니다. 하나님께서 일부러 무관심하게 보이심으로 자녀들은 더 열심을 냅니다. 하나님께서 일부러 뒤로 물러나 보이심으로 자녀들은 그분을 향해 더 나아갑니다. 아버지가 자식의 요구를 미루시면 자식이 더 조르게 되듯이 하나님께서도 자녀들이 그렇게 되게끔 하십니다. 그래서 자녀들이 더 열심히 천국을 침노하게 됩니다.

발람이 한 번 발락의 요구를 미루자 발락은 다른 귀족들이며 고관을 처음보다 많이 보냈습니다(민 22:15). 발람이 미루자 발락은 더 절박해졌습니다. 그래서 발락의 요구가 더 커지고 그의 욕구를 자극하게 되었습니다. 바로 이런 것이 하나님의 지체하심이 목표하는 것입니다. 즉 하나님의 지체하심은 하나님의 자녀들로 하여금 더 열심을 내게 합니다. 그리고 그들의 영혼을 자극하고 주님을 따라 더욱 영예로운 기도를 드리되 더 간절히 부르짖고 더 격렬하게 분투하고 하나님과 더 끈질기게 씨름하도록 만듭니다. 그리하여 하나님의 자녀들은 더 거룩한 열정으로 천국을 침노하게 되는 것입니다.

낚시꾼들이 미끼를 다시 회수하려 들면 물고기는 미끼를 물어보려 더 나가게 됩니다. 하나님께서도 종종 뒤로 물러나시는 것처럼 보입니다. 하지만 그때는 우리가 더 하나님을 추구할 때입니다. 낚시꾼들은 오랜 시간 물고기가 미끼를 물 낌새가 느껴지지 않아도 조급하게 낚싯대를 집어던지거나 미끼나 줄을 끊지 않습니다. 오히려 낚싯대를 거둬들여 미끼를 살펴보고 정돈한 다음 낚싯대를 다시 힘껏 던집니다. 그러면 물고기가 미끼를 물게 됩니다. 마찬가지로 그리스도인도 기도하고 기도해도 아무것도 잡히지 않고 하나님께서는 침묵하시고 천국도 그를 향해 문을 닫은 것처럼 보일지라도 기도를 집어치우지 말아야 합니다. 그럴수록 기도를 다듬고 계속 더 믿음으로 더 뜨겁고 열렬히 기도하면, 드디어 물고기가 물게 됩니다. 즉 자비가 임하고 평안이 임하고 구원이 임하는 것입니다!

4. 많은 경우 하나님께서 백성들에게 응답을 미루시고 지체하심으로 백성들은 자신을 온전히 알게 됩니다. 소수의 그리스도인들만이 자신을 올바로 알고 이해할 뿐입니다. 하나님께서는 지체하심을 통해 경건한 자에게도 죄악 된 자아가 많다는 것과 그 사람이 지닌 좋은 면만큼 악한 면도 그에 못지않게 많다는 것과 가장 고귀한 영역에도 무지한 부분이 상당히 많다는 것을 깨닫게 하십니다. 솥단지를 계속 불로 달구면 단지 밑에 찌꺼기가 생깁니다. 마찬가지로 하나님께서 불쌍한 영혼에게 응답을 미루시면, 오! 교만의 찌꺼기, 불평의 찌꺼기, 싸움의 찌꺼기, 불신의 찌꺼기, 조급함의 찌꺼기, 절망의 찌꺼기가 그 불쌍한 피조물의 마음 중심에서 발견되도록 피어오르지 않겠습니까(겔 24:6)?

어느 바보 이야기가 생각납니다. 그는 방에 홀로 남겨져 방문이 잠긴 것도 모르고 잠이 들었습니다. 그가 깨서 문이 잠긴 것과 집에 사람이 없는 것을 알게 되자 창문에 대고 소리 질렀습니다. 오, 자아, 자아여! 오, 자아여! 이처럼 하나님께서 백성들에게 문을 닫으시고 응답을 미루시고 지체하시면 아! 그들이 자신의 자아를 보고 울부짖고 교만한 자아를 보고 소리 지르며 세상적인 자아, 세속적인 자아, 바보 같은 자아, 고집 센 자아를 보고 소리 지르게 됩니다. 세네카는 우리가 거울에 비쳐 자신을 제대로 보기보다 오히려 색안경을 끼고 남의 허물을 보는 경향이 짙다고 말했습니다. 하지만 하나님의 지체하심은 마치 거울과 같아서 백성이 자신의 허물을 제대로 보게 해주십니다(시 73:11-12). 오!

그 풀어진 모습이여, 그 비열한 모습, 그 천한 모습이여! 오물이 내려앉고 사악함으로 골이 파인 모습이여! 하나님께서 지체하심으로써 사람의 마음 중심에 이런 것들이 있다는 것을 깨닫게 하십니다.

5. 하나님께서 응답을 미루시고 지체하시는 것은 자비와 구원의 가치를 높이고 강화하시기 위함입니다. 우리는 대개 가장 얻기 어려운 것에 최고의 가치를 매기고 그것을 가장 높이 평가합니다. 우리가 정말 원하는 것을 사게 되는 것은 그것을 높이 평가했기 때문입니다(아 3:1; 행 21:8). 신음하고 눈물을 흘리고 통곡하고 깨어 있고 분투하고 열렬히 갈망할수록 이런저런 자비나 구원과 다른 호의가 그 모든 것을 보상해 줄 것입니다. 우리가 그것들에 가치를 높이 둘수록 말입니다. 지체된 자비가 임할 때 일반 사람이 누리는 다른 어떤 자비보다 자비의 맛을 더 크게 내고 이 자비를 더 고수하게 되고 이 자비를 따라 마음이 더 따뜻해지고 더 열심히 일하게 되며 하나님께 마음을 더 쏟게 됩니다.

한나는 하나님께서 오래 지체하심으로 얻게 된 아이를 보고 "이 아이를 위하여 내가 기도하였더니 내가 구하여 기도한 바를 여호와께서 내게 허락하신지라"(삼상 1:27)고 말했습니다. 지체된 자비는 자비의 진수입니다. 수없이 지체된 뒤에 비로소 얻게 된 이 자비보다 사람에게 더 달콤하고 사랑스러운 것도 없습니다. 존귀한 순교자였던 글로버 씨는 주님께 어떤 특별한 자비를 베풀어 주시길 자주 열렬히 구했으나 주님께서 오래도록 응답을 미루셨습니다. 하지만 그가 화형대에 묶이자 자비를 베푸셨습니다. 그러자 그는 극한의 기쁨으로 동료에게 외쳤습니다. "그분이 오셨어! 그분이 오셨다고!"

6. 주님께서 그들의 백성들에게 응답을 미루심으로, 주님께서는 그대로 그들에게 보응하십니다. 하나님께서는 종종 앙갚음이 최선이라 생각하시는 것 같습니다(잠 1:23, 33). 신부가 그리스도를 미룹니다. "내가 옷을 벗었으니 어찌 다시 입겠으며"(아 5:3). 그래서 그리스도께서도 신부를 미뤘습니다(5-8절). 여러분은 하나님을 매일 매달 매해 미룹니다. 그래서 하나님께서도 매일 매해 미루시는 것인데 이에 대해 무슨 불만이 생길 수 있겠습니까? 확실히 없다고 해야 할 것입니다! 여러분은 자주 오랫동안 성령님의 역사와 말씀을 통한 성령님의 지도, 성령님께서 제공하시려는 은혜, 예수님의 간청을 한쪽으로 미뤘습니다. 그러므로 하나님께서 여러분에게 한동안이나 긴 시간 응답을 미루시고 지체하셔야 했는데 그렇게 하신 것이 더 정당하신 것이 아닙니까? 수도 없이 하나님을 미루고 하나님을 기다리시게 한 당사자가 과연 누구였습니까? 만일 하나님께서 여러분이 가끔 하나님을 섬긴 것처럼 여러분을 대하신 것이라면 불평할 이유가 사라질 것입니다.

7. 마지막으로, 주님께서 백성에게 응답을 지체하심으로 천국이 마침내 더 달콤하게 와 닿을 것입니다. 여기 이 땅에서 백성들은 하나님의 응답이 수없이 미뤄지고 지체되는 것을 봅니다. 하지만 천국에서는 단 한순간도 지체되거나 미뤄지는 것을 보지 못할 것입니다. 이 땅에서 백성들이 수없이 하나님을 부르고 울부짖었지만 아무 응답도 받지 못

했습니다. 여기서 문을 두드리고 세게 쳤지만 은혜와 자비의 문은 열리지 않았습니다. 하지만 천국에서는 자비가 먼저 말을 걸고 여러분을 두드릴 것입니다! 천국에서는 무엇이 되었든 간에 마음이 바라는 바는 지체 없이 받을 것입니다. 이 땅에서 하나님께서는 가끔 말씀하시는 것 같아도 영혼이여! 그대는 문을 잘못 골랐노라. 아니면 아직 적당한 때가 이르지 않았도다. 그대 앞에 이미 다른 사람들이 줄 서 있노라. 다른 때에 와야 하리라. 하지만 천국에서는 하나님께서 언제나 바로 응답해 주십니다. 그때 영혼은 매시간 달콤함과 복과 행복을 누릴 것입니다. 천국에서 어느 때고 하나님께서는 단 한 번도 성도들에게 "내일 오라"고 말씀하지 않으실 것입니다. 그런 말씀은 이 땅에서 성도들이 때때로 듣는 말씀이지만 그런 말씀은 영화 된 상태에 있는 자에게 합당하지 않습니다.

오히려 잠잠합시다. 이로써 이의에 대한 모든 대답을 마치겠습니다.

8장

고난 가운데 침묵을 지키는 데 유익이 될 만한 도움과 지침 열두 가지

이제 마지막 장에 이르렀습니다. 여기선 여러분이 이 땅에서 마주할 가장 극심한 고난과 쓰라린 시련과 슬픈 섭리 속에서 영혼이 잠잠하고 침묵을 지키는 데 유익이 될 만한 몇 가지 도움과 지침을 알려 드리겠습니다. 이 강론을 끝으로 본서를 마치겠습니다.

1. 성도들이 당하는 모든 고난은 하나님의 사랑의 열매들입니다. "무릇 내가 사랑하는 자를 책망하여 징계하노니 그러므로 네가 열심을 내라 회개하라"(계 3:19). "주께서 그 사랑하시는 자를 징계하시고 그가 받아들이시는 아들마다 채찍질하심이라 하였으니"(히 12:6). "볼지어다 하나님께 징계 받는 자에게는 복이 있나니 그런즉 너는 전능자의 징계를 업신여기지 말지니라"(욥 5:17). "사람이 무엇이기에 주께서 그를 크게 만드사 그에게 마음을 두시고 아침마다 권징하시며 순간마다 단련하시나이까"(욥 7:17-18). "보라 내가 너를 연단하였으나 은처럼 하지 아니하고 너를 고난의 풀무 불에서 택하였노라"(사 48:10).

먼스터(Munster)가 앓아눕자 친구들이 와서 지금 기분이 어떤지 물었습니다. 먼스터는 아픈 부위와 궤양을 가리키면서 기쁨에 찬 목소리로 "이것들이 바로 하나님께서 나에게 주신 하나님의 보석이고 장신구일세. 최고의 친구들로 장식된 셈이지. 나에게 이것들은 세상의 모든 금이나 은보다 더 귀하다네!"라고 말했습니다.

한 신사가 자신이 기르는 매를 매우 귀하게 여겼기 때문에 직접 먹이를 주고 자신의 팔에 두었으며 늘 매를 보고 기뻐하고 즐거워하며 어쩔 줄 몰랐습니다. 결국 매의 다리를 쇠사슬로 묶고 매의 머리에 후드를 씌워 매의 눈을 가렸습니다. 매를 너무 사랑한 나머지 가두어 놓고 즐기는 것이었습니다. 마찬가지로 주님께서도 고난을 통해 자녀의 눈을 가리고 묶어 두십니다. 그렇게 하시는 것은 그들을 사랑하시기 때문이며 그들을 보고 기뻐하시고 즐거워하시기 때문입니다.

죄악 되고 거만한 길로 치닫는 사람이 바르게 되는 것을 거부하시는 것보다 하나님의 진노와 미움이 더 크게 드러나는 것도 없습니다. "너희가 어찌하여 매를 더 맞으려고 패역을 거듭하느냐 온 머리는 병들었고 온 마음은 피곤하였으며"(사 1:5). 하나님께서 사람이 바르게 되는 것을 거부하시는 곳에 하나님의 파멸만이 해답으로 제시될 뿐입니다! 하나님께서 매를 드시지 않고 수많은 세월을 그냥 보내게 하는 자만큼 하나님의 도끼 아래 놓인 자가 없고 지옥의 화염과 지옥에 가까운 자가 없습니다! 하나님께서 당장 진노를 보이시지 않는다는 것은 화가 가장 크게 나셨다는 뜻입니다!

히에로니무스는 아픈 친구에게 편지를 쓰면서 다음과 같이 말했습니다. "불행을 모르는 것은 결코 행복한 것이 아니라네." 디미트리우스(Demetrius)⁹⁸도 "불행을 전혀 모르는 자만큼 불행한 자도 없다"라고 말했습니다. 오, 그리스도인이여, 하나님께서 여러분에게 고난을 주신 것은 바로 사랑 때문입니다. 그래서 루터는 "주님, 저를 치소서. 주님, 저를 치소서. 결코 봐주지 마소서!"라고 외쳤습니다. 이 같은 사실을 진지하게 묵상한 사람치고 하나님께서 가장 세게 치시는 매 앞에서 잠잠하지 않을 사람이 누구입니까?

2. 그리스도인 여러분, 모든 시련과 곤궁, 재앙과 불행, 무수한 십자가와 상실을 숙고하십시오.

여러분이 이 세상에서 보는 것은 다름 아닌 여러분이 평소 늘 생각하던 지옥입니다! 현재 이 세상이 지옥입니다. 내세에 여러분은 천국에 있게 될 것입니다! 이 세상은 최악의 상태지만 장차 있게 될 세상의 상태는 최상입니다! 나사로는 처음에 지옥 같은 생활을 보냈지만 나중엔 천국에 있게 되었습니다. 부자는 처음에 천국 같은 생활을 만끽했지만 나중엔 지옥에 있게 되었습니다. 여러분은 이 땅에서 온갖 비통과 고통 속에 있습니다. 하지만 세상은 늘 그 상태였습니다. 장차 있게 될 세상에서 여러분은 안정되고 쉼을 누리고 즐거워할 것입니다. 이 땅에서 극심한 고통을 겪고 있지만 장차 있게 될 세상에선 달콤함만 있을 뿐입니다! 이 땅에서 슬픔 가운데 누워 있지만 장차 있게 될 세상에선 기쁨으로 뛰놀 것입니다! 이 땅에선 겨울밤이 내내 지속되지만 장차 있게 될 세상에선 여름날만 있을 것입니다! 이 땅에선 온갖 악한 일만 만나지만 장차 있게 될 세상에선 좋은 것만 볼 것입니다! 죽음은 다름 아닌 여러분의 죄와 고난을 종결하는 것에 불과합니다! 죽음은 여러분을 기쁨과 환희와 위로의 장소로 인도하는 입구입니다. 그곳에서 그 모든 것은 끝이 없을 것입니다! 이 같은 사실을 진지하게 묵상한 사람치고 하나님께서 가장 세게 치시는 매 앞에서 잠잠하지 않을 사람이 누구입니까?

3. 그리스도께서 여러분의 것이고, 죄 사함과 하나님의 호의와 천국이 여러분의 것임을 확신하십시오. 이것을 인식하는 것이야말로 그리스도인이 이 세상에서 만날 수 있는 가장 아프고 예리한 시련 속에서 완전히 입을 다물고 잠잠하게 만드는 요인이 됩니다. 하나님께서 자신의 기업이라는 것을 확신한 사람은 절대로 가장 거대한 짐 아래서 불평하거나 투덜대지 않습니다! "아무것도 나를 그리스도 안에 있는 하나님의 사랑에서 떼어 내지 못한다!"라고 확신 있게 말할 수 있는 자가 가장 극심한 환난 중에서 승리할 수 있습니다(롬 8:33-39). 배우자에게 "내 사랑하는 자는 내게 속하였고"(아 2:16)라고 말할 수 있는 사람이 가장 무거운 고난 속에서 잠잠하고 달콤한 평안을 유지할 수 있습니다!

마리안(Marian)이 박해하는 시기에 한 은혜로운 여인이 소환되어 피에 굶주린 보너(Bonner)와 런던의 주교 앞에서 종교재판을 받게 되었습니다. 먼저 그녀에게서 남편을 제거할 것이라고 위협하자 그녀는 "그리스도께서 저의 남편입니다!"라고 대답했습니다. 이어 "그러면 네 아이를 없애겠다"고 위협하자 그녀는 "그리스도가 열 아이보다 낫습니다!"라고 대답했습니다. "너를 채찍질하겠다"는 위협을 하자 그녀는 평안에 휩싸여 말하길 "그렇게 하십시오. 그리스도는 저의 것입니다. 당신은 그리스도마저 채찍질할 순 없을 것입니다"라고 말했습니다. 오! 그리스도가 그녀의 것이라는 확신이 그녀의 마음을 버틸 수 있게 했고 모든 상황 가운데서 그녀의 영을 잠잠하게 했습니다.

바질은 "당신이 나의 생명을 뺏을 수 있을 진 몰라도 나의 평안까지 빼앗진 못할 것이다. 내 머리를 떼어 낼 순 있어도 그리스도의 면류관마저 떼어 낼 순 없을 것이다. 그렇다. 내가 수천 년을 살아도 그보다 더 많은 은혜를 주신 구세주를 위해 나는 모든 것을 버릴 것이다!"라고 말했습니다.

존 알들리(John Ardley)는 그리스도를 위해 화형당할 때 자신의 머리가 붙어 있는 한 수많은 삶을 산다 해도 그리스도를 잃느니 불 속에서 모든 것을 잃는 편을 택하겠다고 말했습니다.

확신은 가장 쓰라린 고난 속에서 불평하고 투덜대지 않게 막아 줍니다. 로저스(Rogers) 씨는 메리 여왕 시대의 첫 순교자로서 화형당할 때 찬양했던 사람입니다! 하나님의 호의를 확신하고 영광의 배지를 단 영혼은 이 세상에서 임할 수 있는 가장 극심한 고난을 인내하며 잠잠히 견딜 수 있습니다. 성경은 금과 같은 가치가 있습니다. "그 거주민은 내가 병들었노라 하지 아니할 것이라 거기에 사는 백성이 사죄함을 받으리라"(사 33:24). 그 거주민은 내가 병들었다고 말하지 않습니다. 절대 아닙니다! 병들었다 해도 그렇게 말하지 않을 것입니다. 왜 그들은 자신들의 슬픔과 고통을 잊고 자신들이 병든 것에 개의치 않았을까요? 그 이유는 주님께서 그들의 죄를 용서하셨기 때문입니다! 죄 사함의 확신은 고통의 느낌은 물론이고 병들었다는 생각도 하지 못하게 합니다.

죄 사함의 확신은 그리스도인이 만나는 온갖 종류의 문제와 괴로움이 주는 고통과 아픔을 잊게 해줍니다! 어떤 고난도 확신 있는 그리스도인을 위협하거나 깜짝 놀라게 하거나 비틀거리게 할 수 없습니다! 확신하게 된 그리스도인은 모든 상황을 참게 되고 잠잠하게 됩니다(시 23편).

멜란히톤(Melanchthon)[99]은 한 경건한 여인을 언급했습니다. 그녀는 임종 전 격렬한 갈등 속에서 마침내 평안을 얻고 다음과 같이 말했습니다. "이제야 비로소 이전까지 몰랐던 다음과 같은 말씀의 뜻을 이해하게 되었네요. '네 죄 사함을 받았느니라!'(눅 5:23)" 죄 사함의 확신이 그녀로 하여금 엄청난 기운을 주었고 잠잠하게 만들었던 것입니다. 마음에 확신이라는 이 보석을 소유한 자는 이 세상에서 마주할 수 있는 가장 슬픈 섭리 속에서 안달하고 초조해하는 것과는 완전히 거리가 먼 사람입니다.

4. 현재 맞고 있는 문제와 시련 속에서 잠잠하고 침묵한다면 전에 만났던 문제와 고난에 상응하는 이익과 유익과 특권이 영혼에게 주어질 것입니다. "곤고한 날에는"(전 7:14). 오, 지금 숙고해 보십시오. 이전의 고난으로 주님께서 어떻게 죄를 깨닫게 해주셨던가를! 어떻게 죄를 막고 죄를 죽이도록 하셨던가를! 지금 숙고해 보십시오. 이전의 고난으로 여러분이 얼마나 무기력하고 변덕스러우며 부적절한 사람이었는가를! 여러분이 세상에서 얼마나 허영심이 많고 마음과 생각이 온통 세상적이었던가를! 숙고해 보십시오. 이전의 고난으로 주님께서 여러분의 마

음을 어떻게 녹이시고 상한 마음이 되게 하셨는가를. 어떻게 여러분의 마음을 그렇게 겸손하게 만드시고 또한 그리스도를 분명하고 온전하고 더 달콤하게 누리게 하기 위해 여러분의 마음을 준비시키셨는지를! 숙고해 보십시오. 이전의 고통으로 여러분 안에서 일어났던 그리스도의 연민과 동정과 사랑과 부드러우심과 달콤하심을! 바로 불행 중에 그런 일이 일어났던 것 아니었습니까? 숙고해 보십시오. 이전의 고난을 통해 여러분의 영혼이 어떻게 하나님과 말씀과 하나님의 인도와 하나님의 위로를 맞아들일 방을 여러 개 마련하게 되었는지를! 숙고해 보십시오. 이전의 고난으로 주님께서 여러분을 어떻게 그리스도와 성령님과 하나님의 거룩하심과 경건에 참여한 자로 만드셨는지를. 숙고해 보십시오. 이전의 고난으로 주님께서 여러분이 얼마나 더 천국만 바라보게 하시고 또한 여러분의 생각이 천국에 더 머물게 하시고 천국을 더 귀히 여기고 갈망하게 하셨는지를.

이제 이전의 고난을 통해 얻은 이 모든 유익을 진지하게 고려해 본 이상, 현재의 고난 속에서 잠잠하지 않을 사람이 누구입니까? 이전에 영혼이 고난을 겪으면서 이 모든 선택을 하게 된 것과 이 모든 크고 귀한 유익을 기억하면서 현재 맞고 있는 고난 속에서 다음같이 말하며 거룩한 침묵 속으로 들어가지 못할 이유가 있는 자가 누구입니까? "오, 나의 영혼아! 이전의 고난을 통해 하나님께서 선하고 위대하고 특별히 좋은 것을 너에게 넘치게 주신 것이 아니냐? 그렇다! 오, 나의 영혼아! 이전의 고난을 통해 하나님께서 너로 하여금 열 세상을 준다 해도 맞바꾸지 않을 일을 해주신 것이 아니더냐? 그렇다! 오, 나의 영혼아! 영원한 권능과 은혜와 신실하심으로 이전의 고난을 통해 해주신 것처럼 현재의 고난을 통해서도 언제라도 기꺼이 선을 베풀어 주실 분이 바로 하나님이 아니시더냐? 그렇다! 바로 그렇다! 그렇다면 현재 맞고 있는 고난 속에서 침묵하고 잠잠하지 못할 이유가 없지 않느냐? 오, 나의 영혼아?"

탁월한 기억력이 세 부류의 사람에게 필요하다는 격언이 있습니다. 첫 번째로 무역상들입니다. 이들은 많은 거래를 하므로 많은 표시를 하기 위해 수많은 낙인을 만들어 찍어야 하기 때문입니다. 기억력이 좋지 않으면 그렇게 하지 못합니다. 두 번째로 위대한 변론가들입니다. 왜냐하면 많은 말을 쏟아 내려면 머릿속에 그만큼 필요한 내용을 축적할 수 있도록 기억력이 좋아야 하기 때문입니다. 세 번째로 거짓말쟁이입니다. 이들은 하도 거짓말을 잘 해서 거짓말한 것이 들통 나지 않게 하기 위해 기억력이 좋아야 합니다. 저는 네 번째 부류의 사람을 추가하고자 합니다. 바로 고난을 겪은 자들입니다. 왜냐하면 이전의 고난을 통해 받은 위대한 유익을 기억해야 하고, 그럼으로써 현재의 고난에서 더 침묵하고 잠잠할 수 있기 때문입니다!

5. 가장 고통스러운 고난과 예리한 시련 속에서 침묵하고 조용하려면 여러분이 최선으로 선택해야 하고 여러분이 가장 아껴야 할 보물은 바로 안전입니다! 여러분의 하나님과 그리스도와 여러분의 기업과 여러분의 면류관과 여러분이 받을 상속과 여러분이 거하게 될 왕궁과 여러분이 걸치게 될 보석들, 즉 여러분의 은혜 모두 안전합니다! 그러므

로 주님 앞에서 잠잠하십시오(딤후 1:12; 4:8)!

고소를 당한 어떤 사람의 이야기가 생각납니다. 그가 고소당한 이유를 듣기 전에 세 친구를 불렀습니다. 그들이 각자 친구를 위해 무엇을 할 수 있을지 보기 위함이었습니다. 첫 번째 친구가 대답하기를 갈 수 있는 데까지 함께 멀리 떠나겠다는 것이었습니다. 두 번째 친구는 세상 끝까지 갈 수 있다고 했습니다. 세 번째 친구는 판사 앞에서 소송 사건에 함께 동참하여 그를 위해 말해 주고 고소당한 이유를 듣고 판결이 날 때까지 떠나지 않겠다고 했습니다. 이 세 친구는 각각 부와 친구와 은혜를 나타냅니다. 첫 번째 친구인 '부'는 함께 있는 동안 편안히 돈 걱정하지 않도록 도움을 받을 수 있습니다. 하지만 부의 영혼이 몸을 떠나기도 전에 사람들이 수시로 부의 몸을 취하려 할 것입니다. 두 번째 친구인 '친구'는 무덤까지 따라가 줄 수 있지만 죽고 나면 떠날 것입니다. 하지만 세 번째 친구인 '은혜'는 하나님 앞까지 동행하며 고소당한 친구를 버리지도, 떠나지도 않을 것입니다. 은혜는 무덤까지 갈 뿐만 아니라 영광에 이르도록 함께 할 것입니다(딤전 6:18-19)!

유명한 레욱트라(Leuctrum) 전투[100]에서 테베인들(Thebans)은 큰 승리를 거뒀습니다. 하지만 그들의 대장인 에파미논다스(Epaminondas)[101]는 불과 죽음을 앞두고 자신의 방패가 적의 수중에 있는지 물었습니다. 자신의 방패가 안전히 보관된 것을 확인하자 기꺼이 용감하고 담담하게 죽음을 맞았습니다. 자, 그리스도인 여러분, 여러분의 믿음의 방패, 여러분의 기업, 여러분이 입은 왕의 옷, 여러분의 왕국, 여러분의 천국, 여러분이 받은 행복과 복 모두 안전합니다! 그러므로 모든 고난과 문제

속에서 하나님께서 매로 치실 때 잠잠하십시오.

6. 쓰라린 시련과 문제 속에서 잠잠하고 침묵할 것이라면 여러분의 정욕을 죽이는 일을 진지한 마음으로 시도하십시오. 모든 문제를 야기하고 달콤한 모든 것을 쓴맛으로 바꾼 것이 바로 죽지 않은 정욕입니다. 죽이지 않은 죄는 모든 짐을 가중시키고 쓴 쑥에 쓸개즙까지 부어버리며 쇠사슬 위에 다른 쇠사슬로 더 얽히게 만듭니다. 또한 잠자리를 불편하게 만들고 집을 감옥으로, 안락함을 불편함으로 바꾸고 모든 짜증을 유발합니다. "너희 중에 싸움이 어디로부터 다툼이 어디로부터 나느냐 너희 지체 중에서 싸우는 정욕으로부터 나는 것이 아니냐"(약 4:1). 제가 이미 언급했듯이 모든 불평과 투덜댐과 조급함과 짜증이 나오는 곳에 죽지 않은 정욕이 있는 게 아닙니까? 죽이지 않은 교만과 자아 사랑과 불신앙과 정욕에서 이런 모든 불평과 짜증이 나오는 게 아닙니까? 불평과 짜증이 나오는 출처는 확실합니다!

오, 그러므로 항상 하나님의 손에서 나온 고난 속에서 잠잠하면서 성령님의 은혜를 통해 더욱 육신의 정욕을 죽이는 일에 힘쓰십시오(롬 8:13)!

정욕을 이기는 일은 성령님의 은혜 없이 단호한 결심과 목표로 이루어지지 않습니다. 단지 결심만 하고 말만 한다고 해서 영혼의 상처가 그치지 않습니다. 오히려 계속 지속됩니다. 율법에서 나병환자를 깨끗이 한 것은 희생제물의 피와 기름이었습니다(레 14:14-16). 혈루증으로 앓아 온 여인은 그리스도의 옷 가를 만짐으로 고침 받았습니다(막

5:25). 단호한 결심과 목표가 오히려 죄를 숨길 수 있습니다. 완전히 죽이지 못하기 때문입니다. 죄를 덮을 수 있을진 몰라도 죄를 잘라 내지 못합니다. 검은 천으로 상처를 덮는다고 치유되는 것이 아닙니다! 교황의 연옥설을 수용하고 자신을 채찍으로 휘두르며 예의주시한다 해도, 성 프란시스(St. Francis)의 조각상에 입을 맞추고 나병환자의 헌데를 핥는다 해도, 그것은 단지 아우성치는 죄의 나병을 잠재우기만 할 뿐입니다! 그리스도와 성령님의 권능을 힘입을 때만 모든 정욕을 죽일 수 있습니다! 오, 모든 죄를 죽이겠다는 단호한 결심 아래 어떤 죄도 품에 안지 말고 죄에 탐닉하지도 마십시오!

배에 난 작은 구멍 하나가 배를 침몰시킵니다! 카이사르를 죽일 때 서른두 번이나 칼로 찔렀지만 골리앗을 죽인 것은 단 한 번의 일격이었습니다! 삼손을 무너뜨리는 데 단 한 명의 들릴라가 모든 블레셋인을 합친 것보다 더 많은 일을 할 수 있었습니다. 바퀴 살 한 개만 빠져도 바퀴 전체를 망가뜨립니다! 동맥 하나만 끊어져도 계속 쏟아지는 피 때문에 생명을 잃을 수 있습니다! 파리 하나만 향수 통에 빠져도 전부 못 쓰게 됩니다! 쓴 허브 하나만 넣어도 진한 야채 스프 맛을 망칩니다! 선악을 알게 하는 나무의 열매를 한 번 물고 아담은 낙원을 잃었습니다! 꿀을 혀로 한 번 핥은 것뿐인데 요나단은 죽을 뻔했습니다. 아간이 저지른 범죄 하나가 온 이스라엘에 문제를 불러왔습니다! 요나 한 명으로 말미암아 폭풍우가 일어나고 배 전체가 갑절이나 무거워졌습니다! 죽이지 않은 단 하나의 정욕이 고난의 날에 매우 강력한 폭풍우와 비바람을 영혼에게 몰고 옵니다.

그러므로 예리한 시련 속에서 여러분의 영혼에 복된 평안과 잠잠함이 임하게 하려면 죄를 철저히 죽이십시오. 기드온이 아들을 칠십 명이나 낳았지만 그 외 단 한 명만이 사생아였고, 그 사생아가 칠십 명의 아들을 모두 죽였습니다(삿 8:30-31; 9:1-2)! 아, 그리스도인 여러분! 죽이지 않은 단 하나의 정욕이 재앙을 일으킨다는 것을 알지 못합니까? 그러므로 모든 정욕이 피를 흘릴 때까지 결코 안심하지 맙시다!

7. 극심한 고난과 예리한 시련 속에서 잠잠하고자 한다면 매일의 벗이 있다는 것을 숙고하십시오. 그 벗이란 바로 하나님께서 여러분을 위해 만드신 은혜 언약으로서 여러분에게 임한 모든 고난은 이 은혜 언약을 통해서나 은혜 언약으로 말미암아 일어납니다. 은혜 언약을 통해 하나님께서는 여러분을 세상의 악한 것과 함정과 유혹에서 지키시겠다고 약속하셨습니다. 또한 은혜 언약을 통해 하나님께서 여러분의 죄를 정결하게 하시고 여러분의 은혜를 더 환히 빛나게 하시고 증가하시며, 여러분의 마음이 세상에 못 박히게 하시고 여러분을 천국의 왕국에 합당한 자로 준비시키고 보존하겠다고 약속하셨습니다. 고난 역시 은혜 언약에 근거한 것으로서 고난을 통해 언약의 모든 효력이 발생하게 됩니다.

"그를 위하여 나의 인자함을 영원히 지키고 그와 맺은 나의 언약을 굳게 세우며 또 그의 후손을 영구하게 하여 그의 왕위를 하늘의 날과 같게 하리로다 만일 그의 자손이 내 법을 버리며 내 규례대로 행하지 아니하며 내 율례를 깨뜨리며 내 계명을 지키지 아니하면 내가 회초리로 그들의 죄를 다스리며 채찍으로 그들의 죄악을 벌하리로다 그러나 나의 인자함을 그에게서 다 거두지는 아니하며 나의 성실함도 폐하지 아니하며 내 언약을 깨뜨리지 아니하고 내 입술에서 낸 것은 변하지 아니하리로다"(시 89:28-34). 이 말씀을 통해 여러분은 성도들이 율례를 깨뜨리거나 지키지 않는 죄 모두 범할 수 있다고 가정할 수 있습니다. 이어지는 말씀들을 보면 하나님께서 은혜로운 약속을 하셨음을 볼 수 있습니다. "내가 회초리로 그들의 죄를 다스리며 채찍으로 그들의 죄악을 벌하리로다." 하나님께서 친히 약속과 언약에 자신을 연루시키셨습니다. 즉 꾸짖으시고 억제시키실 뿐만 아니라 백성의 죄를 바로잡으시겠다는 것입니다. "그러나 나의 인자함을 그에게서 다 거두지는 아니하며 나의 성실함도 폐하지 아니하며 내 언약을 깨뜨리지 아니하고 내 입술에서 낸 것은 변하지 아니하리로다."

고난은 하나님의 신실하심의 열매들로서 언약은 하나님의 신실하심과 함께 묶여 있습니다. 하나님께서 백성에게 고난을 주시는 분이 아니시라면 신실하지 않으신 것입니다. 고난은 하나님께서 백성을 위해 만드신 은혜 언약의 한 부분입니다. 고난은 곧 자비입니다. 그렇습니다. 언약은 또한 자비입니다(시 119:75)! "이르되 하늘의 하나님 여호와 크고 두려우신 하나님이여 주를 사랑하고 주의 계명을 지키는 자에게 언약을 지키시며 긍휼을 베푸시는 주여 간구하나이다"(느 1:5). 왜냐하면 하나님께서는 자비의 언약을 통해 백성에게 고난을 주시고 징계하시는 일에 자신을 묶어 두셨기 때문입니다. 또한 하나님께서는 언약을 통해 소금이나 식초처럼 또는 포도주나 설탕처럼 백성을 보존하시고 그들이 멸망하는 일을 허용하지 않으시고 보존된 그들이 행복해지는 일에 자신을 묶어 두셨습니다.

악인에게 임한 모든 고난도 언약의 효력이 발생한 것이므로 모두 언약의 내용에 따라 저주를 받게 될 것입니다. 하지만 은혜로운 자에게 임한 모든 고난 또한 은혜 언약의 효력이 발생한 것이므로 그들 모두 복을 받을 것입니다. 그러므로 그 사람은 응당 침묵하고 손을 입에 댈 근거를 갖추게 된 셈입니다.

8. 고난 가운데 침묵하고 잠잠하고자 한다면 이 고난 위에 더 머물도록 하십시오. 여러분이 당하는 모든 고난은 좀더 열등하고 천하고 무지한 부분에까지 이를 것입니다. 그 부분이란 바로 여러분의 몸, 즉 겉 사람입니다. "그러므로 우리가 낙심하지 아니하노니 우리의 겉 사람은 낡아지나 우리의 속사람은 날로 새로워지도다"(고후 4:16). 아리스타르코스(Aristarchus)가 폭군에게 두들겨 맞을 때 "그래, 더 때려라! 너희가 때리는 것은 나 아리스타르코스가 아니라 나의 겉 사람이다"라고 말했습니다. 디모데는 육신은 약했어도 영혼이 건강했습니다(딤전 5:23). 가이오는 몸 상태가 안 좋았지만 영혼의 상태는 매우 좋았습니다(요삼 1:2).

에픽테토스(Epictetus)[102]와 좀더 세련된 이교도들은 오랜 숙고 끝에 몸은 다만 껍데기에 불과하고 영혼이 진짜 사람이라는 결론을 내렸습니다. 이제 그리스도인이 마주한 모든 문제와 고난은 아직 영혼에도 이르지 못했으며, 양심도 제대로 건드리지 못했고, 고귀한 부분에도 미치지 못했습니다. 그러므로 침묵하고 손을 입에 댈 근거가 생긴 셈입니다. 영혼은 하나님의 숨입니다(슥 12:1; 히 12:9). 사람의 아름다움과 천사들의 경이와 마귀의 시기를 생각하십시오. 영혼은 천상의 손길이 심어 놓은 것으로, 바로 하나님께서 만드신 작품입니다. 영혼은 불멸합니다. 영혼은 천사의 본질에 속하는 바, 사람은 어느 정도 진흙을 입은 천사인 셈입니다. 영혼은 사람 가운데서 일어나는 모든 기적보다 더 위대한 기적입니다. 영혼은 진흙 집 안에 거하는 반(半)신적인 존재(demi-semi-God)입니다. 그리스도인이 마주하는 외적인 문제와 고난은 아직 그의 영혼에 미치지 못한 상태입니다. 그러므로 당연히 하나님의 매 아래서 잠잠하고 있어야 합니다.

9. 가장 슬픈 섭리와 쓰라린 시련 가운데서 침묵하고 잠잠하고자 한다면 믿음을 꾸준히 실천하십시오. "이는 우리가 믿음으로 행하고 보는 것으로 행하지 아니함이로라"(고후 5:7). 이제 믿음을 실천함으로써 영혼은 침묵하고 잠잠하게 됩니다. 이로써,

(1) 고난 속에서도 영혼은 하나님을 즐거워함으로 흡족하게 됩니다 (시 17:13; 요 14:8).

(2) 교만, 자아 사랑, 조급함, 불평, 불신앙, 이 세상을 좋아하는 세속적인 기쁨의 근원을 마르게 합니다.

(3) 세상이 줄 수 있는 어떤 것보다 그리스도 안에 더 위대하고 달콤하고 좋은 것이 있다는 것을 영혼이 알게 됩니다(빌 3:7-8; 히 11:3).

(4) 모든 외적 허영심으로 가득한 영혼을 낮추게 됩니다. 그러므로 믿음을 계속 실천하고 주님 앞에서 침묵을 유지하십시오. 믿음이 쉴 새

없이 보이지 않는 대상을 바라보는 이상 잠잠하지 않을 영혼은 하나도 없습니다.

10. 잠잠하고자 한다면 주님 앞에서 계속 겸손하십시오. 오! 여러분이 보기에도 자신이 더 겸손해지고 더 낮아지고 작아지도록 매일 힘쓰십시오. 겸손한 영혼은 다음같이 말합니다. "하나님께서 내가 사랑하는 이 사람이 내게 십자가가 되게 하신다 한들, 저 사람을 데려가신다 한들, 아니 사랑하는 모든 자에게 사형선고를 내리신다 한들 나는 과연 누구란 말인가? 나는 최소한의 은총도 받을 가치가 없는 자다. 나는 은총의 부스러기도 받을 자격이 없다. 나는 모든 은총을 상실했고 조금도 은총을 향상시키지 못했다."

오직 교만함 때문에 다툼이 생깁니다. 사람이 하나님과 다투게 되는 것은 다름 아닌 교만 때문입니다. 겸손한 영혼은 하나님의 발아래서 조용하며 가까스로 필요한 것을 연명해도 만족해합니다(잠 13:16). 여러분도 아시는 것처럼 양 떼는 살찐 소와는 달리 극소량의 양식만으로도 살 수 있습니다. 푸른 허브로 차려진 저녁은 다름 아닌 겸손한 자의 풍미를 반영한 것인 반면, 외양간의 소는 교만한 자의 위를 위한 변변찮은 양식인 셈입니다. 겸손한 심령은 절대로 자신이 겸손하다고 생각하지 않으며 또한 자신보다 나쁜 사람은 없다고 생각합니다. 겸손한 심령은 작은 자비도 큰 자비로 보며 큰 고난을 작은 고난으로 보고 작은 고난은 아예 고난으로 보지 않습니다. 그러므로 모든 상황 가운데서 잠잠하고 조용할 수 있습니다. 계속 겸손하십시오. 그러면 주님 앞에서 잠잠해질 수 있을 것입니다. 교만은 걷어차고 안달하는 모습은 내던지십시오. 하지만 겸손한 자는 늘 손을 입에 대고 있습니다. 겸손한 영혼에게는 모든 것이 자비, 넘치는 자비입니다. 그러므로 하나님의 매 아래서 늘 잠잠할 수 있습니다.

11. 고난을 주시는 하나님의 손 아래서 잠잠하고자 한다면 영혼의 침묵과 영혼의 잠잠함을 금언이나 원리로 붙드시고 항상 이 말을 주시하십시오. 그럴 때,

(1) 세상에서 하나님께서 백성에게 최악의 고난을 주신다 해도 그것은 이 땅에서 작은 천국으로 바뀔 것입니다. 하나님께서 백성을 광야로 내모신다 해도 결국 그들을 위로해 주실 것입니다(호 2:14). 하나님께서 백성을 용광로 속에 집어던지셔도 그 용광로 속에 한 사람이 더 있는 것을 발견할 것입니다. 스데반의 귀에는 무겁고 큰 돌이 날아오는 소리가 모퉁잇돌이신 그리스도께서 가까이에서 노크하는 소리로 들렸습니다.

(2) 잠잠하고자 한다면 하나님 아버지의 의지가 최선이라는 사실을 굳게 붙드십시오. "그들은 잠시 자기의 뜻대로 우리를 징계하였거니와 오직 하나님은 우리의 유익을 위하여 그의 거룩하심에 참여하게 하시느니라"(히 12:10). 만일 하나님께서 몸을 약하게 하셨다면 그때는 건강한 것보다 약한 것이 더 낫기 때문입니다. 약하게 하셨다면 그때는 힘 있는 것보다 더 낫기 때문이며, 궁핍하게 하셨다면 그때는 부유한 것보다 낫기 때문이고, 꾸짖으셨다면 그때는 영예로운 것보다 낫기 때문이

며, 죽게 하셨다면 그때는 사는 것보다 낫기 때문입니다. 하나님께서는 지혜 자체이십니다. 그러므로 어느 것이 최고인지 매우 잘 아십니다. 또한 하나님께서는 선하심 자체이시기 때문에 최고가 아닌 것을 주실 수 없습니다. 그러므로 주님 앞에서 잠잠하십시오.

(3) 가장 극심한 고난 속에서 잠잠하고자 한다면 다음의 원칙을 굳게 붙드십시오. '모든 고난 가운데서 주님께서는 여러분과 동행하십니다'(창 39:20-21; 시 23편; 90:15; 사 41:10; 43:1-3; 단 3:25; 딤후 4:16-17). 이 구절들은 하나님의 위로로 가득합니다! 구원의 우물은 가득 차 있습니다. 그러므로 몸을 돌려 이 우물물을 길을 때 여러분의 영혼이 만족하고 잠잠해지지 않겠습니까?

(4) 고난 속에서 잠잠하고자 한다면 다음의 원리를 굳게 붙드십시오. '주님께서 세상 사람들이 당하는 고난 속에 계시는 것보다 신자들의 고난 속에서 더 높고 더 고귀하며 더 복된 목적이 되신다.' 옥수수 대와 옥수수의 이삭이 모두 타작마당에 떨어지면 하나는 버리고 다른 하나는 보존됩니다. 같은 올리브 나무에서 나온 것이라도 압축하면 기름과 찌꺼기가 동시에 나옵니다. 그래서 기름은 사용하기 위해 보관하고 나머지 찌꺼기는 쓸모없으므로 버립니다. 마찬가지로 고난이 똑같이 선한 자와 악한 자에게 임해도 성경이 말씀하는 것처럼(전 9:2) 악인에게 임하는 고난보다 하나님의 백성에게 임하는 고난은 더 영광스러운 효과를 냅니다. 그러므로 주님께서는 자신의 백성을 시련의 용광로 속에 던지시고 악인은 파멸의 용광로에 던지시는 것입니다. 한쪽은 고난을 통해 더 나은 모습이 되고 다른 한쪽은 이전보다 더 나빠집니다. 한쪽은 고

난을 통해 부드러워지고 유순해지는 반면, 다른 한쪽은 더 완고해지고 좀처럼 회개하지 않습니다. 고난을 통해 한쪽은 하나님께 더 가까이 끌리고 다른 한쪽은 하나님에게서 더 멀어집니다.

(5) 고난 속에서 잠잠하고자 한다면 다음의 원리를 굳게 붙드십시오. '세상에서 자신의 의지를 관철시키는 최고의 방법은 하나님의 뜻에 굴복하는 것이며 하나님의 선하시고 기뻐하시는 뜻에 조용히 자신을 내려놓는 것이다'(마 11:21, 29). 루터는 어떤 것이든 하나님에게서 모두 받을 수 있는 사람이었습니다. 어째서입니까? 어째서라니요! 왜냐하면 루터가 하나님의 뜻에 자신의 뜻을 굴복시켰기 때문입니다! 그는 하나님의 뜻 안에서 자신의 뜻을 잃었습니다. 오, 영혼이여! 바로 그것이 여러분의 경우가 되어야 할 줄로 압니다. 여러분의 의지가 하나님의 의지 안에서 삼킨 바가 되도록 하십시오.

(6) 마지막으로, 여러분이 고난을 주시는 하나님의 손 아래서 잠잠하고자 한다면 다음의 원리를 굳게 붙드십시오. '하나님께서는 여러분에게 하나님의 사랑과 호의를 특별히 드러내시기 위해 고난의 때를 허락하신다.' 티부르티우스(Tiburtius)[103]는 불붙은 석탄 위를 걸을 때 낙원을 보았고 "구름같이 허다한 증인들이 내가 본 것을 증거하는구나"라고 말했습니다. 아, 그리스도인 여러분! 항상 하나님께서 매로 치실 때 침묵하고 잠잠하며 지금까지 말한 원리들을 굳게 붙들고 여러분의 생명처럼 지키십시오!

12. 마지막으로, 고난을 주시는 하나님의 손 아래서 잠잠하고 조용

해지기 위해 사람의 일생이 덧없고 짧다는 사실을 늘 염두에 두십시오. 현재의 삶은 인생이라 할 수 없습니다. 다만 또 다른 삶을 향해 가는 움직임, 여행일 뿐입니다. 혹자가 말했습니다. 인간의 삶은 연기의 그림자에 불과하다고. 그렇습니다. 꿈같은 그림자입니다! 그래서 아우구스티누스도 사람의 인생을 죽어가는 삶이라 해야 할지, 살아 있는 죽음이라 해야 할지 모르겠다고 말했습니다. 여러분은 살기 위해 하루를 삽니다. 어쩌면 현재 이 세상에서 마지막 시간을 보내고 있는지도 모르겠습니다. 그러므로 믿음과 인내로 견디십시오. 여러분의 문제와 일생은 모두 짧게 마무리될 것입니다. 그러므로 주님 앞에서 잠잠하십시오. 여러분의 무덤이 만들어질 것입니다. 여러분의 해가 더 기울고 죽음이 이 세상이라는 무대에서 여러분을 부르기 시작할 것입니다. 죽음이 바로 여러분 뒤에 있습니다. 여러분은 영원이라는 대양 위에서 신속히 항해를 끝내야 합니다. 여러분이 할 일이 태산처럼 많을지라도 하나님을 영화롭게 하고 그리스도를 가까이하고 영혼을 구원하고 믿음의 경주를 달리고 면류관을 얻기 위해 분투하고 지옥에서 벗어나고 죄 사함 받으며 천국을 확신하는 일에는 시간이 부족할 따름입니다!

여러분은 무덤 속으로 한 걸음 내디뎠습니다. 영원의 해변으로 진입한 것입니다. 그래도 고난 때문에 울고만 있을 것입니까? 이제 바뀔 수 없는 영원한 상태에 들어가기 시작했는데 계속 불평하고 투덜댈 것입니까? 이제 막 감옥에서 나오고 착고의 나사와 사슬이 벗겨졌는데도 불평하고 투덜댄다면 그것은 세상에서 가장 어리석고 미친 짓이 아닐 수 없습니다! 아니, 바로 여러분이 이런 경우가 될 수 있습니다! 그러므로 주님 앞에서 잠잠하십시오. 여러분의 일생은 짧습니다. 그러므로 문제도 길어 보았자 긴 것도 아닙니다! 조금 더 인내하면서 잠잠하십시오. 그러면 천국이 이 모든 것을 갚아줄 것입니다!

"생각하건대 현재의 고난은 장차 우리에게 나타날 영광과 비교할 수 없도다"(롬 8:18).

각주

1) 영국 속담으로 의인이 적은만큼 의인의 가치는 올라간다는 의미다.
2) 독일의 종교개혁자.
3) 4세기경 초기 기독교 교회를 대표한 위대한 교부.
4) 로마 제국의 황제.
5) 후기 스토아 철학을 대표하는 로마 제정시대 정치가.
6) 프랑스 비엔나의 주교(778-842).
7) 라틴어 벌게이트 성경을 번역한 교부.
8) 삼위일체 교리에 공헌한 갑바도기야 수도사 출신의 신학자.
9) 비잔틴 제국의 역사가.
10) 고대 아테네의 철학자, 플라톤의 제자.
11) 이시돌(Isidore)은 어렸을 때부터 농장 일을 했는데 하루 종일 쟁기질을 하면서 하나님과 대화하고, 사랑으로 일관된 삶을 살았다고 한다. 전설에 따르면, 밭주인이 몰래 지켜본 가운데 이시돌이 혼자 밭을 가는데 고랑이 세 개씩 생기기에, 알고 보니 천사가 함께 도와 세 사람 몫을 해서 유명해졌다고 한다.
12) 5세기 프랑스 기독교 저술가.
13) 고대 그리스의 의사.
14) 그리스의 의학자.
15) 로마의 장군.
16) 이탈리아 중부에 있는 지방.
17) 알렉산더 대왕의 친구로 바벨론의 국고를 맡았다.
18) 메대 제국의 마지막 왕(재위기간: BC 585-550).
19) 고대 로마 시대 귀족이자 과학자, 역사가(AD 23-79).
20) 가톨릭교도였던 필립 2세는 영국을 가톨릭화하려고 했지만 스코틀랜드 여왕 메리의 처형으로 소망이 좌절된다. 그래서 무력으로 자신의 무적함대로 영국을 침공했지만 패하고 나자 이런 조치를 취했다.

21) 두려움이 사방에서 엄습한다는 뜻으로, 렘 20:1-6에서 나온 말씀.
22) 로마 공화정의 장군이자 정치가.
23) BC 7세기 초 인물.
24) 2세기 신학자.
25) 기독교 신비주의 신학자.
26) 소크라테스의 제자. 쾌락주의를 내세운 키레네학파의 창시자.
27) 4세기에 활동한 알렉산드리아의 주교.
28) 개역개정판은 "그의 일이 비상할 것이며"라고 되어 있다.
29) 프랑스 제네바의 위대한 종교개혁자.
30) 4세기 그리스 주교.
31) 그리스의 시인.
32) 2세기 사마리아의 교부, 변증가.
33) 4세기 라틴어로 성경을 번역한 교부.
34) 16세기 신학교수이자 추기경.
35) 중세 유대주의를 대표한 랍비.
36) 고대 그리스 철학자.
37) 4세기에 안토니우스(Antonius)의 생애를 본받기 위해 사막에서 대부분의 생을 보낸 은둔자.
38) 5세기 기독교 저술가.
39) 4세기 초 기독교 변증가.
40) 16세기 하이델베르크 교리문답을 작성해서 가르쳤던 독일의 종교개혁자.
41) 16-19세기 유럽의 수필, 전기, 역사 저술 발전에 큰 영향을 준 인물.
42) 고대 그리스의 가장 뛰어난 웅변가.
43) 고대 아테네의 정치가이자 군인.
44) 밀티아데스(Miltiades)로도 불리는 아테네의 군인. 아테네 전투에서 연합군을 이끌고 페르시아 군대를 이겼다.
45) 롬 9:32.
46) 3세기경 북아프리카 카르타고에서 태어난 기독교의 주교.
47) 가톨릭교도들은 성경을 믿는다는 이유로 존 후퍼(John Hooper)를 화형시켰다.
48) 로마 공화정 말기의 로마 정치가
49) 사도 시대 이후 로마의 첫 교부.

50) 로마 초대 황제.

51) 14세기 후반에서 15세기 초반까지 중앙 아시아의 정복자로 티무르(Timur)로 불리기도 했다.

52) 불 속에서도 살 수 있다고 믿어졌던 전설상의 동물.

53) 고대 로마 종교에서 앤게로나(Angerona)로도 불리는 로마의 여신.

54) 로마 황제(AD 81-96)로 원로원을 무시하고 전제적이었으며 자신을 비판하는 자는 탄압했다. 끝내 암살당했다.

55) 개역개정판에는 유혹(temptation)이 시험으로 번역되어 있다.

56) "만일 누구든지 금이나 은이나 보석이나 나무나 풀이나 짚으로 이 터 위에 세우면 각 사람의 공적이 나타날 터인데 그날이 공적을 밝히리니 이는 불로 나타내고 그 불이 각 사람의 공적이 어떠한 것을 시험할 것임이라"(고전 3:12-13).

57) 17세기경 『피로 물든 선교』(Mission of Blood)의 저자.

58) "예수께서 그들에게 이르시되 항아리에 물을 채우라 하신즉 아귀까지 채우니 이제는 떠서 연회장에게 갖다 주라 하시매 갖다 주었더니 연회장은 물로 된 포도주를 맛보고도 어디서 났는지 알지 못하되 물 떠온 하인들은 알더라 연회장이 신랑을 불러 말하되 사람마다 먼저 좋은 포도주를 내고 취한 후에 낮은 것을 내거늘 그대는 지금까지 좋은 포도주를 두었도다 하니라"(요 2:7-10).

59) 중앙 아시아의 투르크몽골(Turco-Mongol) 정복자. 타멀래인(Tamerlane), 티무르(Taimur), 타멀란(Tamerlan) 등 여러 이름으로 불림.

60) 라코니아(Lakonia)로도 부르며 그리스 펠로폰네소스 반도 남쪽에 있는 주. 역사적으로 중요한 지역이었고, 현 소재지는 스파르타.

61) 동명이인이 여러 명이어서 정확히 누구를 지칭하는지 확실하지 않지만 여기선 반신화적 인물이자 고린도 사람으로 시실리의 시라쿠스를 창건한 사람인 것 같다.

62) 사막 교부들 이야기에 나오는 한 수도승의 이름으로 그가 들은 이 교훈은 시편 38편을 본문으로 한 것이었다.

63) 가인이 한 말. "여호와께 아뢰되 내 죄벌이 지기가 너무 무거우니이다"(창 4:13).

64) 로마 장군으로 스페인에서 총독이 되어 힘을 얻었지만 나중에 폼페이에 패했다.

65) 전체 이름은 카이우스 후리우스 크레시누스(Caius Furius Cressinus).

66) "네가 눈 곳간에 들어갔었느냐 우박 창고를 보았느냐"(욥 38:22).

67) 4세기 이집트 사람으로 5살 때부터 시력을 잃은 것으로 추정되며, 일반 신자로 결혼도 했고, 이집트 수도사 안토니우스를 매우 존경해 금욕적으로 살았다고 한다. 성령론의

저서로 유명하지만, 오리게네스처럼 윤회 사상을 가졌다.
68) 6세기 로마 선교사.
69) 아테네 정치가이자 실질적인 통치자였다.
70) 노예 반란으로 군사력이 약화되자 그라쿠스 형제는 토지 개혁으로 방법을 모색했다.
71) 그의 치세에 로마 제국 전역이 이민족에게 유린당했고, 결국 로마는 서고트족에게 함락되고 약탈당했다.
72) 전체 이름은 요한 오소리우스(John Osorius)로 중세 설교자.
73) 플루타크 영웅전에 나오는 인물.
74) 3세기에 활동했던 일반 신자로 자신이 그리스도인임을 밝히자 체포되어 순교했다고 한다.
75) 예수님 당시에 살았던 에뎃사의 왕으로 유세비우스의 교회사에서 언급된다.
76) 율리시즈는 호메로스의 『오디세이아』에 나오는 영웅인 오디세우스의 라틴어 이름이며 호메로스는 오디세우스를 지혜와 지략과 용기와 인내를 겸비한 인물로 묘사했지만 그리스 고전 작가들은 지조 없는 정치인이나 현명한 정치인으로 표현했다고 한다(조신권 교수의 율리시즈 설명에서). 조신권 교수 설명의 출처는 http://www.christianqna.org/m/bbs/board.php?bo_table=z7_1&wr_id=204 참고: .
77) 노려보거나 입김으로 사람을 죽였다는 전설적 동물.
78) 종교개혁자 칼빈의 계승자.
79) "그의 아내가 그에게 이르되 당신이 그래도 자기의 온전함을 굳게 지키느냐 하나님을 욕하고 죽으라"(욥 2:9).
80) 토마스 아퀴나스와 동시대 인물로 중세 로마 가톨릭의 뛰어난 신학자였다.
81) 3세기경 라틴어 문법 학자이자 문서편찬자.
82) 전체 이름은 토마스 빌니(Thomas Bilney)로 영국 초기 종교개혁 지도자들 중 한 사람.
83) 하이델베르크 교리문답 해설의 저자.
84) 그리스의 대표 자연철학자 중 한 사람.
85) 1세기 로마 지리학자.
86) 고대 로마 희극 작가.
87) 고대에 아랫사람을 낮게 보며 부르는 말로 "이봐" 또는 "야, 너"라는 의미며, 종종 경멸의 표현으로 사용되었다.
88) 4세기 삼위일체를 부정한 아리우스 이단에 맞서 삼위일체를 바르게 정립한 인물.
89) 4세기 안디옥의 주교.

90) 16세기 캔터베리 대주교.
91) 16세기 영국의 부주교.
92) 15세기 워체스터의 주교.
93) 히피아스는 소크라테스와 동시대 인물로 학자였다.
94) 아테네의 정치가이자 장군(BC 322-318).
95) 아테네에서 활동한 고대 그리스 철학자.
96) BC 100년경에 활동한 그리스 전원시인.
97) 고대 북아프리카 부족으로 윤리적인 집단이었다.
98) 고대 아테네 웅변가.
99) 종교개혁자로 칼빈과 지속적으로 교류했다.
100) 이 전쟁에서 스파르타가 패배했다.
101) 레욱트라 전투에 이어 펠로폰네소스 원정까지 승리로 이끌었으나 그다음 원정 전쟁에서 전사했다.
102) 후기 스토아철학자로 노예 출신이었지만 그의 가르침은 종교적 성향이 강하여 초기 기독교 사상가들의 존경을 받았다.
103) 3세기에 활동한 순교자.

고난 가운데
잠잠한 영혼

펴 낸 날 2018년 12월 10일 초판 1쇄

지 은 이 토머스 브룩스
옮 긴 이 김현준

펴 낸 이 한재술
펴 낸 곳 그 책의 사람들

편　　 집 서금옥
디 자 인 참디자인

판　　 권 ⓒ 그책의사람들, 김현준 2018, Printed in Korea.
저작권법에 의하여 한국 내에서 보호를 받는 저작물이므로 무단 전재와 복제를 금합니다.

주　　 소 경기도 수원시 권선구 여기산로 42, 101동 313호
팩　　 스 0505-299-1710
카　　 페 cafe.naver.com/thepeopleofthebook
메　　 일 tpotbook@naver.com
등　　 록 2011년 7월 18일 (제251-2011-44호)
인　　 쇄 불꽃피앤피

책　　 값 17,000원
ＩＳＢＮ 979-11-85248-27-1 03230

이 도서의 국립중앙도서관 출판시도서목록(CIP)은
서지정보유통지원시스템 홈페이지(http://seoji.nl.go.kr)와
국가자료공동목록시스템(http://www.nl.go.kr/kolisnet)에서 이용하실 수 있습니다.
(CIP제어번호: CIP2018037735)

· 이 책은 출판 회원분들의 섬김으로 만들어졌습니다.